职业教育精品教材

汽车发动机构造与维修

（活页式）

主　编 ◎　张清瑶　李舒扬　蔡　亮

副主编 ◎　凌　莎　杨茜厦　田小刚　徐　柱

西南交通大学出版社

·成　都·

图书在版编目（CIP）数据

汽车发动机构造与维修：活页式 / 张清瑶，李舒扬，蔡亮主编. -- 成都：西南交通大学出版社，2024. 11.
ISBN 978-7-5774-0216-1

Ⅰ．U472.43

中国国家版本馆 CIP 数据核字第 2024U8C708 号

Qiche Fadongji Gouzao yu Weixiu（Huo Yeshi）

汽车发动机构造与维修（活页式）

张清瑶　李舒扬　蔡　亮　主编

策划编辑	李晓辉
责任编辑	李晓辉
封面设计	何东琳设计工作室

出版发行	西南交通大学出版社 （四川省成都市金牛区二环路北一段 111 号 西南交通大学创新大厦 21 楼）
邮政编码	610031
营销部电话	028-87600564　028-87600533
网址	http://www.xnjdcbs.com
印刷	四川森林印务有限责任公司

成品尺寸	185 mm×260 mm
印张	21
字数	493 千
版次	2024 年 11 月第 1 版
印次	2024 年 11 月第 1 次
定价	60.00 元
书号	ISBN 978-7-5774-0216-1

本书是为了适应国家职业教育改革和课程改革需要，紧扣汽车发动机制造产业、汽车维修产业发展，满足高职高专学生学习能力、职业技能提升目标而开发的新型活页式教材。教材形式新颖，各章节内容以理论知识+任务工单的形式呈现，从发动机的生产、使用、维修多维度上阐述了发动机全生命周期知识，并配套视频资源以便理解。本书可以用作专科类汽车制造、汽车维修等高职专业或"3+3"中高协同专业的教材或练习手册。

随着我国汽车制造产业的发展与转型，汽车发动机相关的知识已不再局限于传统内燃机的构造与原理，因此，在新型教材开发中除了知识内容更新，还有教材形式更新。本书采用项目为引领，任务为导向，分为汽车发动机基础构造与检测、汽车发动机生产技术、汽车发动机运行与检修三大模块，包括多个学习项目，又细分成多个任务单元，以完成任务的方式引导学生自主学习。汽车发动机基础构造与检测模块主要包含发动机两大机构与七大系统的机械构造与工作原理、传感器与电控系统的结构与检测；汽车发动机生产技术模块主要包括发动机生产企业的主要工艺知识和管理知识；汽车发动机运行与检修模块结合汽车技术类技能大赛标准与汽车维修技能等级证书考试标准，梳理发动机典型故障，综合提升实践能力。全书分为十六个学习项目，在教材末配套发动机拆装与检修实训任务中常用工具与量具使用方法，教学中可根据实际情况对内容加以取舍。

本书由贵阳职业技术学院张清瑶、李舒扬、蔡亮担任主编，由业内专家、合作院校教师以及企业工程师等参与编写和校对，体现产教融合特色。编写成员及分工：凌莎编写模块一的项目一、项目二、项目三；徐柱编写模块一的项目四；张清瑶编写模块一的项目五、项目六、项目七、项目十一；蔡亮编写模块一的项目八、模块三；李舒扬编写模块一的项目九、项目十、模块二，杨茜厦编写附录一；田小刚编写附录二。

本书在编写过程中参考了大量教材与文献资料，并得到贵州吉利发动机有限公司、福爱电子（贵州）有限公司、贵州吉利汽车制造基地等单位有关同志的大力支持与帮助，在此表示衷心感谢。

本教材配套精品在线课程，课程网址：https://www.xueyinonline.com/detail/244613457。

限于编者能力，恳请读者对书中疏漏之处加以批评与指正。

编　者

2023 年 12 月

二维码目录

序号	资源名称	资源类型	资源页码
21	内六角扳手使用方法	文本	317
22	螺钉旋具使用方法	文本	317
23	钳子使用方法	文本	317
24	锤子使用方法	文本	318
25	拉拔器使用方法	文本	318
26	活塞环拆装钳使用方法	文本	318
27	机油滤清器扳手使用方法	文本	318
28	气门弹簧钳使用方法	文本	319
29	滑脂枪（黄油枪）使用方法	文本	319
30	千斤顶使用方法	文本	319
31	双柱式汽车举升器（机）使用方法	文本	319
32	塞尺使用方法	文本	320
33	游标卡尺结构	文本	321
34	游标卡尺使用方法	文本	321
35	游标卡尺读数	文本	321
36	螺旋测微器结构与使用方法	文本	321
37	螺旋测微器读数方法	文本	321
38	百分表结构	文本	322
39	百分表使用方法	文本	322
40	刀口形直尺特点	文本	323
41	刀口尺的分类	文本	323

CONTENTS **目录**

模块三　汽车发动机运行与检修

模块一
汽车发动机基础构造与检测

项目一　汽车发动机的类型与整体结构

学习目标

1. 素养目标

（1）培养遵守规章制度意识。
（2）提升团结协作、与人沟通能力。
（3）培养劳动精神。
（4）提升精益求精的职业道德素养。

2. 知识目标

（1）能描述发动机的分类。
（2）能描述发动机常用术语。
（3）能描述发动机总体结构组成及功用。
（4）能描述发动机基本工作原理。

3. 能力目标

（1）能识别发动机的分类。
（2）能识别发动机的各机构、系统并能判断其功能是否正常。
（3）能拓印车架/发动机的号码供车辆年审使用。
（4）能主动获取有效信息，展示工作成果，进行学习总结与分享。

项目描述

　　一辆国产吉利轿车快到年审日期，客户要求代办年审手续。你的主管安排你对发动机外观进行检查，并要求拓印发动机号码，你能完成吗？

工作任务与流程

任务一　发动机的作用与整体构造认知
任务二　发动机的类型和编号原则
任务三　发动机的工作原理

建议学时

4 学时。

任务一　发动机的作用与整体构造认知

任务目标

（1）了解汽车发动机的功用。
（2）了解发动机的组成。
（3）能主动获取有效信息，展示工作成果，进行学习总结与分享。

任务准备

（1）学习资源：微课视频、电子学习资料。
（2）学习设备：个人计算机、手机。
（3）学习条件：实训车间、多媒体教室。

任务过程

一、汽车发动机的功用

发动机是汽车的动力源，能把某一种形式的能量转变成机械能。汽车所使用的发动机多为内燃机，能把燃料燃烧的化学能转变成热能，然后又把热能转变成机械能。汽车上使用的内燃机可分为汽油发动机和柴油发动机，在绝大多数车上都安装在车辆前部、乘客舱前面，也有少数安装在车辆后部。

结合上述内容，查阅相关资料，回答下列问题：

汽车发动机的作用是什么？

二、发动机的总体结构

发动机是一部由多个机构和系统组成的复杂机器。一般四冲程汽油发动机由两大机构、五大系统组成，如图 1-1-1 所示。

图 1-1-1　发动机总体构造

结合上述内容与实车结构认知，查阅相关资料，回答下列问题：
发动机的具体组成包括哪几个部分？请填写表 1-1-1 相关内容。

表 1-1-1　发动机的具体组成

结　构	名　称	功用
 曲柄连杆机构	1— 2— 3— 4— 5— 6—	
 配气机构	1— 2— 3— 4— 5— 6— 7— 8— 9— 10—	

结　构	名　称	功用
 供油系统	1— 2— 3— 4— 5— 6— 7— 8— 9— 10— 11— 12—	
 润滑系统	1— 2— 3— 4— 5— 6— 7— 8— 9—	
 冷却系统	1— 2— 3— 4— 5— 6—	

结　构	名　称	功用
点火系统	1— 2— 3— 4— 5— 6— 7— 8— 9— 10— 11— 12— 13—	
起动系统	1— 2— 3—	

三、总结与思考

1. 组成一般四冲程汽油发动机的两大机构和五大系统包括哪些内容？除此以外，内燃发动机还有哪些辅助工作系统？

2. 汽车发动机包括哪些主要性能指标？

任务二　发动机的类型和编号原则

任务目标

（1）了解发动机的分类方法。
（2）了解各类发动机的特点及应用。

任务准备

（1）学习资源：微课视频、电子学习资料。
（2）学习设备：个人计算机、手机。
（3）学习条件：实训车间、多媒体教室。

任务过程

发动机是汽车的动力源，一般汽车所使用的发动机多为内燃机，内燃机又分为汽油发动机和柴油发动机。

一、发动机分类

发动机的分类方法很多，按照不同的分类方法可以把发动机分成不同的类型。

1. 按所用燃料分类

根据所用燃料的不同，发动机可分为汽油发动机和柴油发动机，如图 1-1-2 所示。

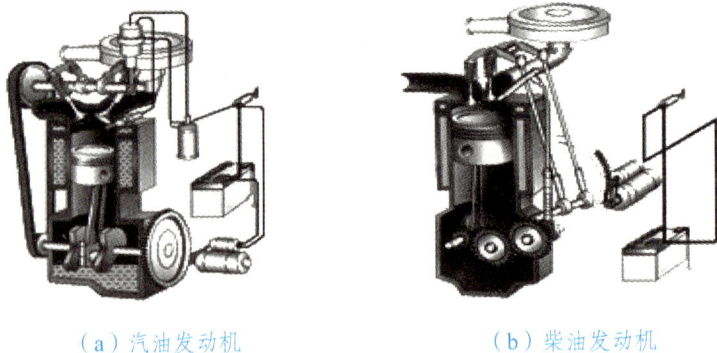

（a）汽油发动机　　　　　　　（b）柴油发动机

图 1-1-2　发动机按所用燃料分类

结合上述内容，查阅相关资料，回答下列问题：
汽油发动机和柴油发动机有哪些相同和不同之处？

2. 按冲程（又称行程）分类

根据冲程的不同，发动机可分为二冲程发动机和四冲程发动机，如图 1-1-3 所示。

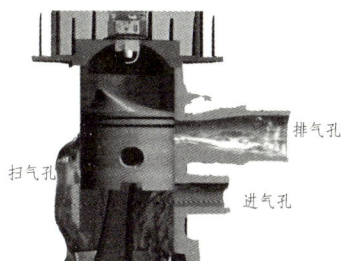

（a）二冲程发动机　　　　　　　（b）四冲程发动机

图 1-1-3　发动机按冲程分类

结合上述内容，查阅相关在线课程资料，回答下列问题：

二冲程式发动机和四冲程式发动机有哪些相同和不同之处？

3. 按气缸排列方式分类

根据气缸排列方式的不同，发动机可分为直列型发动机、V 型发动机、W 型发动机以及 H 型发动机。请根据特征填写表 1-1-2 相关内容。

表 1-1-2　发动机的类型及特征

结　构	类　型	优缺点	应　用

续表

结　构	类　型	优缺点	应　用

4. 按冷却方式分类

根据冷却方式的不同，发动机可分为水冷型发动机和风冷型发动机，如图 1-1-4 所示。

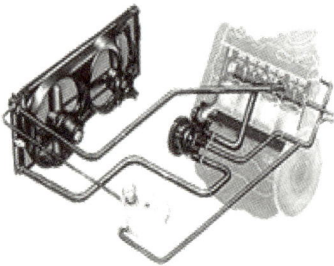

（a）水冷型发动机　　　　　　　　　（b）风冷型发动机

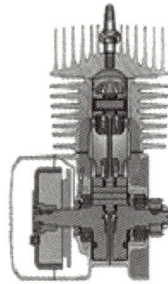

图 1-1-4　发动机按冷却方式分类

结合上述内容，查阅相关资料，回答下列问题：

水冷型发动机和风冷型发动机有哪些相同和不同之处？

5. 按点燃方式分类

根据点火方式的不同，发动机可分为点燃型发动机和压燃型发动机。结合上述内容，查阅相关资料，回答下列问题：

点燃型发动机和压燃型发动机有哪些相同和不同之处？

6. 按有无增压器分类

根据有无增压器，发动机可分为自然吸气型发动机和增压型发动机，如图 1-1-5 所示。结合上述内容，查阅相关资料，回答下列问题：

自然吸气型发动机和增压型发动机有哪些的相同和不同之处？

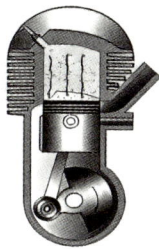

（a）自然吸气型发动机　　　　　　　　（b）增压型发动机

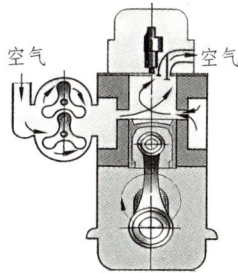

图 1-1-5　发动机按有无增压器分类

二、发动机的编号

1. 车辆识别代码

车辆识别代码（Vehicle Identification Number，VIN），按美国 ASE 认证标准规定由 17 位字符组成，俗称"十七位码"。了解 VIN 的编号原则，有助于正确识别车型，有助于车辆的故障诊断和维修。

车辆识别代码的基本要求：

（1）每辆汽车、挂车、摩托车和轻便摩托车都必须具有车辆识别代码。

（2）在 30 年内生产的任何车辆的识别代码不得相同。

（3）车辆识别代码应尽量位于车辆的前半部分。

（4）9 座或 9 座以下的车辆以及最大总质量为 3.5 t 载货汽车的车辆识别代码应位于仪表板上靠近风窗立柱的位置。

（5）车辆识别代码的字码在任何情况下都应该字迹清楚、坚固耐久和不易替换。

（6）车辆识别代码只能由阿拉伯数字和大写拉丁字母构成。车辆识别代码在文件上表示时应写成一行且不得空格，打印在车辆或车辆标牌上时也应标示成一行。

结合上述内容，查阅相关资料，回答下列问题：

（1）什么是 VIN 码？举例说明 VIN 码的含义。

（2）一般汽车 VIN 码的位置在哪里？

2. 内燃机的名称与型号编制

根据《内燃机产品名称和型号编制规则》（GB/T 725—2008）规定，国产内燃机产品名称由所采用的燃料命名，其型号由阿拉伯数字和汉语拼音组成，可分为以下四个部分：

第一部分：由制造商代号或系列符号组成。本部分代号由制造商根据需要选择 1~3 位字母表示。

第二部分：由气缸数、气缸布置形式符号、冲程型式符号、缸径符号组成。

第三部分：由结构特征符号、用途特征符号以及燃料符号组成。

第四部分：区分符号。同系列产品需要区分时，允许制造商选用适当符号表示。

内燃机产品型号的排列顺序及符号代表的意义如图 1-1-6 所示。

根据上述内容，写出下列发动机编号的意义：

（1）462Q 汽油机：_____

_____

（2）12V135ZG 柴油机：_____

_____

（3）6135Q 柴油机：_____

_____

（4）EQ6100Q-1 汽油机：_____

_____

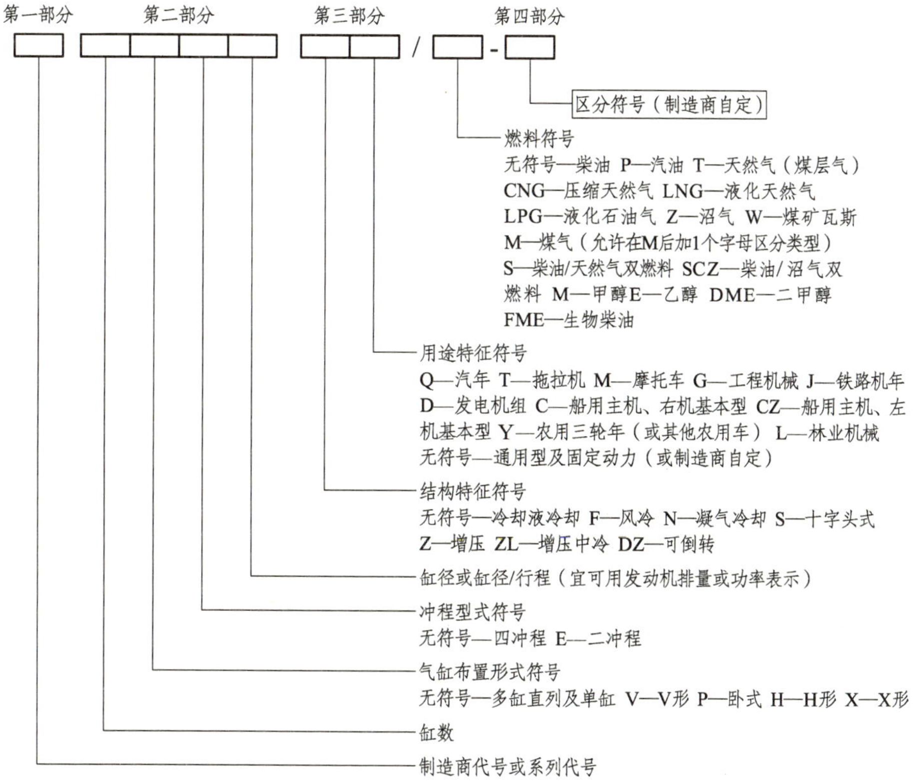

第一部分　　第二部分　　第三部分　　第四部分

区分符号（制造商自定）

燃料符号
无符号—柴油 P—汽油 T—天然气（煤层气）
CNG—压缩天然气 LNG—液化天然气
LPG—液化石油气 Z—沼气 W—煤矿瓦斯
M—煤气（允许在M后加1个字母区分类型）
S—柴油/天然气双燃料 SCZ—柴油/沼气双
燃料 M—甲醇 E—乙醇 DME—二甲醇
FME—生物柴油

用途特征符号
Q—汽车 T—拖拉机 M—摩托车 G—工程机械 J—铁路机车
D—发电机组 C—船用主机、右机基本型 CZ—船用主机、左
机基本型 Y—农用三轮车（或其他农用车）L—林业机械
无符号—通用型及固定动力（或制造商自定）

结构特征符号
无符号—冷却液冷却 F—风冷 N—凝气冷却 S—十字头式
Z—增压 ZL—增压中冷 DZ—可倒转

缸径或缸径/行程（宜可用发动机排量或功率表示）

冲程型式符号
无符号—四冲程 E—二冲程

气缸布置形式符号
无符号—多缸直列及单缸 V—V形 P—卧式 H—H形 X—X形

缸数

制造商代号或系列代号

图 1-1-6　内燃机产品型号的编号含义

三、总结与思考

总结你所在学校的汽车实训室中有哪些车型和发动机类型，并找出这些车的 VIN 码位置，填写表 1-1-3 相关内容。

表 1-1-3　汽车实训室汽车发动机类型及 VIN 码

车型名称	发动机类型	VIN 码	备注

任务三 发动机的工作原理

任务目标

（1）了解掌握发动机基本术语。
（2）了解掌握四冲程发动机工作原理。
（3）了解二冲程发动机工作原理。

任务准备

（1）学习资源：微课视频、电子学习资料。
（2）学习设备：个人计算机、手机。
（3）学习条件：实训车间、多媒体教室。

任务过程

一、发动机常用基本术语

发动机常用基本术语主要包括：

（1）上止点。上止点是指活塞上下往复运动时活塞顶离曲轴旋转中心最远处，即活塞最高位置。

（2）下止点。下止点是指活塞上下往复运动时活塞顶离曲轴旋转中心最近处，即活塞最低位置。

（3）活塞行程。活塞上、下止点间的距离称为活塞行程，用 S 表示。曲轴每转动半圈（180°）相当于一个行程。若用 R 表示曲柄半径（等于曲轴臂长度），则 $S = 2R$。

（4）气缸工作容积。活塞从上止点到下止点所扫过的气缸容积，称为气缸工作容积，用 V_h 表示。

（5）发动机工作容积。多缸发动机各气缸工作容积之和，称为发动机工作容积或发动机排量，用 V_L 表示。其计算公式为

$$V_L = \pi D^2 \cdot S \cdot i / 4$$

式中，D 为气缸直径，cm；S 为活塞行程，cm；i 为气缸数。

发动机排量是发动机的重要参数之一。排量越大，进入气缸的可燃混合气或空气量越多，发动机输出的功率就越大。

（6）燃烧室及燃烧室容积。活塞位于上止点时，活塞顶上方的空间称为燃烧室，其容积称为燃烧室容积，用 V_c 表示。

（7）气缸总容积。活塞位于下止点时，活塞顶上方的整个空间称为气缸总容积，用 V_a 表示，有 $V_a = V_h + V_c$。

（8）压缩比。气缸总容积与燃烧室容积之比称为压缩比，通常用符号 ε 表示。

压缩比是发动机的重要参数之一，它反映了在压缩冲程中气缸内的可燃混合气被

压缩的程度。排量相同的发动机，压缩比越高，做功冲程时膨胀能力越强，输出功率越大。汽油机压缩比一般为 8~11，柴油机压缩比为 15~22。

（9）工作循环。对于往复活塞式发动机，每进行一次能量转换，均要经过进气、压缩、做功、排气四个过程。这种周而复始的连续过程，称为发动机的一个工作循环。

结合上述内容，查阅相关资料，回答下列问题：

（1）标出图 1-1-7 所示发动机的相关术语。

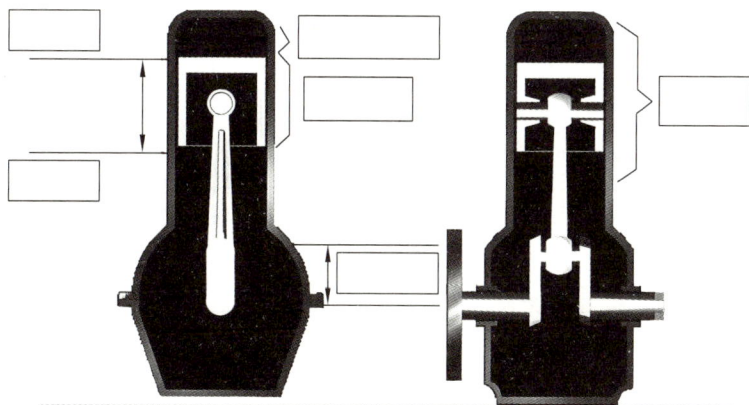

图 1-1-7　发动机

（2）一台 V6135 型号的发动机工作排量为 3 000 mL，已知单缸燃烧室容积为 50 mL，请问该发动机的压缩比为多少？

二、四冲程式汽油机工作原理

汽油机按一定的比例将空气与汽油充分混合，混合气在吸气冲程被吸入气缸，经压缩点火燃烧而产生热能，高温高压的气体作用于活塞顶部，推动活塞做往复直线运动，通过连杆、曲轴飞轮机构对外输出机械能。

四冲程汽油机的每个工作循环均经过以下四个冲程，如图 1-1-8 所示。

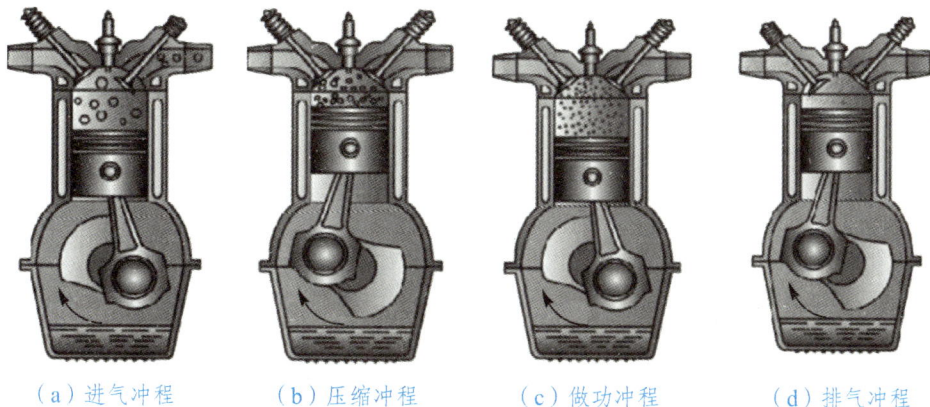

（a）进气冲程　　　（b）压缩冲程　　　（c）做功冲程　　　（d）排气冲程

图 1-1-8　四冲程式汽油机的单个工作循环

结合上述内容，查阅相关资料，填写表 1-1-4 相关内容。

表 1-1-4 四冲程式汽油机工作循环

冲程名称	曲轴转角	活塞运动	气门状态		气缸内	
			进气门	排气门	压力/MPa	温度/℃

三、总结与思考

汽油机和柴油机有哪些区别？

项目考核

项目名称	汽车发动机的类型与整体结构		教师		日期			
评价依据	学生完成任务一、任务二工作单							
序号	任务内容及要求		配分	评分标准	得分			
					自我评分10%	小组评分30%	教师评分60%	
1	任务实施过程中文献查阅	是否查阅信息资料	10分	缺一个要点扣1分				
		正确运用信息资料	10分	酌情赋分				
2	规定时间内的完成度	在规定时间内完成任务	10分	酌情赋分				
	任务完成的正确度	任务完成的正确性	10分	酌情赋分				
3	沟通交流能力	积极参与交流	10分	酌情赋分，但违反课堂纪律，不听从教师和组长安排、违反现场安全管理制度不得分				
	安全意识	工位安全检查、登记	5分					
	劳动教育	工位清扫整理、教室卫生值日	5分					
	标准意识	按照操作规程完成装配	10分					
	质量意识	零件检查、工序检查	10分					
	职业素养	按时出勤，遵守纪律	10分					
	责任意识	认认真真、尽职尽责	5分					
	工匠精神	精益求精、追求极致、专心致志、创新突破	5分					
小计								
总评								

项目二 汽车发动机曲柄连杆机构

学习目标

1. 素养目标
（1）培养遵守规章制度意识。
（2）提升团结协作、与人沟通能力。
（3）培养大国工匠意识。
（4）提升精益求精的职业道德素养。

2. 知识目标
（1）了解曲柄连杆机构的功用和工作条件。
（2）掌握曲柄连杆机构的组成部分名称及作用。
（3）掌握曲柄连杆机构的组成零件结构和装配连接关系。

3. 能力目标
（1）能正确选用工具拆装发动机曲柄连杆机构。
（2）能正确选用量具检测发动机曲柄连杆机构。
（3）能在作业中实施自我检查、做好过程记录。
（4）能按要求整理零部件并做好"5S"管理。
（5）能主动获取有效信息，展示工作成果，进行学习总结与分享。

项目描述

　　一辆 1.8 T 的 SI DSG 尊荣版帕萨特轿车进厂修理，客户反映该车发动机排气管冒蓝烟。经维修业务接待员检查，可能是气缸体或曲柄连杆机构零件故障，需拆检气缸体和曲柄连杆机构，以确定检修方案。发动机曲柄连杆机构检修的任务就交给你和你的组员，你们能完成吗？

工作任务与流程

　　任务一　发动机曲柄连杆机构概述
　　任务二　发动机机体组结构
　　任务三　发动机活塞连杆组结构
　　任务四　发动机曲轴飞轮组结构

建议学时

　　8 学时。

任务一　发动机曲柄连杆机构概述

任务目标

（1）了解曲柄连杆机构的功用。
（2）了解曲柄连杆机构的工作条件。
（3）了解曲柄连杆机构的组成。
（4）能主动获取有效信息，展示工作成果，进行学习总结与分享。

曲轴连杆机构构造与
四冲程工作原理

任务准备

（1）学习资源：微课视频、电子学习资料。
（2）学习设备：个人计算机、手机。
（3）学习条件：实训车间、多媒体教室。

曲轴连杆机构组件的
检测方法

任务过程

一、曲柄连杆机构的功用与工作条件

曲柄连杆机构是往复式发动机的主要工作机构，是发动机实现工作循环、把燃料燃烧放出的热能转换为机械能的主要运动部件。

发动机工作时，曲柄连杆机构直接与高温高压气体接触，曲轴旋转速度高，活塞往复运动的线速度快。汽车发动机气缸内的最高温度可达 2 500 ℃，最高压力可达 9 MPa，最高转速可达 6 000 r/min，活塞每秒要经过 100~200 个行程。此外，与可燃混合气和燃烧废气接触的机件如气缸、气缸盖、活塞组等还将受到化学腐蚀。因此，曲柄连杆机构工作条件的特点是高温、高压、高速和化学腐蚀。

结合实训设备，查阅相关资料，回答下列问题：

（1）曲柄连杆机构的工作条件有哪些特点？

（2）曲柄连杆机构在工作过程中受到哪些力的作用？

二、曲柄连杆机构的组成

曲柄连杆机构由机体组、活塞连杆组和曲轴飞轮组三部分组成。

1. 机体组

曲柄连杆机构的机体组主要包括气缸体、气缸垫、气缸盖及油底壳等不动件，如图 1-2-1 所示。

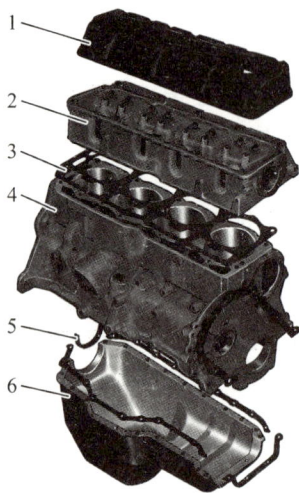

1—气门室罩；2—气缸盖总成；3—气缸垫；4—气缸体总成（其下部与油底壳组成曲轴箱）；
5—油底壳油封；6—油底壳。

图 1-2-1　机体组的构成

机体组构成发动机的骨架，是发动机各机构和各系统的安装基础，其内、外安装了发动机的主要零件和附件，承受各种载荷的作用。因此，机体必须有足够的强度和刚度。

2. 活塞连杆组

曲柄连杆机构的活塞连杆组主要包括活塞、活塞环、活塞销、连杆等运动件，如图 1-2-2 所示。

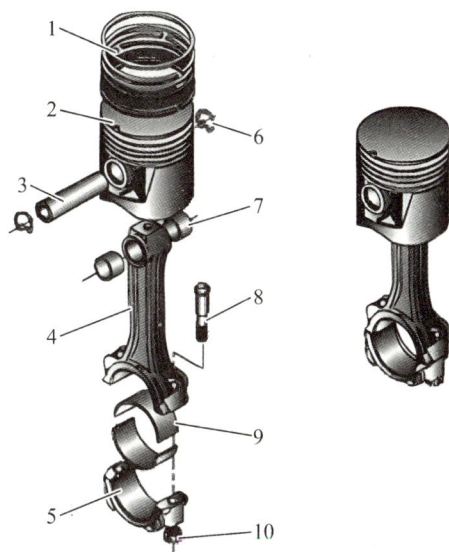

1—活塞环；2—活塞；3—活塞销；4—连杆；5—连杆盖；6—活塞销卡环；
7—连杆衬套；8—连杆螺栓；9—连杆轴瓦；10—定位套筒。

图 1-2-2　活塞连杆组的构成

3. 曲轴飞轮组

曲柄连杆机构的曲轴飞轮组主要包括曲轴、飞轮和附件，如图 1-2-3 所示。

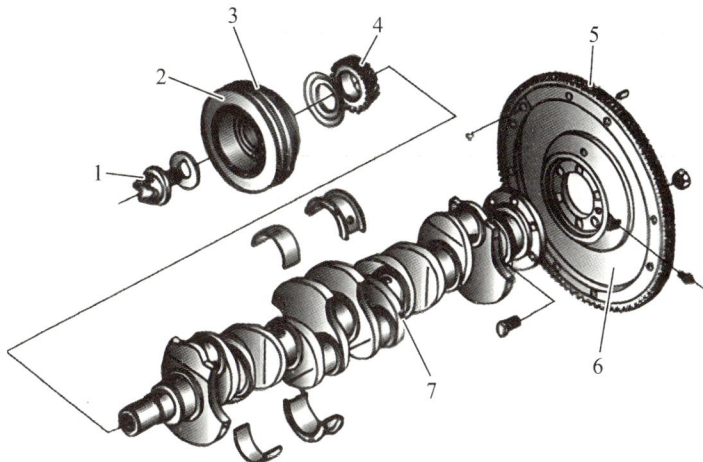

1—起动爪；2—扭转减振器；3—带轮；4—正时齿轮；5—齿圈；6—飞轮；7—曲轴。

图 1-2-3　曲轴飞轮组的构成

结合实训设备，查阅相关资料，回答下列问题：

（1）机体组包括哪些零部件？请填写表 1-2-1 相关内容。

020

表 1-2-1　机体组包括的零部件

序号	零部件名称	功　用	常用材质

（2）活塞连杆组包括哪些零部件？请填写表 1-2-2 相关内容。

表 1-2-2　活塞连杆组包括的零部件

序号	零部件名称	功　用	常用材质

（3）曲轴飞轮组包括哪些零部件？请填写表 1-2-3 相关内容。

表 1-2-3　曲轴飞轮组包括的零部件

序号	零部件名称	功　用	常用材质

三、总结与思考

曲柄连杆机构主要包括哪些功用？

任务二　发动机机体组结构

任务目标

（1）了解曲柄连杆机构机体组的功用及组成。
（2）了解曲柄连杆机构机体组的组成零件结构和装配连接关系。
（3）能够按操作规程正确拆装曲柄连杆机构机体组。
（4）掌握发动机机体组各组成的检测方法并记录数据。

任务准备

（1）学习资源：微课视频、电子学习资料。
（2）学习设备：个人计算机、手机。
（3）学习条件：实训车间、多媒体教室。

任务过程

一、基础知识

汽车发动机机体组构成发动机的支架，是曲柄连杆机构、配气机构和发动机各系统主要零部件的装配机体。因此，机体必须要有足够的强度和刚度。机体组主要由气门室盖罩、气缸体、气缸盖、气缸垫以及油底壳等组成，如图1-2-4所示。在拆除了发动机附件与进、排气歧管后，将会得到一个发动机机体组。

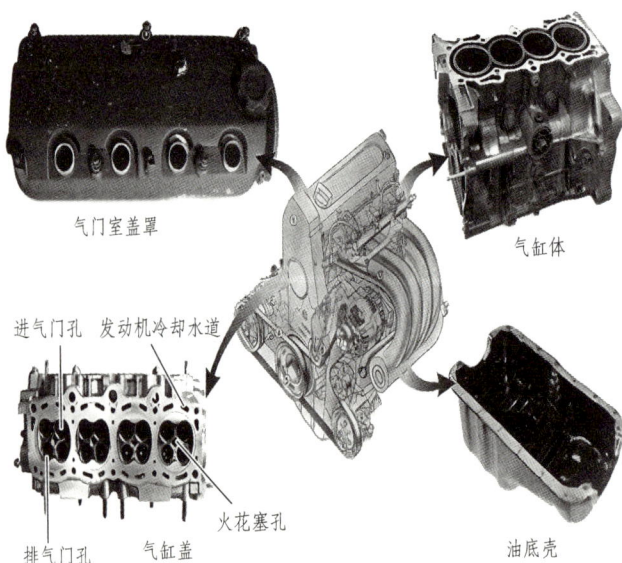

气门室盖罩　气缸体　进气门孔　发动机冷却水道　排气门孔　气缸盖　火花塞孔　油底壳

图1-2-4　发动机机体组

结合上述内容，查阅相关资料，回答下列问题：

（1）气缸体包含哪些结构？汽车发动机一般采用哪种气缸体？

（2）干式气缸套与湿式气缸套有哪些区别？请填写表 1-2-4 相关内容。

表 1-2-4　干式气缸套和湿式气缸套

名　称	定　义	优　点	缺　点
干式气缸套			
湿式气缸套			

（3）气缸体的排列形式有哪几种？应用于何种车型？为什么？

（4）汽缸盖结合面结构图如图 1-2-5 所示，请写出图中各孔的名称。

图 1-2-5　汽缸盖结合面结构图

1: _____   2: _____
3: _____   4: _____
5: _____   6: _____
7: _____

（5）汽缸盖螺栓拆装图如图 1-2-6 所示，请在图中标明汽缸盖螺栓的拆装顺序。
（注：图 1-2-6（a）所示为螺栓拆卸时拧松顺序，图 1-2-6（b）所示为螺栓安装时拧紧顺序）

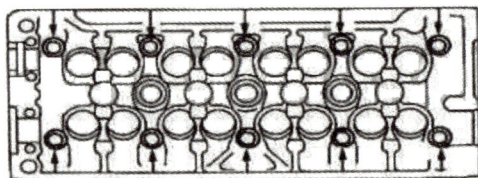

（a）螺栓拧松顺序　　　　　　　　　　（b）螺栓拧紧顺序

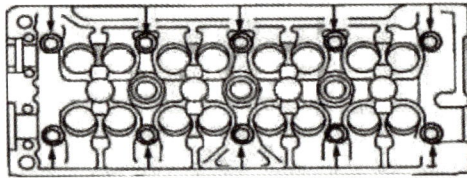

图 1-2-6　汽缸盖螺栓拆装

二、基本技能

结合实训设备，查阅相关资料，回答以下问题。

根据实训发动机机型，参照发动机拆装实训指导作业书，编制机体组零件拆装工艺步骤。

（1）发动机型号：

（2）所需工具：

（3）拆卸步骤：

（4）装配步骤：

三、总结与思考

1. 气缸数是不是越多越好？为什么？

2. 发动机有几种类型？

3. 曲柄连杆机构机体组拆装包括哪些注意事项？

任务三　发动机活塞连杆组结构

任务目标

（1）了解曲柄连杆机构活塞连杆组的功用及组成。

（2）了解曲柄连杆机构活塞连杆组各组成零件的结构和装配连接关系。

（3）能够按操作规程正确拆装曲柄连杆机构活塞连杆组。

（4）掌握发动机活塞连杆组各组成的检测方法并记录数据。

任务准备

（1）学习资源：微课视频、电子学习资料。

（2）学习设备：笔记本电脑、手机。

（3）学习条件：实训车间、多媒体教室。

任务过程

一、基础知识

发动机好比是汽车的"心脏"，而活塞则可以理解为是发动机的"中枢"。活塞是发动机中最忙碌的一个，不断地进行着从下止点到上止点、从上止点到下止点的往复运动，包括吸气、压缩、做功、排气循环操作。活塞的内部为掏空设计，两端的圆孔连接活塞销，活塞销连接连杆小头，连杆大头则与曲轴相连，将活塞的往复运动转化为曲轴的圆周运动。活塞连杆组的组成如图1-2-7所示，活塞顶部一般都是凹进去的，主要是为燃烧室保留一定的空间。

1—活塞；2—活塞环；3—活塞销；4—连杆螺栓；5—连杆轴瓦；6—连杆；7—连杆盖。

图 1-2-7　活塞连杆组的组成

结合上述内容，查阅相关资料，回答下列问题：
（1）活塞的结构包括哪些组成，各自的作用是什么？

（2）活塞顶部结构包括哪些分类，各自的优缺点是什么？

气环的泵油作用。由于侧隙和背隙的存在，当发动机工作时，气环便产生泵油作用。气环泵油的原理是：当活塞下行时，环靠在环槽的上方，环从气缸壁上刮下来的润滑油窜入环槽的下方，如图 1-2-8（a）所示；当活塞上行时，环又靠在环槽的下方，同时将机油挤到环槽上方，如图 1-2-8（b）所示。如此循环运动，就将气缸壁上的机油泵入燃烧室。

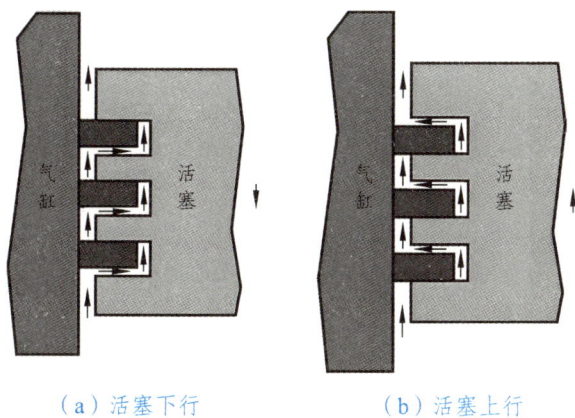

（a）活塞下行　　　　　　　　（b）活塞上行

图 1-2-8　气环泵油现象

结合上述内容，查阅相关资料，回答下列问题：
（1）气环的泵油现象对发动机工作有哪些影响？

（2）汽油机和柴油机的连杆结构有哪些区别？

（3）连杆杆身为什么要做成"工"字形断面？

二、基本技能

结合实训设备，查阅相关资料，回答以下问题。

1. 任务描述

根据实训发动机机型，参照发动机拆装实训指导作业书，编制活塞连杆组零件拆装工艺步骤；

（1）发动机型号：

（2）所需工具：

（3）拆卸步骤：

（4）装配步骤：

2. 结合上述内容，查阅相关资料，完成下列习题。

1）填空题

（1）每个活塞的裙体处都有三条槽，是为了安装两道_____和一道_____。

（2）油环的作用主要是_____，并将_____均匀。

（3）如果活塞环的安装不当或密封性不好，就会导致缸壁上的机油上窜至_____与_____一起燃烧，引起烧机油现象，在活塞顶部形成积碳。

（4）活塞与气缸壁之间存在微小的间隙，以允许工作时的_____。

（5）组装好的活塞必须与气缸壁之间保持一定的_____，通常是_____mm。

（6）活塞是燃烧室的组成部分，用来承受_____。

（7）汽油机活塞的顶部形状有_____、_____、_____、_____。

（8）活塞裙部为活塞运动_____和承受_____。

2）判断题

（1）为了保证气缸的密封性，活塞必须与缸壁是零间隙。   （   ）

（2）活塞的形状是椭圆形的。   （   ）

（3）用电子秤分别对 4 个活塞连杆组进行质量检测并记录数据，最大值与最小值的重量差不得超过 25 g。   （   ）

（4）检测活塞环间隙使用的工具是塞尺。   （   ）

（5）为了保证气缸密封，每道活塞环的开口必须相互错开 90°。   （   ）

（6）为了防止机油上窜，油环必须装在最上面。   （   ）

3）选择题

（1）安装活塞环时，活塞环的开口应（　　　　）

　　A．与活塞销轴线的方向一致　　　　　　　B．与活塞销轴线的方向成 45°

　　C．与活塞销轴线的方向成 90°　　　　　　 D．与活塞销轴线的方向成 180°

（2）安装活塞环时，第一道气环与第二道气环应相错成（　　　　）

　　A. 180°　　　　　　　　B. 90　　　　　　　　C. 45°　　　　　　　　D. 0°

（3）测量气缸盖的平面度必须具备的工具是（　　　　）

　　A．直尺　　　　　　　　B．游标卡尺

　　C．千分尺　　　　　　　D．刀口尺与厚薄规

（4）测量活塞环侧隙必须具备的测量工具是（　　　　）

　　A．直尺　　　　　　　　B．游标卡尺

　　C．厚薄规　　　　　　　D．百分表

三、总结与思考

拆装活塞连杆组的组件时应该注意哪些事项？

任务四　发动机曲轴飞轮组结构

任务目标

（1）了解曲轴飞轮组的功用及组成。
（2）了解曲轴飞轮组各组成零件的结构和装配连接关系。
（3）能够按操作规程正确拆装曲轴飞轮组。
（4）掌握发动机曲轴飞轮组各组成的检测方法并记录数据。

任务准备

（1）学习资源：微课视频、电子学习资料。
（2）学习设备：笔记本电脑、手机。
（3）学习条件：实训车间、多媒体教室。

任务过程

一、曲轴飞轮组件基础知识

1. 曲轴

气缸内活塞做上下直线运动，但是要输出驱动车轮前进的旋转力，那么怎样把直线运动转化为旋转运动呢？这个运动原理其实与自行车的工作原理非常相似，两只脚相当于相邻的两个活塞，脚踏板相当于连杆，而中间的连轮轴就是曲轴。当左脚向下用力蹬时（相当于活塞做功或吸气做向下运动），右脚会被提上来（相当于另一活塞压缩或排气做向上运动）。这样不断循环，就将直线运动转化为旋转运动，如图 1-2-9 所示。

（a）自行车的旋转运动　　　（b）曲轴飞轮组的旋转运动

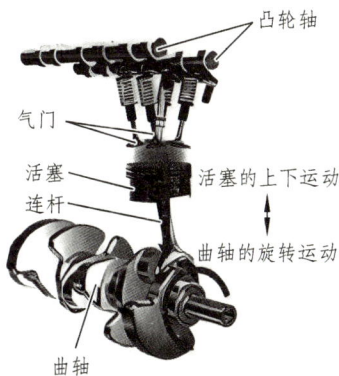

图 1-2-9　自行车的旋转运动与曲轴飞轮组的旋转运动

曲轴是发动机的主要旋转机构，将活塞的上下往复运动转换为自身的圆周运动。通常所说的发动机转速就是曲轴的转速。曲轴的基本组成包括前端轴、主轴颈、连杆轴颈、曲柄、平衡块和后端凸缘等，如图 1-2-10 所示。

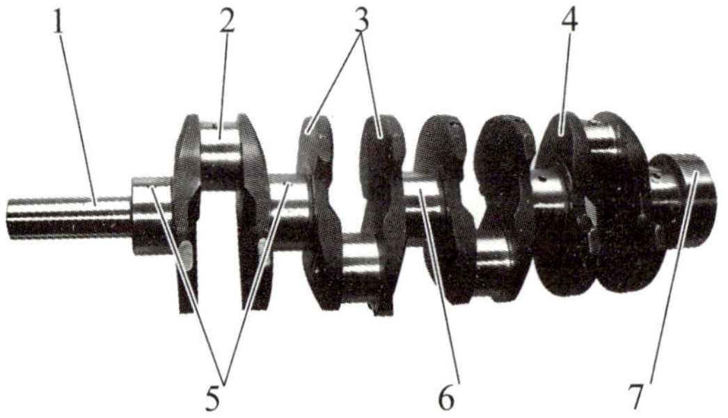

1—前端；2—连杆轴颈；3—平衡块；4—曲柄；5—润滑油孔；6—主轴颈；7—输出端。

图 1-2-10　曲轴结构示意图

一个连杆轴颈与其两端的曲柄及主轴颈构成一个曲拐。曲轴的曲拐数取决于气缸的数目和排列方式。直列发动机曲轴的曲拐数等于气缸数，V 型发动机曲轴的曲拐数等于气缸数的一半。

曲轴会因机油不清洁以及轴颈的受力不均匀造成连杆大头与轴颈接触面的磨损，若机油中有颗粒较大的坚硬杂质，也存在划伤轴颈表面的危险，如图 1-2-11 所示。如果磨损严重，很可能会影响活塞上下运动的冲程长短，降低燃烧效率，减小动力输出。此外，曲轴还可能因为润滑不足或机油过稀造成轴颈表面的烧伤，严重情况下会影响活塞的往复运动。因此一定要选用合适黏度的润滑油，且要保证机油的清洁度。

图 1-2-11　曲轴连杆轴颈上的磨损

2. 飞轮

活塞的四个行程中只有一个行程是做功的，进气、压缩、排气三个行程都需要一定的力量支持才能顺利进行，而飞轮在这个过程中起着决定性作用。

飞轮的直径较大，主要是为了储存发动机的运动能量，形成惯性力矩，带动曲轴克服运转死点，保证曲轴平稳运转，维持曲柄连杆机构的持续运转。（其工作原理与陀螺玩具的工作原理相似。陀螺旋转后，它能保持相当长时间的稳定转动，这样就不难理解大的飞轮为什么可以储存能量了。）另外，飞轮外缘镶有齿环，与起动机相连，飞轮旋转带动起动机工作从而起动发动机。飞轮旋转运动如图 1-2-12 所示。

图 1-2-12　飞轮旋转运动

结合上述内容，查阅相关资料，回答下列问题：

（1）曲轴的功用、工作条件和原材料分别是什么？

（2）什么是曲拐？怎样确定曲轴上曲拐的数量？

（3）飞轮的作用是什么？其前端和后端分别与什么构件相连接？

（4）表 1-2-5 所示的曲轴飞轮组上的三个零件有什么区别？请填写表 1-2-5 相关内容。

表 1-2-5　曲轴飞轮组零件

零件图片	零件名称	安装位置	作　用

二、基本技能

结合实训设备，查阅相关资料，记录以下问题。

根据实训发动机机型，参照发动机拆装实训指导作业书，编制曲轴飞轮组零件拆装工艺步骤。

（1）发动机型号：

（2）所需工具：

（3）拆卸步骤：

（4）装配步骤：

三、总结与思考

拆装曲轴飞轮组的组件时应该注意哪些事项?

项目考核

项目名称	汽车发动机曲柄连杆机构		教师:		日期:			
评价依据	学生完成任务工作单							
序号	任务内容及要求		配分	评分标准	得分			
					自我评分 10%	小组评分 30%	教师评分 60%	
1	任务实施过程中文献查阅	是否查阅信息资料	10分	缺一个要点扣1分				
		正确运用信息资料	10分	酌情赋分				
2	规定时间内的完成度	在规定时间内完成任务	10分	酌情赋分				
	任务完成的正确度	任务完成的正确性	10分	酌情赋分				
3	沟通交流能力	积极参与交流	10分	酌情赋分,但违反课堂纪律,不听从教师和组长安排、违反现场安全管理制度不得分				
	安全意识	工位安全检查、登记	5分					
	劳动教育	工位清扫整理、教室卫生值日	5分					
	标准意识	按照操作规程完成装配	10分					
	质量意识	零件检查、工序检查	10分					
	职业素养	按时出勤,遵守纪律	10分					
	责任意识	认认真真、尽职尽责	5分					
	工匠精神	精益求精、追求极致、专心致志、创新突破	5分					
小 计								
总 评								

项目三　汽车发动机配气机构结构

学习目标

1. 素养目标

（1）培养遵守规章制度意识。

（2）提升团结协作、与人沟通能力。

（3）培养大国工匠意识。

（4）提升精益求精的职业道德素养。

2. 知识目标

（1）了解配气机构的功用和工作条件。

（2）掌握配气机构组成部分的名称及作用。

（3）掌握配气机构组成零件的结构和装配连接关系。

3. 能力目标

（1）能正确选用工具拆装发动机配气机构。

（2）能正确选用量具检测发动机配气机构。

（3）能在作业中实施自我检查并做好过程记录。

（4）能按要求整理零部件并做好"5S"管理。

（5）能主动获取有效信息，展示工作成果，进行学习总结与分享。

项目描述

　　一辆丰田卡罗拉小轿车，行驶近 30 万千米，车主反映该车最近出现冒黑烟、加速无力、气门异响等现象，进厂检测后发现是配气机构故障。你的主管让你对配气机构进行拆检，你能完成任务吗？

工作任务与流程

　　任务一　发动机配气机构概述

　　任务二　发动机气门组结构

　　任务三　发动机气门传动组结构

　　任务四　发动机可变配气系统构造与检修

建议学时

　　8 学时。

任务一　发动机配气机构概述

任务目标

（1）了解配气机构的功用。
（2）了解配气机构的工作条件。
（3）了解配气机构的组成。
（4）了解配气相位的概念。
（5）能主动获取有效信息，展示工作成果，进行学习总结与分享。

配气机构结构与配气相位

任务准备

（1）学习资源：微课视频、电子学习资料。
（2）学习设备：个人计算机、手机。
（3）学习条件：实训车间、多媒体教室。

任务过程

一、配气机构概述

配气机构的功用是按照发动机每个气缸内所进行的工作循环和点火次序的要求，定时开启和关闭气缸的进、排气门，使新鲜可燃混合气（汽油机）或空气（柴油机）得以及时进入气缸，废气得以及时从气缸中排出。

充气系数是衡量发动机性能和进气过程完善程度的重要指标，又称充量效率或容积效率。充气系数是指内燃机每个工作循环内，实际吸入气缸的新鲜空气的质量与进气状态下充满气缸工作容积的理论空气质量的比值。内燃机的充气系数反映了进气过程的完善程度，是衡量发动机进气性能的重要指标。

充气系数为

$$\eta_V = M_a / M_s$$

式中，M_a 为实际吸入气缸的新鲜空气的质量；M_s 为进气状态下充满气缸工作容积的理论空气质量。

配气机构的工作原理为凸轮轴转动过程中，当凸轮的基圆部分与挺柱接触时，挺柱不升高，挺柱以上的传动件不动作，气门是关闭的；当凸轮的凸起部分与挺柱接触时，挺柱被顶起，于是气门被打开。当凸轮的最大凸起处与挺柱接触时，气门达到最大开度。随后，凸轮与挺柱接触表面的凸起开始逐渐变小，气门在气门弹簧的作用下开始上升而关闭，并反向推动摇臂等传动杆件，使挺柱下移以保持与凸轮接触。当凸轮凸起部分离开挺柱时，气门完全关闭。配气机构结构图如图 1-3-1 所示。

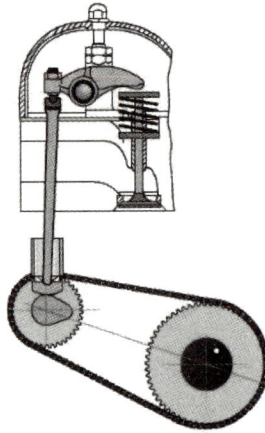

图 1-3-1　配气机构结构

配气机构的组成包括气门组和气门传动组，如图 1-3-2 所示。

图 1-3-2　配气机构组成

结合上述内容，查阅相关资料，回答下列问题：

（1）配气机构有哪几种分类方式？

（2）表 1-3-1 中列举了几种常见的配气机构传动方式，填写表 1-3-1 相关内容。

表 1-3-1　常见的配气机构传动方式

结　构	传动方式	优　点	缺　点	应　用

（3）配气机构由哪两部分组成，其各自作用是什么？

二、配气相位

配气相位是用曲轴转角表示的进、排气门的开启时刻和开启延续时间，通常用环形图表示（配气相位图），如图 1-3-3 所示。

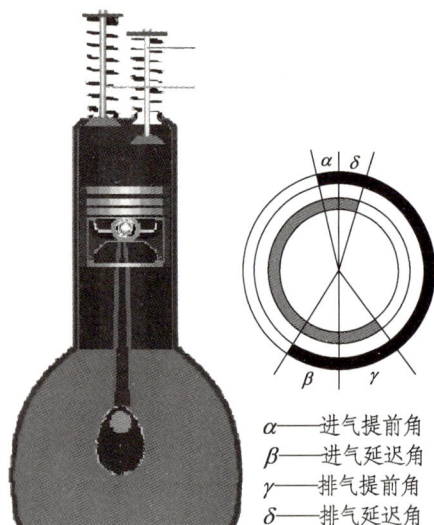

α——进气提前角
β——进气延迟角
γ——排气提前角
δ——排气延迟角

图 1-3-3　配气相位

从理论上讲，进气、压缩、做功、排气行程对应的曲轴转角为 180°，即进、排气门都是在上止点、下止点开闭，延续时间对应的曲轴转角为 180°。但实践表明，理论配气相位不适合实际工作情况，它不能满足发动机对进、排气门的要求，具体原因包括：

（1）气门的开、闭有个过程，开启过程中气门总是由小到大，关闭过程中气门总是由大到小。

（2）气体惯性的影响。随着活塞的运动，气体惯性会造成进气不足、排气不净的现象。

（3）发动机速度的要求。实际应用中发动机的曲轴转速很高，活塞每一冲程历时都很短，当转速为 5 600 r/min 时，一个冲程所经过的时间只有 0.005 4 s（ 60/(5 600×2)），当转速为 1 500 r/min 时，一个冲程所需时间只有 0.02 s。这样短的进气或排气过程，会造成发动机进气不足、排气不净。

为了使发动机进气充足、排气干净，除了从结构上进行改进外（如增大进、排气管道），还可以修正配气相位。气门能否早开晚闭，延长进、排气时间呢？

在实际应用中，气门早开、晚闭是可行的。这是因为活塞到达进气下止点时，由于进气吸力的存在，气缸内气体压力仍然低于大气压，在大气压的作用下仍能进气；另外，此时进气流还有较大的惯性。由此可见，进气门晚关可以增大进气量。进气门早开，可使进气一开始就有一个较大的通道面积，可增大进气量。

在做功冲程快要结束时，排气门打开，可以利用做功的余压使废气高速冲出气缸，排气量约占 50%。排气门早开，势必造成功率损失，但因气压低，故损失并不大；而早开可以减少排气所消耗的功，又有利于废气的排出，所以总功率仍是提高的。

从图 1-3-3 所示的配气相位图上还可以看出，活塞到达上止点时，气缸内废气压力仍然高于外界大气压，加之排气气流的惯性，排气门晚关可使废气排得更干净一些。

综上所述，实际配气相位和理论配气相位相差很大。气门早开、晚闭，主要是为了满足进气充足、排气干净的要求。但实际应用中，气门什么时候开关，主要根据车型而异。经实验验证，气门开、关时间主要由凸轮轴的形状、位置及配气机构来确定。

结合上述内容，查阅相关资料，回答下列问题：

（1）什么是配气相位？

（2）配气相位对发动机工作的影响是什么？

（3）进气门和排气门早开、迟关的目的是什么？

（4）同一气缸的工作行程顺序是排气行程后，接着便是进气行程。因此，在发动机的进、排气行程的上止点前后，由于进气门在上止点前即开启，而排气门在上止点后才关闭，这就出现了在一段时间内排气门与进气门同时开启的现象，这种现象称为气门重叠，重叠的曲轴转角 $\alpha+\delta$ 称为气门重叠角。那么，气门重叠是否会造成窜气呢？为什么？

三、总结与思考

为什么说配气机构是发动机的"肺"？

任务二 发动机气门组结构

任务目标

（1）了解气门组的功用及组成。

（2）了解气门组各组成零件的结构和装配连接关系。

（3）能够按操作规程正确拆装气门组。

（4）掌握发动机气门组各组成的检测方法并记录数据。

任务准备

（1）学习资源：微课视频、电子学习资料。

（2）学习设备：个人笔记本、手机。

（3）学习条件：实训车间、多媒体教室。

任务过程

一、基础知识

1. 气门组的组成

气门组（如图 1-3-4 所示）主要由气门、气门导管、气门弹簧、气门弹簧座、气门油封和气门锁片等组成，其作用是开启和封闭进、排气道。

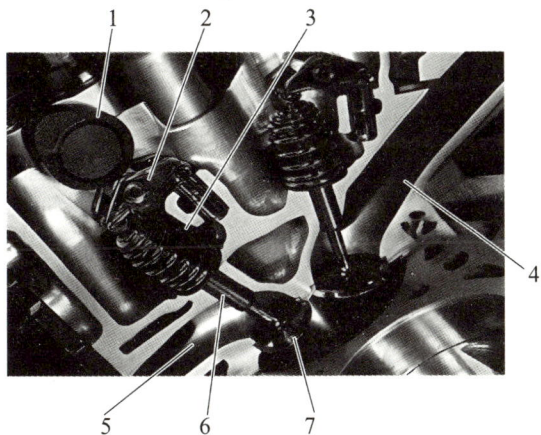

1—凸轮轴；2—摇臂；3—气门弹簧；4，5—排气道；6—气门导管；7—气门。

图 1-3-4 气门组的构成

气门个数有 2、3、4、5 四种情况，目前主流的是 4 气门，原因包括：

（1）相比于 2、3 气门，4 气门的气门直径小，相同条件下材料质量会更轻，由于物体的惯性与质量成正比，因此 4 气门的运动惯性相对较小，从而会更加灵活，开启或关闭的角度也更精准。

（2）5 气门结构的制造工艺更复杂，相应的生产成本和维修保养费用也会增加。气门越多，各气门孔之间的厚度会相应变薄，从而降低了缸盖强度。

气门组的零件组成如图 1-3-5 所示，查阅相关资料，填写表 1-3-2 相关内容。

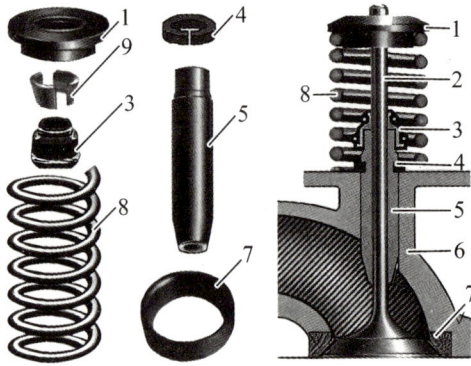

图 1-3-5　气门组零件组成

表 1-3-2　气门组零件

序号	零件名称	作　用	常用材质
1			
2			
3			
4			
5			
6			
7			
8			
9			

2. 进气门和排气门的比较

为了使汽油机气缸内不断地发生"爆炸"，必须不断地输入新的空气并及时排出废气，进、排气门在这个过程中就起到重要作用。进、排气门是由凸轮控制的，适时地执行"开门"和"关门"这两个动作。为什么看到的进气门都会比排气门大一些呢？因为一般进气是靠真空吸进去的，排气是靠挤压将废气排出，所以排气相对而言比进气容易。为了获得更多的新鲜空气参与燃烧。进气门比排气门大一些可以获得更多的进气。进、排气门及其安装位置如图1-3-6所示。

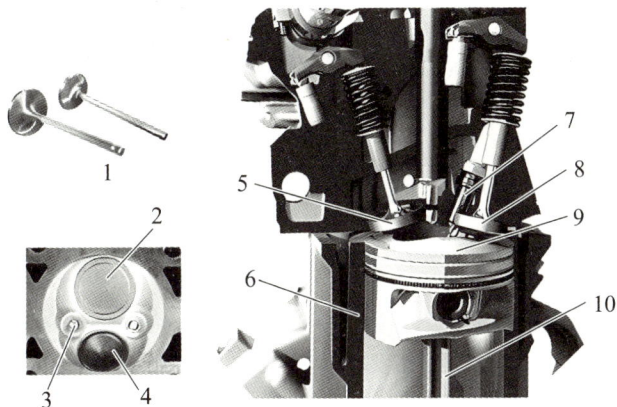

1—气门；2，8—进气门；3，7—火花塞；4，5—排气门；6—气缸体；9—活塞头部；10—连杆。

图1-3-6　进、排气门的实物及其安装位置

结合上述内容，查阅相关资料，回答下列问题：
进气门和排气门的区别方法有哪些？

3. 气门的数量

如果发动机有多个气门，能保证发动机高转速时进气量大而且排气干净，从而提高发动机的性能。但是多气门设计较复杂，尤其是气门的驱动方式、燃烧室构造和火花塞位置都需要进行精密的布置，这样造成生产工艺要求高，制造成本增加，后期维修困难。所以气门数不宜过多，发动机每个气缸一般有4个气门（2进2出），如图1-3-7所示。

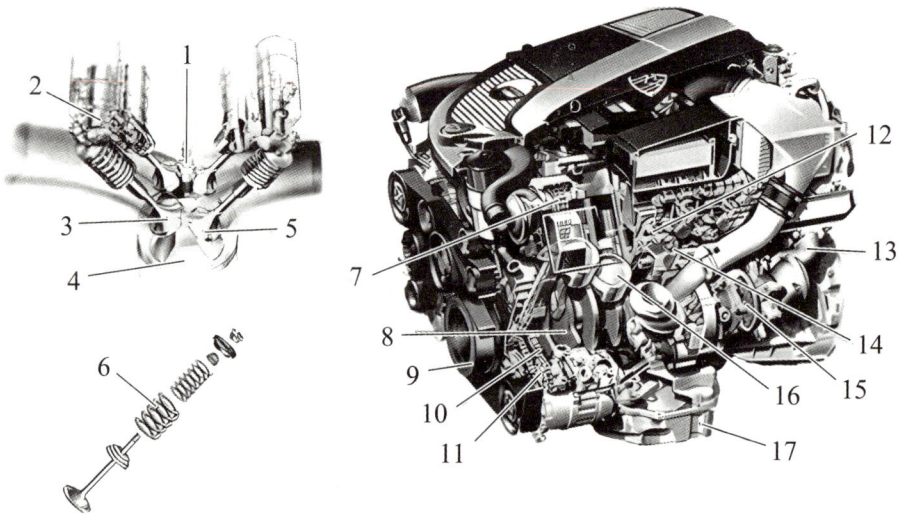

1—火花塞；2—凸轮轴；3，12—进气门；4，16—活塞；5，14—排气门；6—气门弹簧；
7—正时链条；8—曲轴；9—曲轴带轮；10—机油泵链条；11—机油泵链轮；
13—排气歧管；15 涡轮增压器；17 油底壳。

图 1-3-7　一般发动机气缸配有 2 进 2 出气门

结合上述内容，查阅相关资料，填表 1-3-3 相关内容。

表 1-3-3　气门头部结构形状及其优缺点

名　称	优　点	缺　点	应　用

二、基本技能

结合实训设备，查阅相关资料，记录以下问题。

1. 任务描述

根据实训发动机机型，参照发动机拆装实训指导作业书，编制配气机构气门组零件拆装工艺步骤。

（1）发动机型号：

（2）所需工具：

（3）拆卸步骤：

（4）装配步骤：

2. 根据作业指导书内容，完成下列习题。

1）填空题

（1）气门组主要由_____、_____、_____、_____、气门油封和等组成。

（2）气门组作用是_____和_____进、排气道。

（3）配气机构的主要作用是根据发动机的工作情况，适时地_____和_____各气缸的_____、_____，以使得新鲜混合气体及时充满气缸，废气得以及时排出气缸。

（4）进、排气门是由_____控制的，适时地执行"开门"和"关门"这两个动作。

（5）为了获得更多的新鲜空气参与燃烧，_____需要大一点以获得更多的进气。

（6）进气是靠_____吸进去的，排气是_____将废气排出，所以排气相对比进气容易。

2）判断题

（1）在4气门发动机中一般排气门比进气门要大。   （   ）

（2）清除气缸盖平面上的缸垫黏结物和气门上的积碳时使用铲刀。   （   ）

（3）清除燃烧室内的积碳时使用钢丝刷。   （   ）

（4）为了更好地清洁缸盖、凸轮轴、气门弹簧座、气门、气门弹簧、气门锁片，最好使用干净的发动机机油。   （   ）

（5）测量各气门的全长应使用百分表。   （   ）

（6）测量气门杆直径应使用游标卡尺，测量值小于标准值时应更换气门。

                                                              （   ）

3）选择题

（1）安装气门的大部分零件时，要求涂抹一薄层（   ）。

A. 发动机机油   B. 清洁的水   C. 汽油   D. 肥皂水

（2）关于气门开启时刻，下列说法正确的是（   ）。

A. 进气门关闭后排气门才能打开

B. 排气门与进气门可能同时开启

C. 排气门与进气门不可能同时开启

D. 上述说法都不正确

三、总结与思考

拆卸气门组零件时应该注意哪些事项？

任务三　发动机气门传动组结构

（1）了解气门传动组的功用及组成。

（2）了解气门传动组各组成零件的结构和装配连接关系。

（3）能够按操作规程正确拆装气门传动组。

（4）掌握气门传动组各组成的检测方法并记录数据。

（1）学习资源：微课视频、电子学习资料。

（2）学习设备：笔记本电脑、手机。

（3）学习条件：实训车间、多媒体教室。

一、基础知识

气门传动组（如图 1-3-8 所示）主要包括凸轮轴（含正时齿轮）、挺柱、推杆、摇臂、正时皮带（链条）等。

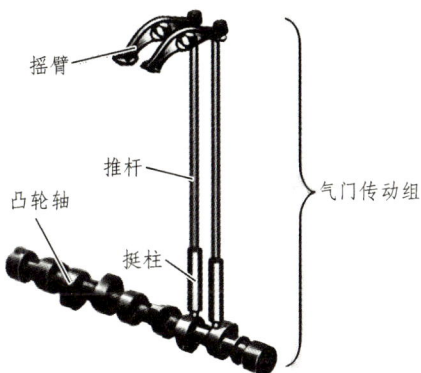

图 1-3-8　气门转动组

结合上述内容，查阅相关资料，回答下列问题：

（1）配气机构气门传动组的作用是什么？

（2）结合上述内容，查阅相关资料，填写表 1-3-4 相关内容。

表 1-3-4　气门传动组零件

序号	零件名称	作用	常用材质
1			
2			
3			
4			
5			
6			
7			
8			
9			
10			

二、基本技能

结合实训设备，查阅相关资料，记录以下问题。

1. 任务描述

根据实训发动机机型，参照发动机拆装实训指导作业书，编制气门传动组零件拆装工艺步骤。

（1）发动机型号:

（2）所需工具:

（3）拆卸步骤:

（4）装配步骤:

2. 气门间隙是指气门完全关闭（凸轮的凸起部分不顶挺柱）时，气门杆尾端与摇臂之间或气门杆尾端与挺柱之间的间隙。气门间隙的作用是当气门受热膨胀时，防止气门顶在摇臂或凸轮上使气门关闭不严，保证气门密封。气门间隙一般包括凸轮与摇臂之间、凸轮与补偿盘之间、摇臂与气门之间的间隙，如图 1-3-9 所示。

不同机型的气门间隙大小不同，一般由实验测定。冷态时排气门间隙大于进气门间隙，进气门间隙一般为 0.25~0.3 mm，排气门间隙一般为 0.3~0.35 mm。

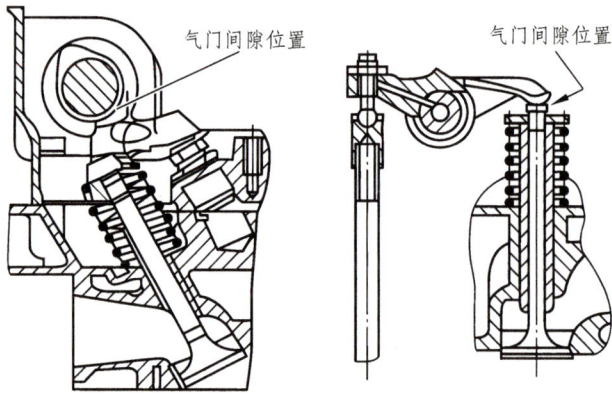

图 1-3-9　气门间隙

结合上述内容，查阅相关资料，回答下列问题：

为什么要调整气门间隙？气门间隙过大或过小对发动机有什么影响？

三、总结与思考

1. 装配气门传动组零部件时如何对正时？

2. 如何防止凸轮轴轴向窜动？

任务四　发动机可变配气系统构造与检修

任务目标

（1）了解可变进气与可变配气机构的功能与结构。
（2）了解可变配气机构的工作原理。
（3）能测试可变配气机构部件功能。
（4）能检测可变配气机构执行元件。
（5）能主动获取有效信息，展示工作成果，进行学习总结与分享。

配气机构的检修

任务准备

（1）学习资源：微课视频、电子学习资料。
（2）学习设备：个人计算机、手机。
（3）学习条件：实训车间、多媒体教室。

任务过程

一、可变配气控制系统

1. 可变气门控制系统的功用

可变气门控制系统是指发动机运转时，根据发动机工况对气门正时和气门升程规律进行调节的电子控制装置。

在发动机工作过程中，为了增大气缸内的进气量，进气门需要提前开启、延迟关闭；同样地，为了使气缸内的废气排得更干净，排气门也需要提前开启、延迟关闭，这样才能保证发动机有效地运作。

发动机高转速时，每个气缸的一个工作循环周期内，吸气和排气的时间非常短。要想达到高的充气效率，就必须延长气缸的吸气和排气时间，即增大气门的重叠角。发动机在低转速时，过大的气门重叠角容易导致废气倒灌，吸气量反而会下降，从而使发动机怠速不稳，低速扭矩偏低。

在传统发动机的配气机构中，气门驱动凸轮的形状、凸轮轴与曲轴的相对位置是固定的。固定的气门正时很难同时满足发动机高转速和低转速两种工况的需求，所以可变气门正时应运而生。可变气门正时可以根据发动机转速和工况的不同而进行调节，使得发动机在高、低速下都能获得理想的进、排气效率。

2. 可变气门控制系统的分类

（1）按控制气门特性参数分类。

①只改变气门正时，但气门升程保持不变。

②只改变气门升程，但气门正时保持不变。

③既改变气门正时，又改变气门升程。

④部分气门保持关闭。此类发动机在低负荷工作时使部分气缸的气门完全不能升起（保持关闭状态），从而改变发动机的有效排量，使工作的气缸处于较高的负荷状态下运行，提高低负荷时的热效率，进一步提高其经济性。

（2）按气门传动方式是否经过凸轮驱动分类。

①凸轮传动。

②非凸轮传动。

凸轮传动方式的可变气门装置与传统的配气机构不同，对传统凸轮式配气机构进行了彻底革新。非凸轮传动方式的可变气门装置也有多种，但一般直接采用电磁机构控制气门的开启和关闭。

（3）按控制的传动部件不同分类。

①凸轮轴。

此种方式的可变气门装置通过凸轮轴的轴向相对转动或轴向移动来改变气门正时或气门升程。

②气门摇臂。

在顶置式配气机构中，一般都是通过气门摇臂的杠杆作用，促使气门工作的。通过在摇臂机构中增设一些传动部件，利用传动部件改变气门的运动方式，达到改变气门正时和气门升程的目的。

③气门挺杆（挺柱）。

气门挺杆的作用是将凸轮转动时的推力传给气门，促使气门工作。如果对挺杆的结构进行适当改进，也可用来改变气门正时或气门升程。

图 1-3-10 为最常见的"改变气门正时"的可变气门机构。该机构利用液压控制凸轮轴正时齿轮内部内转子，可以实现一定范围内的角度提前和延迟。

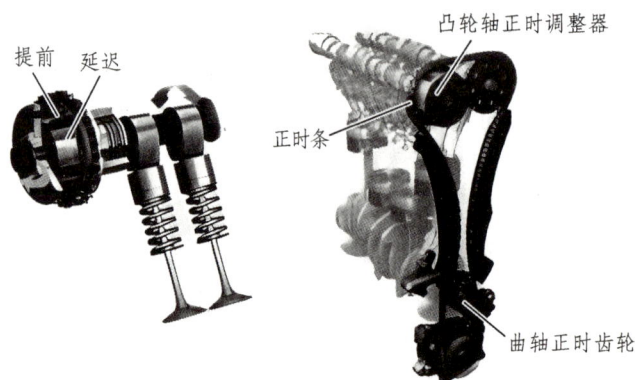

图 1-3-10 改变气门正时的可变正时机构示意

图 1-3-11 为"改变气门升程"的可变气门机构,通过切换凸轮轴上的低角度凸轮和高角度凸轮来实现气门的可变升程。当切换至低角度凸轮时,气门升程小;当切换至高角度凸轮时,气门升程大。

图 1-3-11　改变气门升程的可变正时机构示意

3. 可变气门控制系统

(1)概述。

可变气门控制系统利用油压来调整进气凸轮轴转角,从而实现气门正时的优化,以提供适合发动机运转的最佳气门正时,从而增大所有转速范围内的扭矩,提高燃油经济性并减少废气排放。可变气门控制系统的结构组成如图 1-3-12 所示。

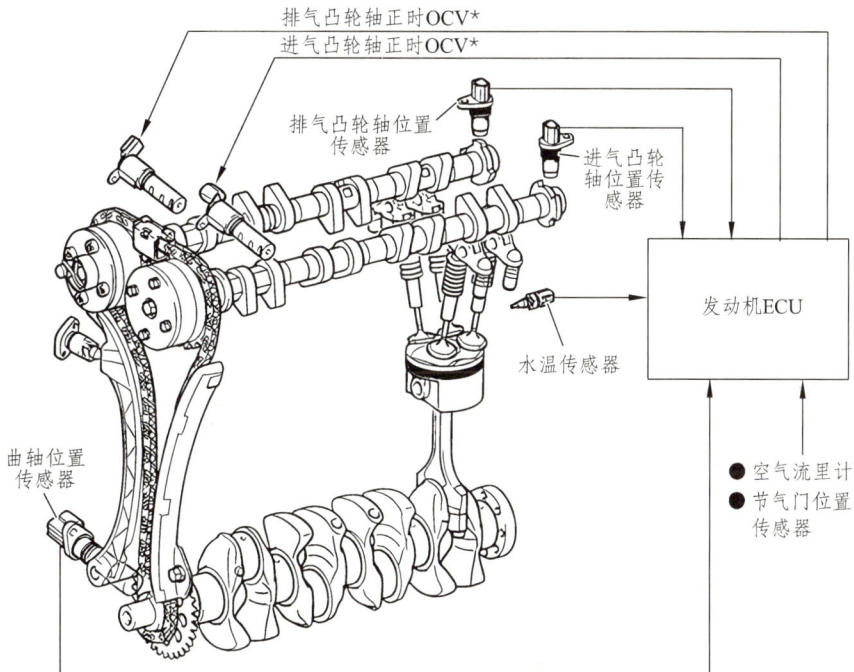

图 1-3-12　可变气门控制系统结构组成

发动机电子控制单元(Electronic Control Unit,ECU)根据发动机转速、进气质量、节气门位置和水温等参数计算行驶状况下的最佳气门正时，同时控制凸轮轴正时机油控制阀。此外，发动机 ECU 利用来自凸轮轴位置传感器和曲轴位置传感器的信号检测实际气门正时，以提供反馈控制信号来获得目标气门正时。可变气门控制系统的控制流程如图 1-3-13 所示。

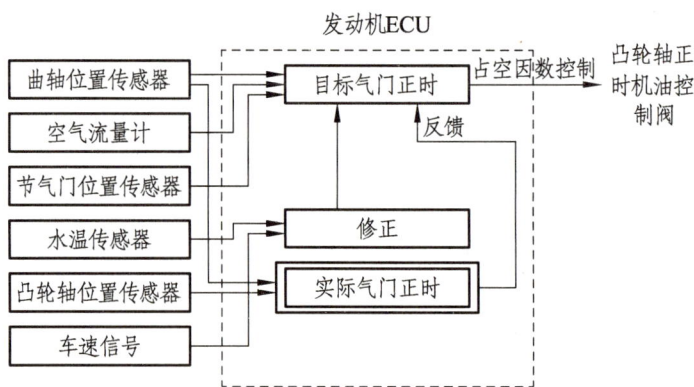

图 1-3-13　可变气门控制系统的控制流程

（2）结构。

①VVT-i 控制器。

各控制器由受正时链条驱动的壳与进气或排气凸轮轴结合在一起的叶片组成。

在进气侧和排气侧均有 4 个叶片。来自进气和排气凸轮轴的提前或延迟侧通道的机油压力使 VVT-i 控制器叶片按圆周方向旋转以持续改变进气和排气门正时。

发动机处于停止工作状态时，锁销将进气凸轮轴锁止在最延迟端并将排气凸轮轴锁止在最提前端，以确保发动机的正常起动。

添加进气侧 VVT-i 控制器内容，进气侧 VVT-i 控制器如图 1-3-14 所示。

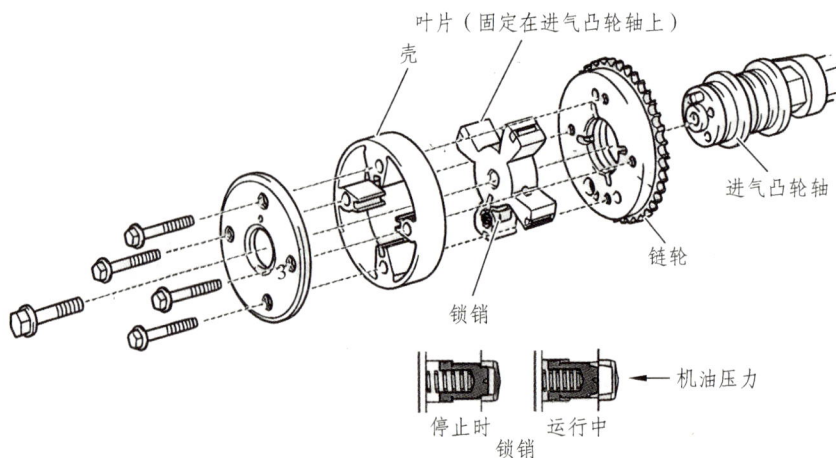

图 1-3-14　进气侧 VVT-i 控制器

排气侧 VVT-i 控制器采用提前辅助弹簧，发动机停止时，此弹簧在提前侧施加扭矩，从而确保锁销的啮合。排气侧 VVT-i 控制器如图 1-3-15 所示。

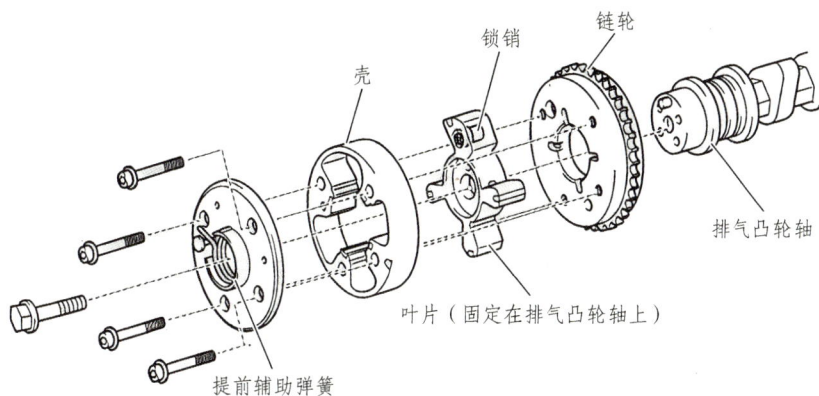

图 1-3-15 排气侧 VVT-i 控制器

②凸轮轴正时机油控制阀。

凸轮轴正时机油控制阀根据来自发动机 ECU 控制信号的占空比控制滑阀，液压可以施加到 VVT-i 控制器的提前侧或延迟侧。发动机停机时，凸轮轴正时机油控制阀处于最延迟位置。进气凸轮轴正时机油控制阀如图 1-3-16 所示。

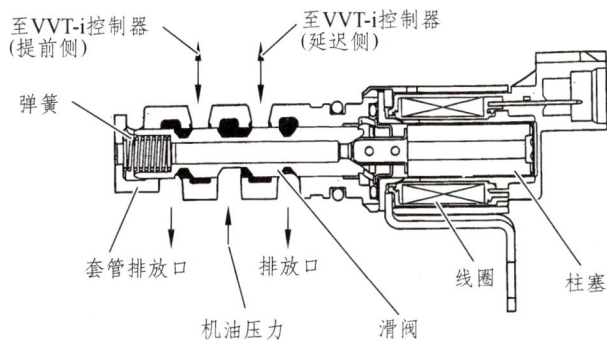

图 1-3-16 进气凸轮轴正时机油控制阀

排气凸轮轴正时机油控制阀如图 1-3-17 所示。

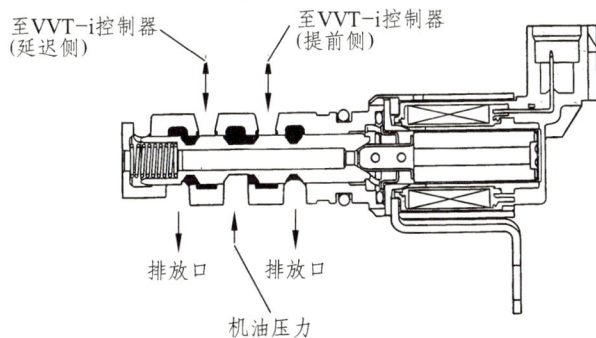

图 1-3-17 排气凸轮轴正时机油控制阀

（3）工作原理。

①正时提前。

通过来自发动机 ECU 的提前信号将凸轮轴正时机油控制阀定位在如图 1-3-18 所示的位置时，机油压力施加到正时提前侧叶片室，使凸轮轴沿正时提前方向旋转。

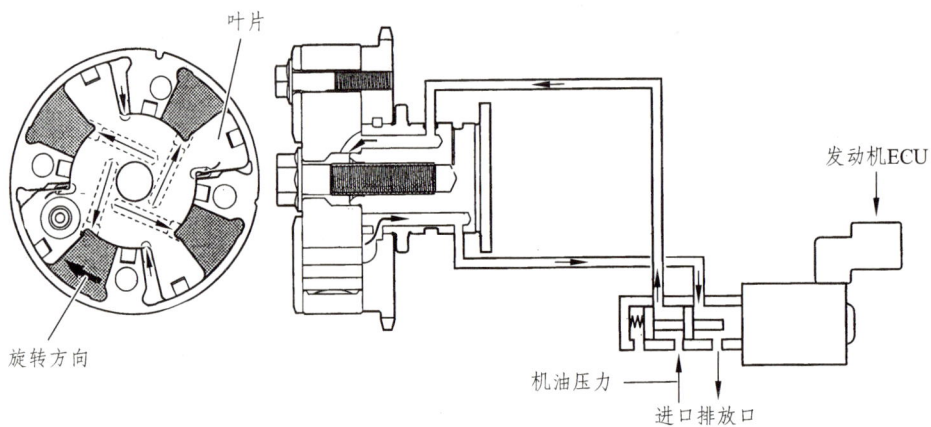

叶片

发动机ECU

旋转方向

机油压力

进口 排放口

（a）进气侧

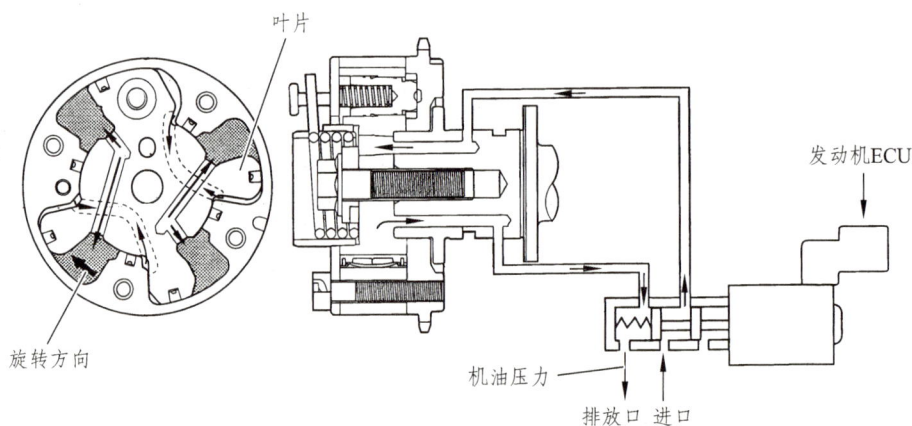

叶片

发动机ECU

旋转方向

机油压力

排放口 进口

（b）排气侧

图 1-3-18　正时提前时机油压力流向

②正时延迟。

通过来自发动机 ECU 的延迟信号将凸轮轴正时机油控制阀定位在图 1-3-19 所示的位置时，发动机机油压力加到正时延迟侧叶片室，使凸轮轴沿正时延迟方向旋转。

③正时保持。

达到目标正时后，通过使凸轮轴正时机油控制阀保持在中间位置以保持气门正时。当行驶状态发生改变时，调节凸轮轴正时机油控制阀以保持气门正时，从而防止发动机机油在不必要时流出。

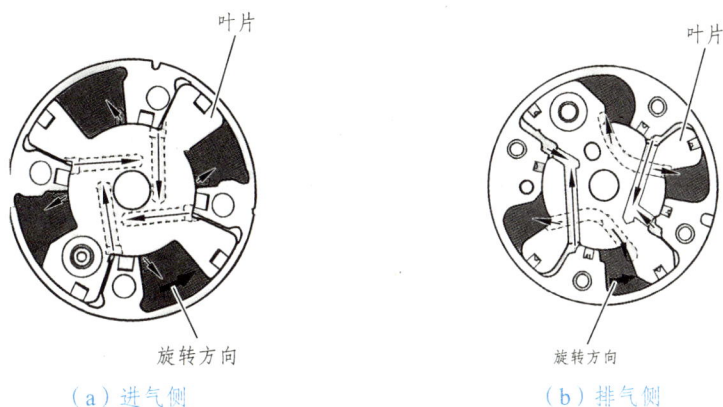

（a）进气侧　　　　　　　　　　（b）排气侧

图 1-3-19　正时延迟时机油压力流向

（4）常见故障及原因。

可变气门正时系统常见的故障原因主要包括：

①正时机构机械装配错误或机械部件损坏。这类故障通常出现在曾经拆装过的气门正时机构。需要参照维修手册的拆装步骤，拆检可变气门正时机械机构。

②机油太脏堵塞管道。使用劣质机油或者长期不更换机油，以及发动机温度过高等原因导致机油杂质过多，堵塞油路造成的故障。需要清洁油路及更换机油。

③发动机控制单元记忆故障码。通常是可变气门的凸轮轴正时机油控制阀及其控制电路故障，需要对控制阀和电路进行检测。

二、总结与思考

1. 采用可变进气系统对发动机性能有什么影响？

2. 当 VVT—i 发生故障时发动机会表现出哪些异常现象？

项目考核

项目名称	汽车发动机配气机构结构		教师		日期	
评价依据	学生完成任务工作单					
序号	任务内容及要求		配分	评分标准	得分	
					自我评分 10%	小组评分 30%	教师评分 60%
1	任务实施过程中文献查阅	是否查阅信息资料	10分	缺一个要点扣1分			
		正确运用信息资料	10分	酌情赋分			
2	规定时间内的完成度	在规定时间内完成任务	10分	酌情赋分			
	任务完成的正确度	任务完成的正确性	10分	酌情赋分			
3	沟通交流能力	积极参与交流	10分	酌情赋分，但违反课堂纪律，不听从教师和组长安排、违反现场安全管理制度不得分			
	安全意识	工位安全检查、登记	5分				
	劳动教育	工位清扫整理、教室卫生值日	5分				
	标准意识	按照操作规程完成装配	10分				
	质量意识	零件检查、工序检查	10分				
	职业素养	按时出勤，遵守纪律	10分				
	责任意识	认认真真、尽职尽责	5分				
	工匠精神	精益求精、追求极致、专心致志、创新突破	5分				
小计							
总评							

项目四　汽车发动机润滑系统与冷却系统

学习目标

1. 素养目标

（1）培养遵守规章制度意识。
（2）提升团结协作、与人沟通能力。
（3）培养大国工匠意识。
（4）提升精益求精的职业道德素养。

2. 知识目标

（1）能描述润滑系统的组成。
（2）能描述润滑系统的拆装步骤。
（3）能描述冷却系统的组成。
（4）能描述冷却系统的拆装步骤。

3. 能力目标

（1）能进行润滑系统的拆装。
（2）能进行冷却系统的拆装。
（3）能在作业中实施自我检查并做好过程记录。
（4）能按要求整理零部件并做好"5S"管理。
（5）能主动获取有效信息，展示工作成果，进行学习总结与分享。

项目描述

　　一辆吉利领克轿车，发动机机油压力报警灯点亮。经初步检查怀疑是润滑系统问题，你的主管让你对润滑系统进行拆检，你能完成吗？

工作任务与流程

　　任务一　发动机润滑系统构造与拆装
　　任务二　发动机冷却系统构造与拆装

建议学时

　　4学时。

任务一　发动机润滑系统构造与拆装

任务目标

（1）了解润滑系统的组成。

（2）了解润滑系统的拆装步骤。

（3）能主动获取有效信息，展示工作成果，进行学习总结与分享。

任务准备

（1）学习资源：微课视频、电子学习资料。

（2）学习设备：个人计算机、手机。

（3）学习条件：实训车间、多媒体教室。

任务过程

一、发动机润滑系统的作用

发动机内部有许多进行相互摩擦运动的零件，如曲轴主轴颈与主轴承、凸轮轴颈与凸轮轴承、活塞、活塞环与气缸壁面等，这些部件运动速度快，工作环境恶劣。为了防止发动机运动件处于干摩擦状态，摩擦零件表面需要用油膜隔开，以减小零件之间的摩擦和磨损。为了克服零件运动时零件间润滑油（机油）的阻力做功产生的热能导致油膜温度升高，需要不断地向摩擦表面提供适量的润滑油，以带走做功产生的热能并冷却零件，保证零件温度不致过高。此外，润滑油还能冲掉摩擦表面上的机械杂质；润滑油附着在零件表面上，使之与水分、空气和燃气隔离，从而减小腐蚀磨损。润滑油路在发动机内部的分布如图 1-4-1 所示。

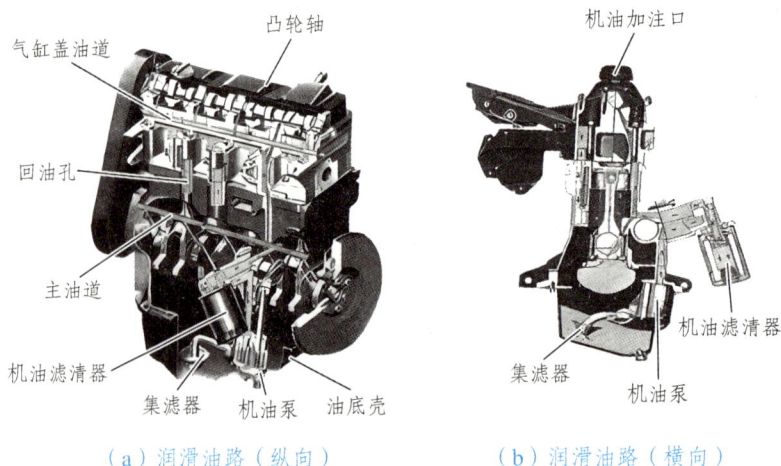

（a）润滑油路（纵向）　　　　（b）润滑油路（横向）

图 1-4-1　润滑油路在发动机内部的分布

结合上述内容，查阅相关资料，回答下列问题：

（1）绘制发动机润滑系统流动循环图。

（2）发动机的润滑方式。

润滑系统向摩擦表面供油方式主要包括压力润滑、飞溅润滑和油雾润滑。大多数内燃机都同时采用这三种供油方式，以满足各类零件摩擦表面润滑的需要。

综合上述内容，查阅相关资料，填写表 1-4-1 相关内容。

表 1-4-1　润滑系统向摩擦表面供油方式

序号	润滑方式	润滑图例	润滑部位	润滑特点
1	压力润滑	凸轮轴　机油过滤器　机油泵　曲轴		
2	飞溅润滑	机油喷管　机油喷管　活塞　气缸		
3	油雾润滑			

二、发动机润滑系统的结构

润滑系统由油底壳、机油泵、限压阀及旁通阀、机油滤清器以及机油散热器等组成，如图 1-4-2 所示。

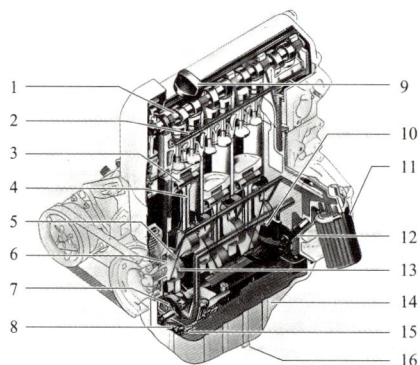

1—凸轮轴轴颈；2—气缸盖主油道；3—活塞销；4—连杆油道；5—曲轴油道；6—曲轴链轮；
7—机油泵；8—机油泵链轮；9—加机油口盖；10—曲柄销轴颈；11—机油滤清器；
12—机油压力调节阀；13—曲轴主轴颈；14—油底壳；15—机油泵传动链条；
16—油底壳放油螺栓。

图 1-4-2　润滑系统的组成

结合上述内容，查阅相关资料，学习下面润滑系统二维码链接内容，回答问题：
（1）填写表 1-4-2 中所示零部件名称，并阐述其作用。

表 1-4-2　发动机润滑系统零部件

序号	图例	名称	作用
1	齿轮旋转方向　机油流向		
2	外转子　内转子		

序号	图例	名称	作用
3			
4			
5			
6	机油冷却液　　　　阀门		

（2）机油泵常用类型有哪些？各有什么特点？

（3）机油过滤装置有哪些？机油滤清器堵塞对润滑系统有什么影响？

三、实操作业

以吉利三缸发动机机总成为实操对象，查阅学习资料，完成下列内容。

1. 准备工作

（1）防护装备：工作服，工作帽，手套，劳保鞋。
（2）实训设备：吉利三缸发动机总成台架，同类发动机总成台架。
（3）辅助设备：油盆。
（4）专用工具：机油泵定位销专用拆卸工装。
（5）手工工具：拆装工具一套。

2. 查看实训室发动机检测台架系统组件，填写表 1-4-3 相关内容。

表 1-4-3　实训室发动机检测台架系统组建

序号	零件名称	安装位置	常用材质

3. 根据发动机拆装指导作业书的要求，对实训室发动机润滑系统组件进行拆卸并记录。

（1）发动机型号：

（2）所需工具、量具：

（3）拆卸步骤：

4. 根据发动机拆装指导作业书的要求对实训室发动机润滑系统组件进行安装并记录。

（1）发动机型号：

（2）所需工、量具：

（3）安装步骤：

四、总结与思考

润滑系统工作不良会对发动机造成什么影响？

任务二 发动机冷却系统构造与拆装

任务目标

（1）了解发动机冷却系统的组成。
（2）了解发动机冷却系统的拆装步骤。
（3）能主动获取有效信息，展示工作成果，进行学习总结与分享。

任务准备

（1）学习资源：微课视频、电子学习资料。
（2）学习设备：个人计算机、手机。
（3）学习条件：实训车间、多媒体教室。

任务过程

一、冷却系统的作用与结构组成

发动机冷却系统在发动机中扮演着重要的角色，冷却系统可以在发动机工作时对温度进行合理的调节与控制，使发动机各部件保持在正常的工作温度，从而获得理想的动力输出与良好的燃油经济性。如果没有冷却系统的帮助，发动机将无法正常工作。

冷却系统中，冷却液充当冷却介质流经发动机水道冷却系统的主要零部件包括水泵、节温器、散热器、散热风扇和控制电路，以及膨胀水箱（副水箱）等。

冷却系统的作用和结构详见下面二维码链接地址所介绍的内容。

冷却系统作用

冷却系统结构

结合上述内容，查阅相关资料，填写表 1-4-4 相关内容。

表 1-4-4 发动机冷却系统零件

序号	图例	名称	作用
1			

序号	图例	名称	作用
2			
3			
4			
5			

二、冷却系统的工作过程

冷却系统的功能是将发动机受热部件吸收的部分热量及时散发出去，从而冷却发动机，使其在正常的温度下工作。一般根据冷却介质可将冷却系统分为风冷系统与水冷系统。随着汽车发动机功率越来越大，对散热的要求也越来越高。风冷系统由于很难达到均匀散热的效果，容易造成一部分部件过热导致发动机损坏。由于风冷系统的散热效率不如水冷系统高，现在汽车几乎全部使用水冷式散热系统，即冷却液在水泵的驱动下，在冷却系统内部循环流动。水冷系统的工作原理如图 1-4-3 所示。

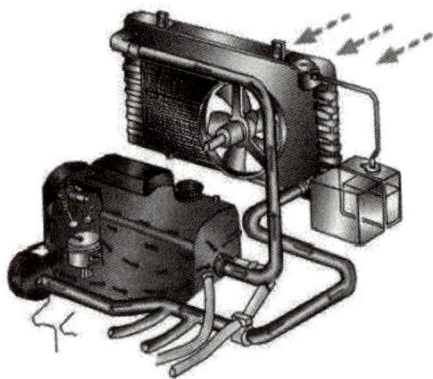

图 1-4-3　水冷系统工作原理

结合上述内容，查阅相关资料，回答下列问题：
（1）结合上述内容以及图 1-4-4，阐述冷却系统冷水小循环的作用与流程。

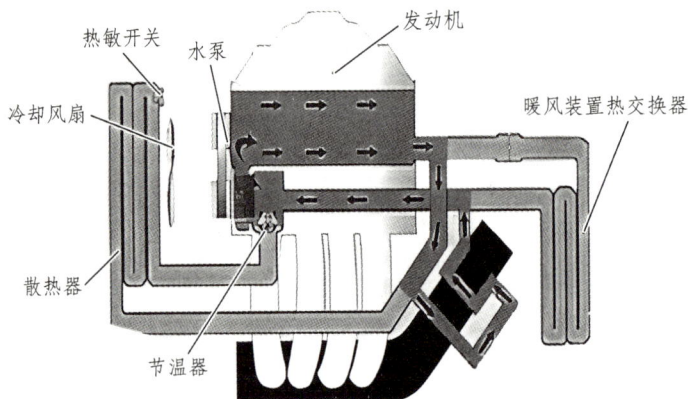

图 1-4-4　发动机冷却系统小循环示意图

（2）参照图 1-4-5，阐述冷却系统冷水大循环的作用与流程。

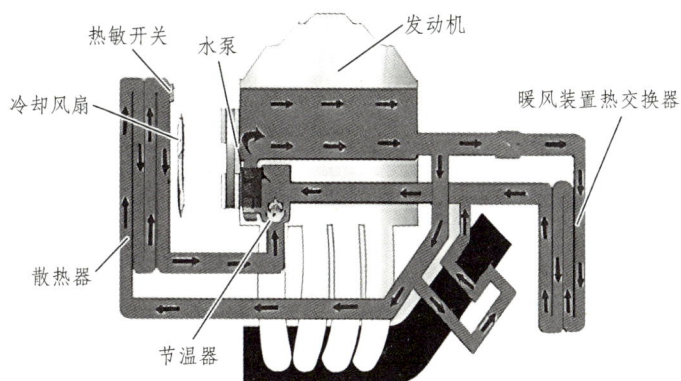

图 1-4-5　冷却系统大循环示意图

（3）冷却系统的强度调节方式主要包括哪些?

三、实操作业

以吉利三缸发动机总成为实操对象，查阅相关资料，完成下列内容。

1. 查看实训室发动机实操台架冷却系统组件，填写表 1-4-5 相关内容。

表 1-4-5　冷却系统组件

序号	零件名称	安装位置	常用材质

　　2. 根据发动机拆装指导作业书的要求，对实训室发动机冷却系统组件进行拆卸并记录。

　　（1）发动机型号：

　　（2）所需工、量具：

　　（3）拆卸步骤：

3. 根据发动机拆装指导作业书的要求，对实训室发动机冷却系统组件进行安装并记录。

（1）发动机型号：

（2）所需工、量具：

（3）安装步骤：

四、总结与思考

图 1-4-6 所示的现象俗称"发动机开锅"，这一现象和发动机冷却系统有什么关系？导致发动机开锅的原因有哪些？

图 1-4-6　发动机开锅

项目考核

项目名称	汽车发动机润滑系统与冷却系统		教师		日期			
评价依据	学生完成任务一、任务二工作单							
序号	任务内容及要求		配分	评分标准	得分			
					自我评分10%	小组评分30%	教师评分60%	
1	任务实施过程中文献查阅	是否查阅信息资料	10分	缺一个要点扣1分				
		正确运用信息资料	10分	酌情赋分				
2	规定时间内的完成度	在规定时间内完成任务	10分	酌情赋分				
	任务完成的正确度	任务完成的正确性	10分	酌情赋分				
3	沟通交流能力	积极参与交流	10分	酌情赋分,但违反课堂纪律,不听从教师和组长安排、违反现场安全管理制度不得分				
	安全意识	工位安全检查、登记	5分					
	劳动教育	工位清扫整理、教室卫生值日	5分					
	标准意识	按照操作规程完成装配	10分					
	质量意识	零件检查、工序检查	10分					
	职业素养	按时出勤,遵守纪律	10分					
	责任意识	认认真真、尽职尽责	5分					
	工匠精神	精益求精、追求极致、专心致志、创新突破	5分					
小计								
总评								

项目五　汽车发动机进气系统

学习目标

1. 素养目标

（1）树立安全意识、质量意识和标准意识。

（2）培养遵守规章制度意识。

（3）提升团结协作、与人沟通能力。

（4）乐于钻研，精益求精。

2. 知识目标

（1）掌握进气系统的组成和工作原理。

（2）掌握汽车发动机怠速控制系统功能、结构、工作原理。

（3）掌握电子节气门功能、结构。

（4）掌握可变进气机构功能、结构、工作原理。

（5）掌握涡轮增压器功能、结构、工作原理。

3. 能力目标

（1）能认知电子节气门组件、可变进气系统组件、涡轮增压系统组件。

（2）能正确选用工具对发动机进气系统组件进行拆装。

（3）能绘制典型执行部件电路图。

（4）能按照"5S"管理要求并对实训室、工作岗位进行管理。

（5）能主动获取有效信息，展示工作成果，进行学习总结与分享。

项目描述

　　一台行驶 12 万千米的大众迈腾轿车，出现加速怠速熄火的问题，车主到 4S 店进行检修。经过检测，初步判定为发动机电子节气门故障。维修人员需要对相关零件进行拆检，确认故障点，完成对故障零件的检修与更换。

工作任务与流程

　　任务一　发动机进气系统功能与结构

　　任务二　发动机怠速控制系统构造

　　任务三　发动机进气增压系统构造

建议学时

　　4 学时。

任务一　发动机进气系统功能与结构

任务目标

（1）了解进气系统的功用和工作原理。

（2）了解排气系统的功用和工作原理。

（3）能主动获取有效信息，展示工作成果，进行学习总结与分享。

任务准备

（1）学习资源：微课视频、电子学习资料。

（2）学习设备：个人计算机、手机。

（3）学习条件：实训车间、多媒体教室。

任务过程

一、进气系统的功用、分类

发动机工作时，驾驶员通过加速踏板操纵节气门的开度，控制发动机的运转，即让进入发动机的空气经空气滤清器滤去尘埃等杂质后，流经空气流量计，并沿节气门通道进入动力腔，再经进气歧管分配到各个气缸中。发动机冷车怠速运转时，部分空气经附加空气阀或怠速控制阀绕过节气门进入气缸，以满足发动机怠速运转要求。燃烧完的废气通过排气管道排入大气中。

电控燃油喷射发动机进气系统的主要构成零件包括空气滤清器、节气门体、进气总管和进气歧管等，如图1-5-1所示。

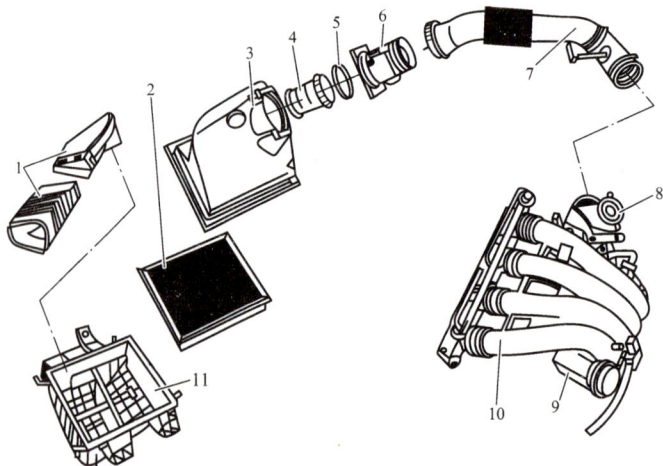

图1-5-1　电控燃油喷射发动机进气系统组成

结合上述内容，查阅相关资料，填写图 1-5-1 所示中零件的名称：

（1）_____　（2）_____

（3）_____　（4）_____

（5）_____　（6）_____

（7）_____　（8）_____

（9）_____　（10）_____

（11）_____

二、进气系统结构

1. 空气滤清器的功用

空气滤清器（见图 1-5-2）的功用主要是滤除空气中的杂质或灰尘，让干净的空气进入气缸，防止损坏活塞和气缸。另外，空气滤清器也有降低进气噪声的作用。

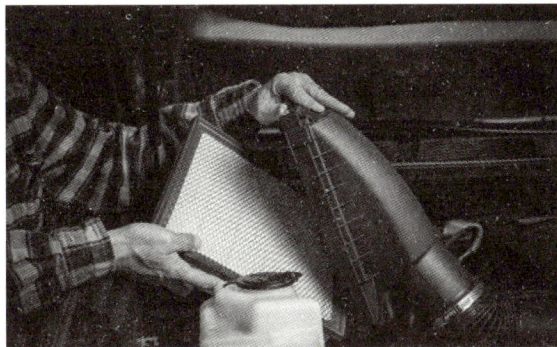

图 1-5-2　空气滤清器

结合上述内容，查阅相关资料，回答下列问题：

空气滤清器的结构主要包括哪些？如何维护？

2. 图 1-5-3 所示的零件是什么？其安装位置在哪里？作用是什么？

图 1-5-3　零件

3. 发动机进气系统的进气歧管和排气系统的排气歧管如图1-5-4所示。

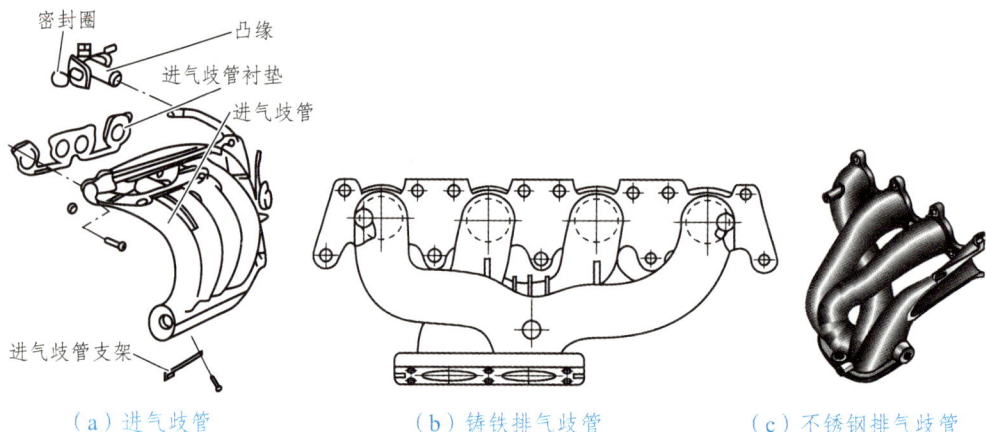

（a）进气歧管　　　　　（b）铸铁排气歧管　　　　（c）不锈钢排气歧管

图1-5-4　发动机的进气歧管和排气歧管

结合上述内容，查阅相关资料，回答下列问题：

进气歧管和排气歧管的结构特点、材质等有什么区别？

三、可变进气控制系统

1. 可变进气管道控制系统的功用

进气惯性效应是指在进气行程时利用进气管内高速流动气体的惯性作用来提高充气效率的效应。进气过程具有间歇性和周期性，因此在进气歧管内产生一定幅度的压力波，此压力波以声速在进气系统内传播和往复反射。如果利用一定长度和直径的进气歧管与一定容积的谐振室组成谐振进气系统，并使其固有频率与气门的进气周期调谐，那么在特定的转速下，在进气门关闭之前会在进气歧管内产生大幅度的压力波，使进气歧管的压力增大，从而增大进气量。

2. 可变进气管道控制系统的结构及工作原理

进气气流在进气管中的变化是非常复杂的。为了有效地利用进气惯性效应、提高充气效率，在汽车发动机上采用了带有动力腔、谐振腔及各种结构形式的可变进气系统。

（1）可变进气管道控制系统的结构。

可变进气管道控制系统是指在发动机的进气歧管内设置转换阀，转换阀通过电磁阀实现在两个不同长度进气管之间的切换，电磁阀由 ECU 控制。可变进气系统如图1-5-5所示。

（a）低速时转换阀关闭　　　　（b）高速时转换阀打开

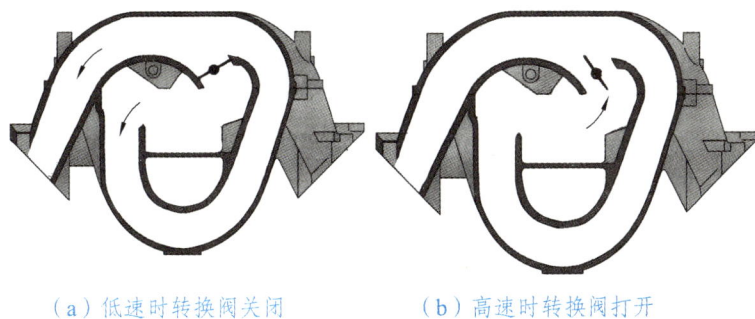

图 1-5-5　可变进气系统

（2）可变进气管道控制系统的工作原理。

为了实现大容量进气，可变进气管道系统采用双级式进气歧管，并通过转换阀开启/关闭方式来改变进气管道的长度。

当发动机转速低于 4 000 r/min（即要求发动机输出大扭矩）时，转换阀关闭，如图 1-5-6（a）、图 1-5-7 所示，此时进气横截面面积减小，进气歧管通道变长（如进气管道约为 705 mm），利用进气惯性的增压作用来增大充气量，提高转矩；当发动机转速高于 4 000 r/min（即要求发动机输出大功率）时，转换阀打开，如图 1-5-6（b）、图 1-5-8 所示，此时进气横截面面积增大，进气歧管通道变短（如进气管道长约 322 mm），利用降低进气阻力来增大进气量，保持原设计功率。

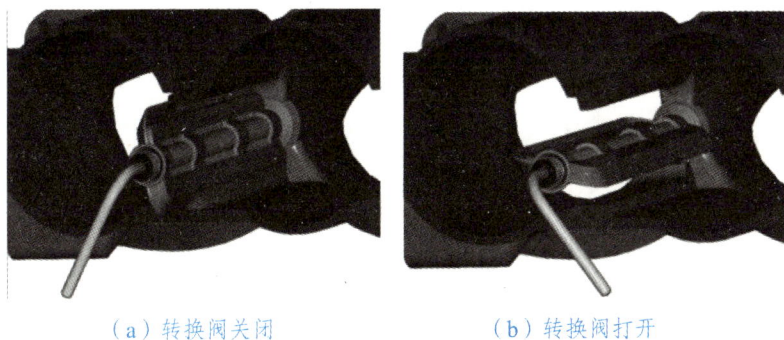

（a）转换阀关闭　　　　　　（b）转换阀打开

图 1-5-6　转换阀关闭和打开

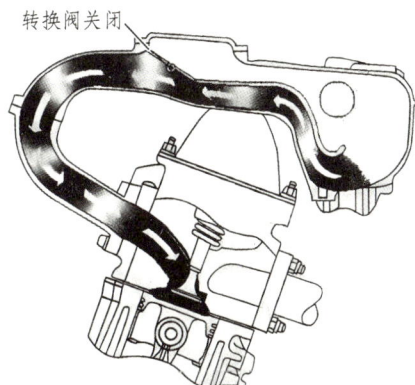

图 1-5-7　惯性增压状态　　　　图 1-5-8　保持原设计功率状态

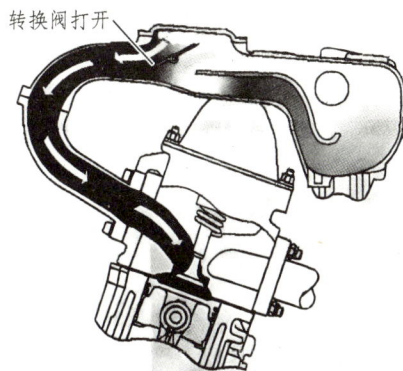

结合上述内容，查阅相关资料，填写表 1-5-1 相关内容。

表 1-5-1　进气歧管类型及特点

名　称	图　例	特　点	应用车型
可变长度进气歧管			
双通道可变进气歧管			
主副通道式可变进气歧管			
无级可变进气歧管			

四、基本技能

1. 进气系统结构认知

进气系统结构认知的注意事项主要包括：

（1）观察电控燃油喷射发动机进气系统的组成，观察空气滤清器、怠速控制阀的安装位置及结构特点。

（2）目视检查。

①进气系统漏气检查：检查各连接部位是否可靠，密封垫是否完好，真空软管是否破损或连接可靠；

②检查空气滤清器滤芯是否脏污；

③检查节气门内腔的积垢和积胶情况。

2. 空气滤清器的拆装与更换

根据实训发动机机型，参照发动机拆装实训指导作业书，编制空气滤清器拆卸工艺步骤。

（1）发动机型号：

（2）所需工具：

（3）拆卸步骤：

3. 根据发动机拆装指导作业书的要求，对实训室发动机节气门体进行拆装并记录。

（1）发动机型号：

（2）所需工具：

（3）拆卸步骤：

五、总结与思考

进气系统零件拆卸和维护过程中应该注意哪些事项？

任务二　发动机怠速控制系统构造

任务目标

（1）了解怠速控制系统结构与功能。
（2）了解电子节气门结构与功能。
（3）能绘制怠速控制系统电路图。
（4）能检测电子节气门单元工作参数。
（5）能主动获取有效信息，展示工作成果，进行学习总结与分享。

任务准备

（1）学习资源：微课视频、电子学习资料。
（2）学习设备：个人计算机、手机。
（3）学习条件：实训车间、多媒体教室。

任务过程

一、怠速控制系统结构与功能

1. 怠速控制系统结构

怠速通常是指发动机在无负荷（对外无功率输出）情况下的稳定运转状态。电控发动机怠速运转时，加速踏板完全松开，节气门接近关闭，进入气缸的空气量及喷油量很小，发动机输出功率仅能在无负荷下以最低转速空运行。

怠速控制系统的主要作用是稳定发动机的正常怠速，使发动机起动后能迅速暖机；在空调等负载投入工作时，自动调节发动机的怠速转速；可以根据自动变速器挡位状况变化情况和动力转向开关接通导致发动机怠速时的负荷变化情况，自动调节发动机怠速转速，保证发动机在各种怠速条件下的稳定运转。

汽车的标准怠速值（也称目标怠速或设定怠速）由 ECU 根据冷却液温度等信号确定。如果怠速转速过高，则增加发动机的燃油消耗量；若怠速转速过低，则会增加有害物的排放。现在大多数电子控制发动机已设有不同形式的怠速转速控制装置，控制发动机以最佳的怠速转速运转。

2. 怠速控制方式与执行机构

怠速进气量的控制方式因车型而有所不同，目前主要采用旁通空气式和节气门直动式两种进气系统。

结合上述内容，查阅相关资料，填写表 1-5-2 相关内容。

表 1-5-2 怠速进气量控制方式

名　称	图　例	特　点
旁通空气式进气系统	空气流量计　怠速控制阀　ECU　节气门位置传感器	
节气门直动式进气系统	空气流量计　怠速控制阀　ECU　节气门位置传感器	

1）旁通空气式的怠速控制机构

旁通空气式的怠速控制机构主要有以下三种类型：

（1）旋转滑阀式怠速控制阀。

旋转滑阀式怠速控制阀的结构如图 1-5-9 所示，其旋转滑阀固装在电枢轴上，与电枢轴一起转动，用于控制流过空气旁通道的空气量。永久磁铁固定安装在外壳上。电枢位于永久磁铁的磁场中，电枢铁心上缠有两组绕向相反的电磁线圈 L_1 和 L_2。电磁线圈 L_1 和电磁线圈 L_2 的两端与电刷集电环相连，经电刷引出与 ECU 相连。旋转滑阀式怠速控制阀的电路连接如图 1-5-10 所示。

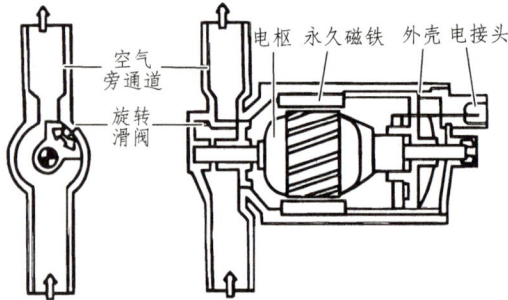

空气旁通道　旋转滑阀　电枢　永久磁铁　外壳　电接头

图 1-5-9　旋转滑阀式怠速控制阀的结构

在图 1-5-10 中，电枢轴上的电刷集电环，类似电动机换向器结构，它由三段滑片围合而成，其上各有一电刷与之接触。电磁线圈 L_1 和 L_2 的两端分别焊接在相应的滑片上。旋转滑阀的转动角被限制为 90°。在实际运行时，ECU 将检测到的怠速转速实际值（转速传感器输入信号）与编程储存的设定目标值相比较，并根据比较结果向电枢轴上两线圈交替输出电压，利用电磁线圈的电磁力与永久磁铁的磁力相互作用来改变旋转滑阀开度，从而改变空气旁通道中空气的通过量，直到实际怠速转速与设定目标转速相同。

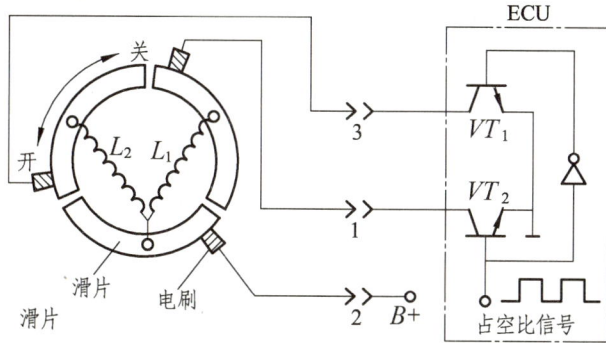

图 1-5-10　旋转滑阀式怠速控制阀的电路连接图

　　旋转滑阀式怠速控制系统中，电磁线圈 L_1 和 L_2 由发动机控制模块通过晶体管 VT_1 和 VT_2 控制；VT_1 和 VT_2 由同一信号进行反向控制，即 VT_2 导通时 VT_1 截止、VT_2 截止时 VT_1 导通。

　　由这两组线圈的导通时间的比例关系决定了电枢所受的转矩和偏转角度。电枢受到的转矩主要包括：

　　① T_1 转矩。

　　线圈 L_1 产生的转矩，逆时针方向，大小与电流相关。

　　② T_2 转矩。

　　线圈 L_2 产生的转矩，顺时针方向，大小与电流相关。

　　③ T_3 转矩。

　　复位弹簧产生的转矩，逆时针方向，大小与转角相关。

　　工作时，ECU 根据发动机冷却液温度传感器和节气门位置传感器等输出信号确定发动机所处怠速工况的混合气浓度，并输出占空比信号控制电磁线圈 L_1 或 L_2 的通电时间，该信号的占空比是指在一个循环周期内通电时间所占百分比，如图 1-5-11 所示。若不计复位弹簧的扭矩，则满足的条件主要包括：

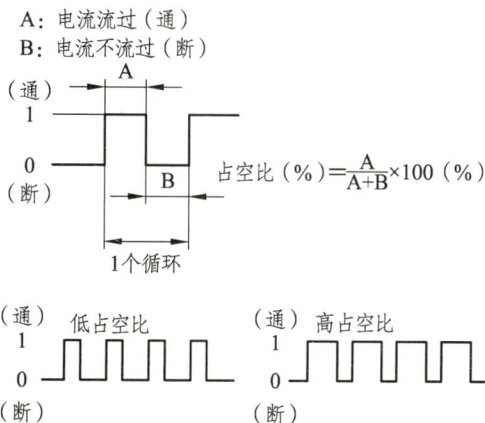

图 1-5-11　信号的占空比

① 当占空比为 50%时，电磁线圈 L_1 和 L_2 平均通电时间相等，即电枢受到的转矩 $T_1=T_2$，电枢停止转动；

② 当占空比大于 50%时，电磁线圈 L_2 的平均通电时间长，即电枢受到的转矩 $T_2>T_1$，电枢带动旋转滑阀顺时针偏转，空气旁通道截面增大，怠速升高；

③ 当占空比小于 50%时，电磁线圈 L_1 的平均通电时间长，即电枢受到的转矩 $T_1>T_2$，电枢带动旋转滑阀逆时针偏转，空气旁通道截面减小，怠速降低。

旋转滑阀根据控制脉冲信号的占空比偏转，占空比的范围为 18%（旋转滑阀关闭）至 82%（旋转滑阀打开）。

这种怠速控制阀通常用于早期的丰田、现代汽车。

（2）步进电动机式怠速控制阀。

步进电动机是一种由 ECU 输出的脉冲信号控制其转动方向和转动角度的电动机。步进电动机式怠速控制阀结构如图 1-5-12 所示，主要由转子、定子、丝杠机构以及阀门等部件组成。步进电动机是一种角度执行机构，当其接收一定数量的控制脉冲信号后，步进电动机按指定的方向旋转一定的角度。由于其转动是非连续的，控制一步转动一个角度，因而称之为步进电动机。步进电动机中有几组电磁线圈，ECU 通过控制相线中的通电顺序，实现其正反转控制。

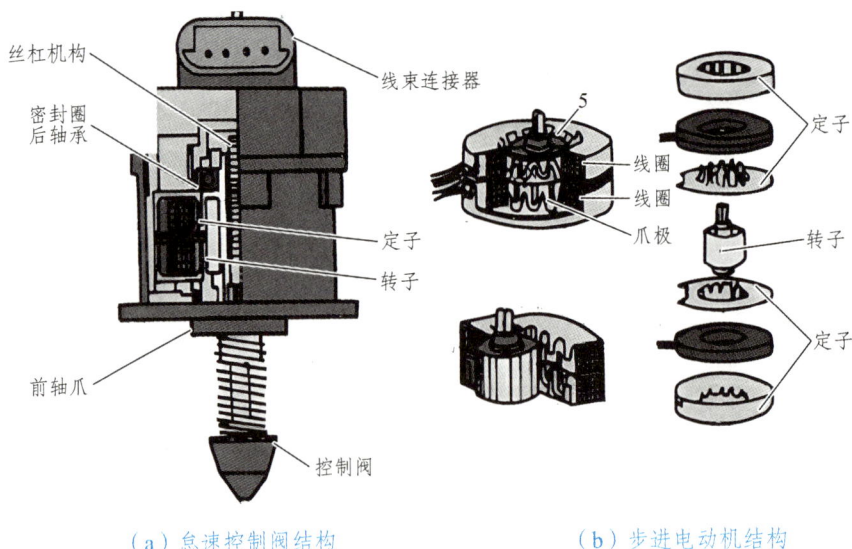

（a）怠速控制阀结构　　　　　（b）步进电动机结构

图 1-5-12　步进电动机怠速控制阀结构

丝杠机构将步进电动机的旋转运动变换为往复运动。当步进电动机的转子转动时，螺母将带动丝杠机构做轴向移动。转子转动一圈，丝杠机构移动一个螺距。因为阀芯与丝杠机构固定连接，所以丝杠机构将带动阀芯增大或减小阀门开度。ECU 通过控制步进电动机的转动方向和转动角度来控制丝杠机构的移动方向和移动距离，从而达到控制怠速阀开度、调整怠速转速的目的。

（3）电磁阀式怠速控制阀。

电磁阀式怠速控制阀安装在进气歧管上，利用来自 ECU 输出的一定占空比的脉冲信号去控制节气门旁通气道的进气量。当发动机怠速运转时，ECU 根据各种传感器的信号，向电磁线圈通以占空比可调的脉冲信号，该脉冲信号的占空比决定了线圈中平均电流的大小，而平均电流的大小又决定了电磁阀 VSV 的开度和发动机怠速的高低。占空比越大，线圈中的平均电流越大，线圈吸力越强，阀门升程高、开度大，旁通空气量大，怠速高；反之，怠速低。电磁阀式怠速控制阀的控制电路如图 1-5-13 所示，同步进电动机式和旋转滑阀式怠速控制系统的控制过程基本一致，怠速控制阀通常用于日产汽车和福特汽车上。

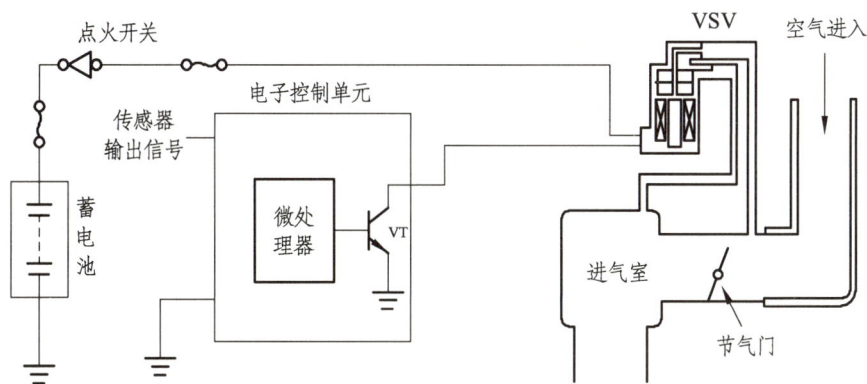

图 1-5-13　电磁阀式怠速控制阀的控制电路

2）节气门直动式怠速控制机构

节气门直动式怠速控制机构取消了旁通通道，通过调节节气门的开启角度（即调节空气通路的截面）来控制充气量，实现对怠速的控制。节气门直动式怠速控制机构是通过对节气门最小开度的控制来控制怠速，实际上是电子节气门系统的功能之一，在大众车系中应用较多。

节气门直动式怠速控制机构主要由节气门电机、减速机构、应急弹簧等组成，如图 1-5-14 所示。怠速时 ECU 直接控制节气门直流电动机的正反转和转动量，直流电动机驱动减速齿轮机构精确地控制节气门的开度，达到控制怠速进气量和怠速的目的。

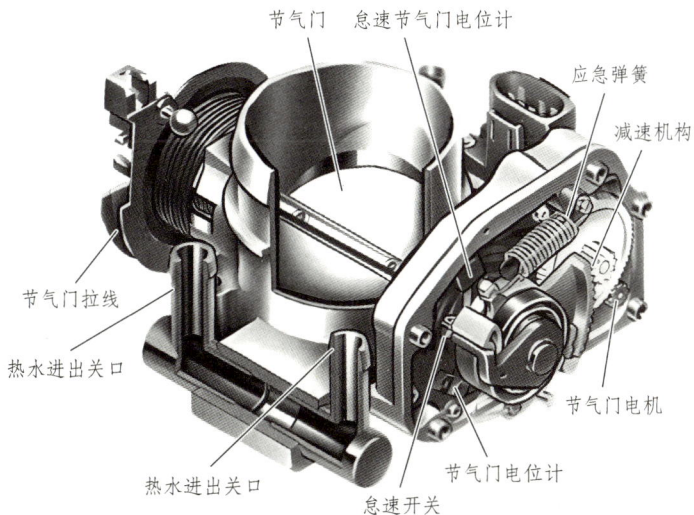

图 1-5-14　直接进气式怠速控制机构组成

节气门控制组件中的怠速节气门电位计检测怠速时节气门的开度为 3°～4°，怠速时打开空调的节气门开度为 5°～6°，并把信号送到 ECU。ECU 对节气门实际开度与目标开度进行对比，当出现偏差时再通过节气门电机进行调节。节气门电位计检测非怠速时的节气门开度。

3. 怠速控制策略与系统功能

1）怠速控制系统控制过程

怠速控制即对怠速转速的控制。怠速是如果发动机负荷和电器负荷发生变化，ECU 控制发动机去调节怠速转速。当发动机处于怠速状态时，空调开关、动力转向开关等接通或处于空挡，以及起动开关断开，都会增大发动机负荷，降低转速。如果转速降低过多，可能导致发动机熄火。因此，在接通空调开关或动力转向开关后，发动机 ECU 首先控制怠速控制机构使进气量增大，从而提高怠速转速，防止发动机运转不稳甚至熄火。

在发动机怠速状态下，当空调开关或动力转向开关断开时，发动机负荷又会减小，转速升高，不仅油耗增大，而且产生起步前冲等问题。因此在空调开关或动力转向开关断开后，ECU 控制怠速控制阀使进气量减小，从而怠速转速降低，避免出现怠速转速过高的情况。

另外，当电器负荷增大（如夜间行车接通前照灯、按喇叭等）时，电气系统的供电电压降低。如果电源电压过低，则影响 ECU 正常工作和用电设备正常用电，因此在电源电压降低时，需要提高怠速转速，达到稳定或提高电源电压的目的。

怠速转速控制原理如图 1-5-15 所示。发动机 ECU 内部储存不同温度和不同情况下的目标怠速转速值，ECU 先根据节气门位置传感器信号和车速信号判断发动机是否处于怠速状态。当判定为怠速工况时，根据发动机冷却液温度传感器信号以及空调开关、动力转向开关等信号，从存储器存储的怠速转速数据中查询相应的目标转速值，将目标转速与曲轴位置传感器检测的发动机实际转速值进行比较，然后控制怠速控制机构，使发动机设计怠速转速接近目标转速。

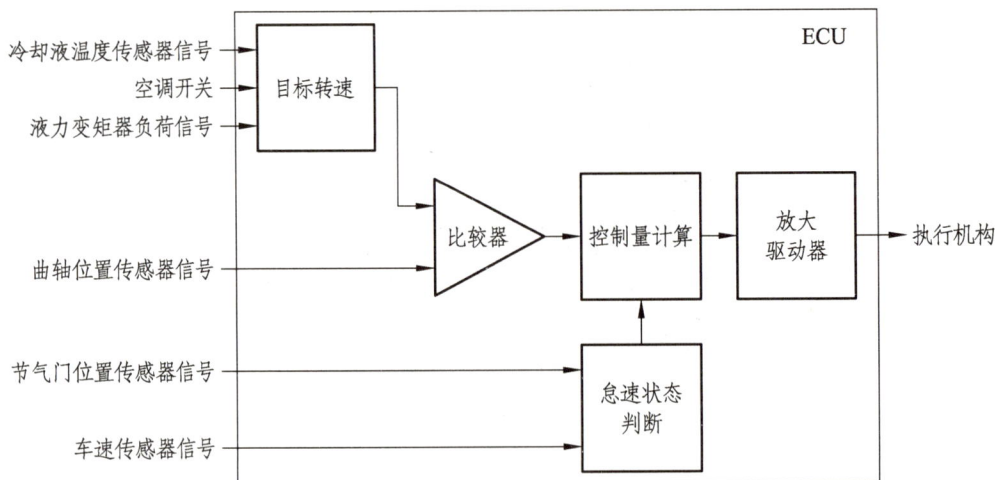

图 1-5-15　怠速转速控制原理

2）怠速控制系统的控制特性

不同发动机怠速控制系统的控制原理基本相同，但特性会略有所不同。以步进电动机为例介绍怠速控制系统的控制原理。

（1）初始位置确定。

为了改善发动机的再次起动性能，在断开点火开关时，ECU 控制怠速控制阀使其处于半开（或全开）状态，为再次起动做好准备。当点火开关由 ON（接通）位置转到 OFF（断开）位置时，发动机 ECU 利用备用电源提供的电压控制主继电器线圈继续供电 2 s，使步进电动机的控制阀退回到初始位置，以便下次起动时具有较大的进气量。

（2）起动控制特性。

起动发动机时，由于怠速控制阀预先设定在半开（或全开）位置，因此进气量较大，发动机容易起动。发动机起动后，如果阀门仍保持在全开位置，怠速转速则会升得过高。在起动时或起动后，当发动机转速达到规定值（该值由冷却液温度确定）时，ECU 则会控制步进电动机步进的步数，使控制阀阀门关小到确定的阀芯位置，使怠速转速稳定。如发动机冷却液温度在起动时为 20 ℃，当发动机转速达到 500 r/min 时，ECU 将控制步进电动机使阀门关小，防止转速过高。

（3）暖机控制特性。

在发动机起动后的暖机过程中，ECU 将根据冷却液温度传感器信号确定步进电动机步进的位置。随着转速升高和发动机温度升高，控制阀阀门将逐渐关小，步进电动机步进的步数逐渐减少。当冷却液温度达到 80 ℃时，暖机控制结束，步进电动机及其阀芯位置保持不变。

（4）反馈控制。

发动机起动后，当满足反馈控制条件（如怠速触点闭合，车速低于 2 km/h，空调开关断开）时，ECU 将根据发动机实际转速与存储器中预先设定的目标转速进行比较，如果发动机的实际转速低于目标转速，ECU 控制节气门开度增大，使其转速升高并接近目标转速；反之，将使节气门开度变小，使其转速下降。

（5）发动机负荷变化时的预控制。

在发动机转速出现变化前，发动机 ECU 增加节气门开度，增大进气量，提高发动机的怠速转速，保持发动机怠速运转的稳定性；当去除这些载荷后，ECU 便会减小节气门的开度，使发动机恢复加载前的转速。

（6）学习控制。

发动机 ECU 能够记忆发动机的转速与控制信号的占空比（或步进电动机步数）之间的关系并定期进行更新。发动机使用期间的磨损和其他变化会改变这种关系，尽管控制信号的占空比（或步进电动机步数）仍保持在某一数值，但发动机的怠速转速和使用初期数值已不一样。此时发动机 ECU 可以在反馈控制的基础上进行学习控制，将怠速转速调整到目标值。当达到目标怠速后，发动机 ECU 将控制信号的占空比（或步进电动机步数）存入备用的存储器中，在以后的怠速控制中作为这一工况下控制信号占空比（或步进电动机步数）的基准值。

二、电子节气门结构与功能

1. 电子节气门控制系统的功用

在传统机械连接式节气门的汽车中，节气门的开度完全取决于加速踏板的位置（即驾驶员的操作意图），从动力性和经济性角度来看，发动机并非总是处于最佳运行工况，而且驾驶员的误操作会给汽车安全性带来隐患。因此，目前大部分汽车取消了传统的机械连接式节气门，采用电子节气门控制系统。电子节气门控制系统通过电子控制单元控制节气门快速精确地定位，可以根据驾驶员的需求以及行驶状况确定节气门的最佳开度，保证车辆最佳的动力性和燃油经济性，并具有牵引力控制、巡航控制等控制功能，提高安全性和乘坐舒适性。

电子节气门控制系统直接将节气门行程转换为电信号来控制供油量以及阀体开度。在采用电子节气门控制系统的汽车中，节气门不再通过加速踏板的拉索来控制，加速踏板与节气门之间无机械式连接装置，而是通过电气线路相连接。

2. 电子节气门控制系统的组成

以大众车系为例，介绍电子节气门控制系统的组成。电子节气门控制系统由带加速踏板位置传感器的加速踏板模块、节气门控制模块、发动机控制单元（ECU）和电子节气门控制系统的故障指示灯等部件组成，电子节气门控制系统的组成如图 1-5-16 所示。

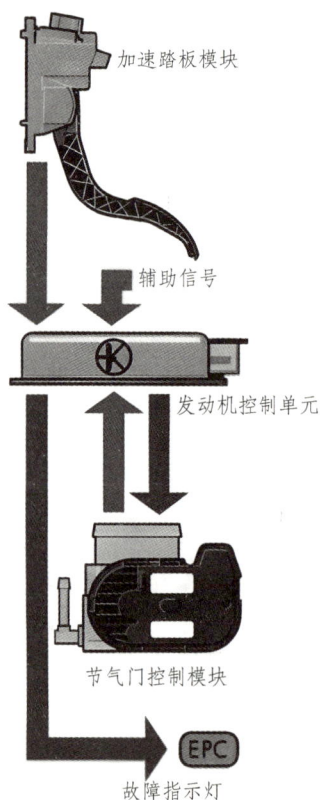

图 1-5-16 电子节气门控制系统

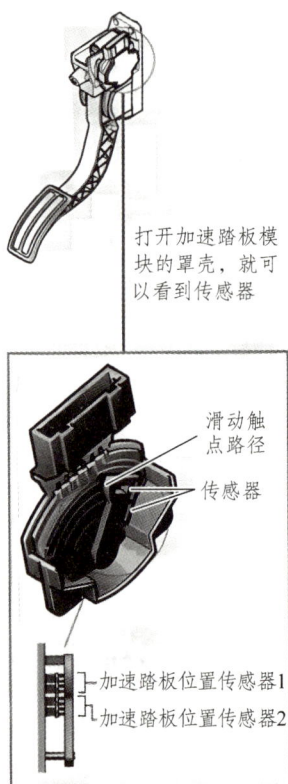

图 1-5-17 加速踏板模块

1）加速踏板模块

加速踏板模块（如图 1-5-17 所示）内部由两个加速踏板位置传感器组成，两个传感器都是滑动触点电位计，安装在同一根轴上，传感器串联了一个电阻。两个传感器在同一数值的基准电压下工作，基准电压由 ECU 提供，如图 1-5-18 所示。随着加速踏板位置的改变，电位计阻值也发生线性的变化，如图 1-5-19 所示。由此产生反映加速踏板下踏量及其变化速率的电压信号并输入 ECU。加速踏板模块采用两个传感器，其目的是基于安全因素确保检测信号的准确性。每个传感器都有单独的电源、信号线和接地线。

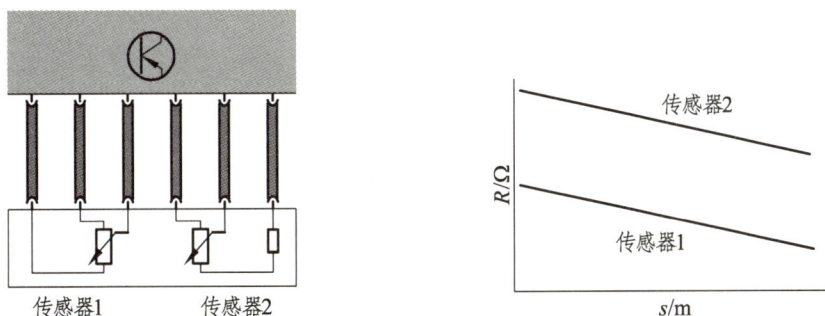

图 1-5-18　加速踏板位置传感器 G79、G185　图 1-5-19　加速踏板位置传感器的位移-电阻关系曲线

当一个传感器失效时，电子节气门控制系统监测到只有一个加速踏板信号，启动怠速运转模式，同时系统通过制动灯开关和制动踏板开关信号来判别怠速状态。此时，舒适系统被关闭（如关闭巡航、发动机制动调节等功能），EPC 灯（电子功率控制故障指示灯）点亮，故障存储器存储故障信息。当两个传感器都失效时，发动机转速为 1 500 r/min，踩加速踏板发动机无反应，EPC 灯点亮，故障存储器存储故障信息。

2）节气门控制模块

节气门控制模块 J338 由两个节气门位置传感器和节气门定位电机等部件组成，如图 1-5-20 所示。

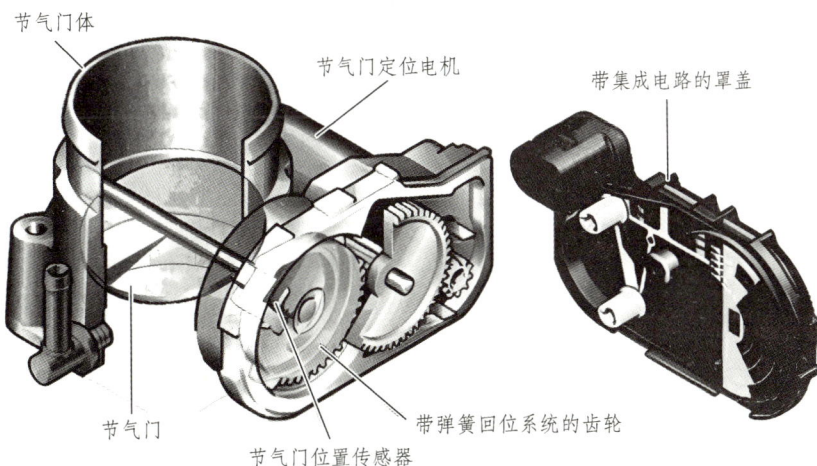

图 1-5-20　节气门控制模块

节气门位置传感器向发动机控制单元提供节气门位置信号。与加速踏板位置传感

器类似，节气门位置传感器都是滑动触点电位计，安装在同一根轴上，分别由 ECU 提供数值相同的基准电压。当节气门位置发生变化时，位置传感器内电位计的阻值发生线性变化，由此产生相应的电压信号输入 ECU，该电压信号反映节气门开度大小及其变化速率。

3）发动机控制单元

发动机控制单元（ECU）是整个系统的核心，包括功能处理器和监视处理器，如图 1-5-21 所示。

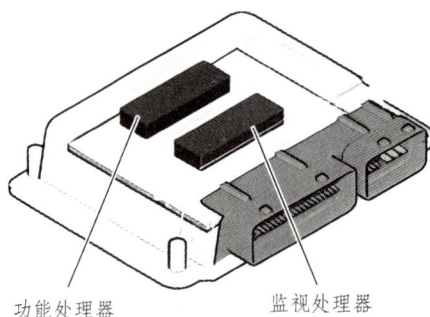

功能处理器　　　　　　监视处理器

图 1-5-21　发动机控制单元 J220

发动机控制单元系统框架主要由传感器、功能处理器、监视处理器和执行单元构成。功能处理器又由信息处理模块和电动机驱动电路模块组成，信息处理模块接收来自加速踏板位置传感器的电压信号，经过处理后得到节气门的最佳开度，并把相应的电压信号发送到电动机驱动电路模块；电动机驱动电路模块接收来自信息处理模块的信号，控制电动机转动相应的角度并保证电动机能双向转动，使节气门达到或保持相应的开度。

3. 电子节气门控制系统的工作原理

1）控制原理

电子节气门控制系统架构如图 1-5-22 所示。当驾驶员操纵加速踏板时，加速踏板位置传感器产生的电压信号输入发动机控制单元，发动机控制单元首先对这个输入信号进行滤波，以消除环境噪声的影响；然后根据当前的工作模式、踏板移动量和变化率解析驾驶员意图，计算出对发动机扭矩的基本需求，得到相应的节气门转角的基本期望值；再经过数据总线和整车控制单元进行数据通信，获取其他工况信息以及各种传感器信号，如发动机转速、挡位、节气门位置、空调能耗等，由此计算出整车所需求的全部扭矩。发动机控制单元通过对节气门转角期望值进行补偿，得到节气门的最佳开度，并把相应的电压信号发送到驱动电路模块，驱动控制电动机使节气门达到最佳的开度角度。节气门位置传感器把节气门的开度信号反馈给发动机控制单元，形成闭环的位置控制。

节气门定位电机内的直流电动机的控制方式采用脉冲宽度调制（PWM）技术，其特点是频率高、效率高、功率密度高、可靠性高。发动机控制单元通过调节 PWM 信号的占空比来控制直流电动机转角的大小，直流电动机输出转矩与 PWM 信号的占空比成正比。当 PWM 的占空比一定时，直流电动机输出转矩与回位弹簧阻力矩保持平衡，节气门开度不变；当 PWM 的占空比增大时，电动机驱动力矩克服回位弹簧阻力矩，节气门开度增大；当 PWM 的占空比减小时，直流电动机输出转矩和节气门开度也随之减小。

发动机控制单元对系统进行监控，如果发现故障，将点亮系统故障指示灯，提示驾驶员系统发生了故障。气门在回位弹簧的作用下返回到一个小开度的位置，使车辆慢速开到维修地点。

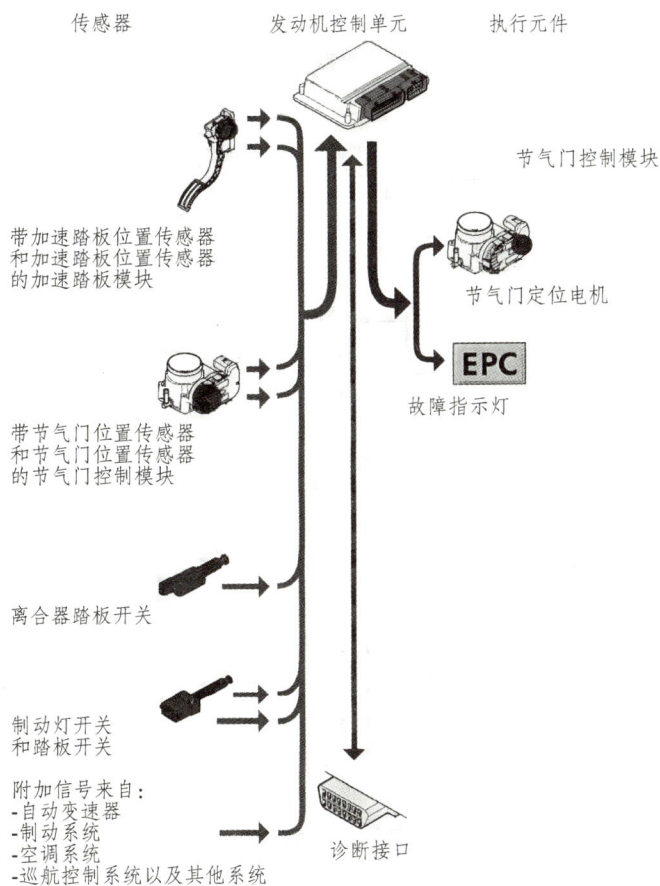

图 1-5-22　电子节气门控制系统架构

2）控制过程

电子节气门系统的控制过程可分为怠速时的控制过程（如图 1-5-23）和加速时的控制过程（如图 1-5-24）。

怠速时电子节气门系统控制过程中，发动机控制单元可以从加速踏板位置传感器的信号电压上识别出加速踏板没有被踩下，一旦识别到加速踏板被踩下，则怠速控制过程开始。发动机控制单元激活节气门定位电机并通过电机来定位节气门。节气门根据实际怠速值与规定怠速值的偏差来开启或关闭节气门。节气门角度传感器将当前节气门的位置信号传递给发动机控制单元。

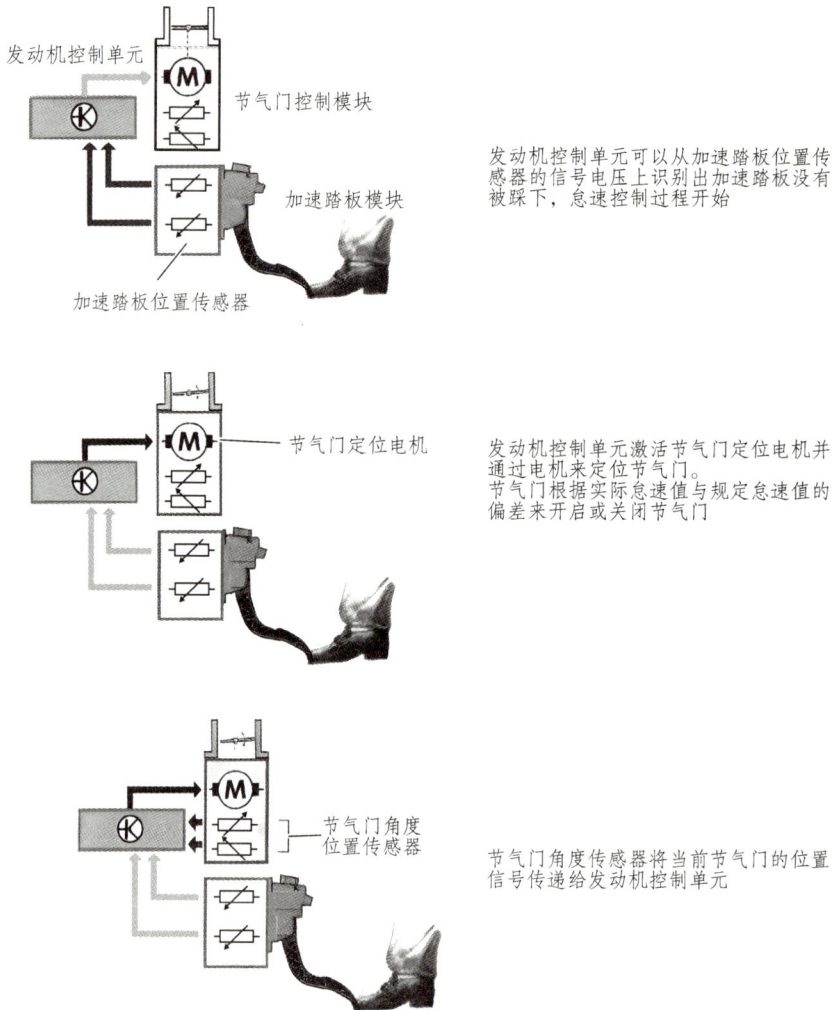

发动机控制单元

节气门控制模块

加速踏板模块

加速踏板位置传感器

发动机控制单元可以从加速踏板位置传感器的信号电压上识别出加速踏板没有被踩下，怠速控制过程开始

节气门定位电机

发动机控制单元激活节气门定位电机并通过电机来定位节气门。
节气门根据实际怠速值与规定怠速值的偏差来开启或关闭节气门

节气门角度位置传感器

节气门角度传感器将当前节气门的位置信号传递给发动机控制单元

图 1-5-23　怠速时电子节气门系统控制过程

　　发动机控制单元可以从加速踏板位置传感器的信号电压识别加速踏板被踩下的程度。使用该信息，发动机控制单元计算出驾驶员的输入并通过电机激活节气门驱动装置，将节气门定位。

　　发动机控制单元同时控制点火正时、喷油时间以及必须时的增加压力。

　　节气门角度传感器确定节气门位置并传递相应的信号到发动机控制单元。

　　发动机控制单元在计算必要的节气门位置时允许附加的发动机扭矩需要因素，包括：

　　（1）速度限制装置。

　　（2）巡航控制。

　　（3）牵引力控制系统。

　　（4）发动机制动控制。

　　当需要一定的发动机扭矩时，即使加速踏板的位置没有被改变，仍然可以调节节气门。

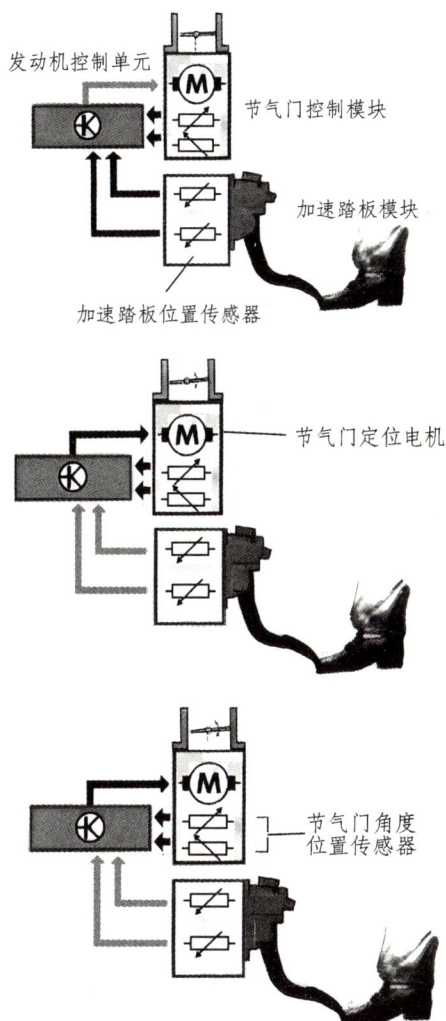

图 1-5-24　加速时电子节气门系统控制过程

3）控制特性

（1）基于发动机扭矩需求的节气门控制。

传统车辆的节气门开度完全取决于驾驶员的操作意图。电子节气门系统的节气门开度并不完全由加速踏板位置决定，而是发动机控制单元根据当前行驶状况下整车对发动机的全部扭矩需求，计算出节气门的最佳开度，从而控制电机驱动节气门到达相应的开度。因此，节气门的实际开度并不完全与驾驶员的操作意图一致。

发动机控制单元根据整车扭矩需求获得所需的理论扭矩，而实际扭矩通过发动机转速、点火提前角和发动机负荷信号求得。在发动机扭矩调节过程中，发动机控制单元首先将实际扭矩与理论扭矩进行对比，如果两者有偏差，发动机控制单元调节相关参数使实际扭矩值和理论扭矩值一致。

（2）传感器冗余设计。

电子节气门控制系统采用 2 个加速踏板位置传感器和 2 个节气门位置传感器。从控制角度讲，一个传感器就可以满足系统的正常运转，但冗余设计可以让 2 个传感器检测彼此的工作状态，当 1 个传感器发生故障时能被及时识别，从而增加系统的可靠性，保证行车的安全。

（3）可选的工作模式。

驾驶员根据行车需要通过模式开关可选择的工作模式包括正常模式、动力模式和雪地模式，3 种工作模式的区别在于节气门对加速踏板的响应速度不同。在正常模式下，节气门对加速踏板的响应速度适合大多数行驶工况；在动力模式下，节气门加快对加速踏板的响应速度，发动机能提供额外的动力；在附着力较差的工况（如雪地、雨天等）时驾驶员可选择雪地模式，此时节气门对加速踏板的响应降低，发动机的输出功率比正常模式小，车轮不易打滑，可以保持车辆稳定行驶。

（4）海拔高度补偿。

在海拔较高的地区，大气压下降、空气稀薄、氧气含量下降，容易导致发动机输出动力下降。此时电子节气门控制系统可按照大气压强和海拔高度的函数关系对节气门开度进行补偿，保证发动机输出动力和加速踏板位置的关系稳定。

（5）控制功能扩展。

早期的电子节气门功能比较简单，在形式上采用一个机械式的主节气门串联一个电控的辅助节气门，这种结构只能实现单一控制功能。现在的电子节气门则是一个独立的系统，可以实现多种控制功能，既可以提高行驶可靠性，又简化结构、成本降低。目前常用的电子节气门的主要控制功能包括：

① 牵引力控制。

牵引力控制系统又称驱动防滑系统，当汽车加速时将滑移率控制在一定范围内，从而防止驱动轮快速滑动。该类控制系统通过减小节气门开度来降低发动机功率从而达到控制的目的。

② 巡航控制。

巡航控制系统又称为速度控制系统，是一种减轻驾车者疲劳的装置。当驾驶员开启该系统时车速将被固定，驾驶员不必长时间踩踏加速踏板。

③ 怠速控制。

电子节气门系统取消了怠速调节阀，直接由控制单元调节节气门开度来实现车辆的怠速控制。

④ 减少换挡冲击控制。

根据当前车速、节气门开度以及发动机转速等信号，自动变速器控制单元选择合适的传动比，实现自动换挡。

三、怠速控制系统电路

1. 查阅维修资料，分析图 1-5-25 所示捷达汽车节气门控制单元电路，回答下列问题：

汽车节气门控制单元电路

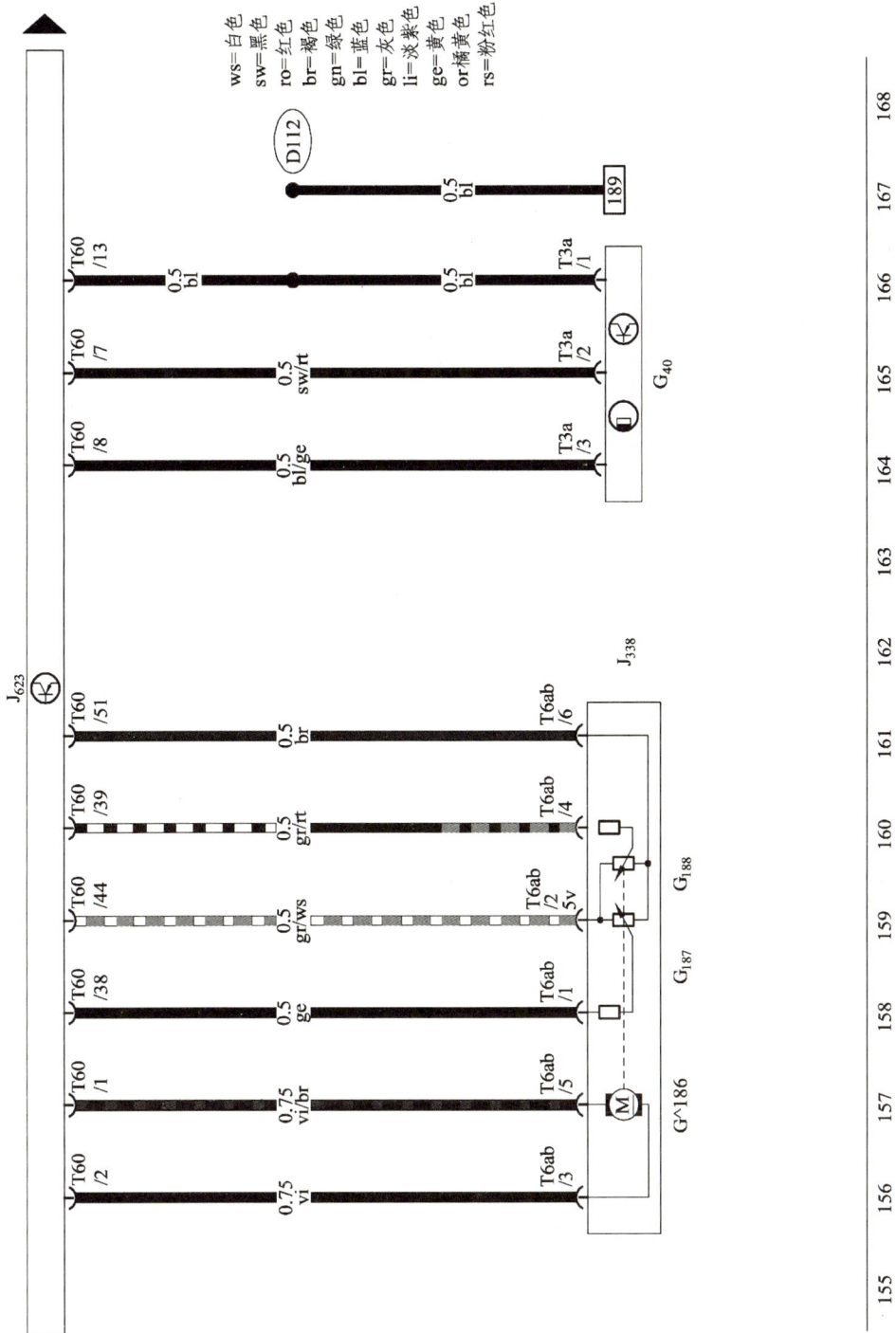

图 1-5-25　汽车节气门控制单元电路

（1）图中包括哪些元件？

①

②

③

（2）图中包括哪些端子？

①端子名称1：＿＿＿＿＿＿＿＿接＿＿＿＿＿＿＿＿＿＿＿＿＿＿＿＿＿＿＿＿＿＿

②端子名称2：＿＿＿＿＿＿＿＿接＿＿＿＿＿＿＿＿

③端子名称3：＿＿＿＿＿＿＿＿接＿＿＿＿＿＿＿＿

④端子名称4：＿＿＿＿＿＿＿＿接＿＿＿＿＿＿＿＿

⑤端子名称5：＿＿＿＿＿＿＿＿接＿＿＿＿＿＿＿＿

⑥端子名称6：＿＿＿＿＿＿＿＿接＿＿＿＿＿＿＿＿

⑦电机电源端子是＿＿＿＿＿＿＿＿和＿＿＿＿＿＿＿＿＿＿＿，电压值应为＿＿＿＿＿＿＿＿

⑧加热电阻端子是＿＿＿＿＿＿＿＿和＿＿＿＿＿＿＿＿＿

⑨信号端子是 ＿＿＿＿＿＿＿＿和＿＿＿＿＿＿＿＿

2. 查阅2018款大众迈腾轿车电路图，绘制电子节气门单元部分线路连接图。

四、总结与思考

大众迈腾轿车电子节气门匹配包括哪些操作步骤？

任务三　发动机进气增压系统构造

任务目标

（1）了解可变进气与可变配气机构的功能与结构。
（2）了解可变配气机构的工作原理。
（3）能测试可变配气机构部件功能。
（4）能检测可变配气机构执行元件。
（5）能主动获取有效信息，展示工作成果，进行学习总结与分享。

任务准备

（1）学习资源：微课视频、电子学习资料。
（2）学习设备：个人计算机、手机。
（3）学习条件：实训车间、多媒体教室。

任务过程

一、进气增压系统的类型和功能

进气增压是汽车广泛采用的提升发动机功率、完善发动机性能的技术之一。加装涡轮增压器后的发动机比未加装的最高功率高出 40%。目前，进气增压系统包括废气涡轮增压、机械增压、电动增压等，废气涡轮增压是最常用的一种增压技术。

结合上述内容，查阅相关资料，回答下列问题：

（1）进气增压系统的功能是什么？

（2）填写表 1-5-3 相关内容。

表 1-5-3　增压系统类型及特点

类　型	图　例	特　点	运用车型
废气涡轮增压系统			

续表

类 型	图 例	特 点	运用车型
机械增压系统	主动轮　曲轴 压气机转子　皮带轮 从动轮		
电动增压系统			

二、废气涡轮增压系统结构与增压原理

废气涡轮增压（Exhaust Turbocharging）是一种利用内燃机运作所产生的废气驱动空气压缩机的技术，主要利用从发动机排气管排出的具有一定压力和较高温度的废气来驱动涡轮机旋转，与涡轮同轴相连的泵轮被带动旋转，将吸入的新鲜空气压缩后再进入发动机气缸内，从而在气缸体积不变的情况下达到增大气缸空气量的目的。废气涡轮增压系统结构如图 1-5-26 所示。

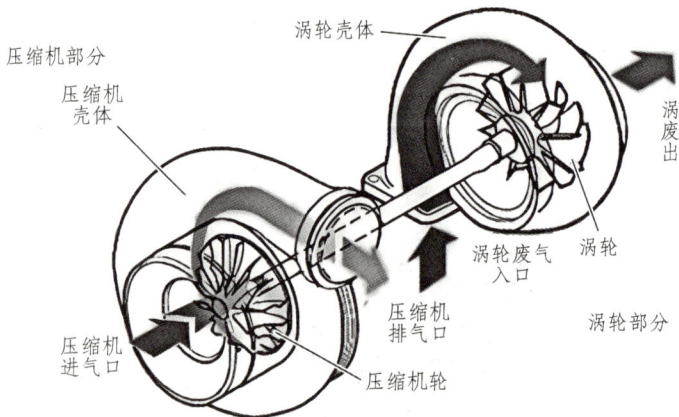

压缩机部分　涡轮壳体
压缩机壳体　涡废出
涡轮废气入口　涡轮
压缩机排气口　涡轮部分
压缩机进气口　压缩机轮

图 1-5-26　废气涡轮增压系统结构

发动机工作时，由排气管排出的高温、高压废气流经增压器的涡轮壳，在废气进入涡轮壳时利用废气通道截面面积的变化（由大到小）来提高废气的流速，使高速流动的废气按一定方向冲击涡轮，带动压缩机叶轮一起旋转，增压器转子的转速很高，可达每分钟上万转甚至数十万转。经空气滤清器滤清后的空气被吸入压缩机壳，旋转的压缩机叶轮将进入压缩机壳的空气甩向叶轮边缘出气口，使空气的压力和流速升高，并利用压缩机出气口处通道截面面积的变化（由小到大）进一步提高空气压力，增压后的空气经进气冷却器（中冷器）和进气管进入发动机气缸。废气涡轮增压基本原理如图 1-5-27 所示。

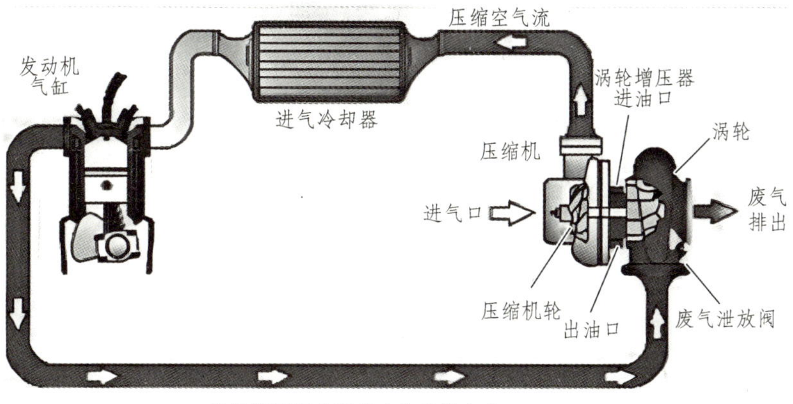

涡轮增压器在汽车中的连接方式

图 1-5-27　废气涡轮增压基本原理

结合实训用车，查找涡轮增压系统组件，并填写表 1-5-4 相关内容。

表 1-5-4　涡轮增压系统组件

实训车型:

序号	组件名称	安装位置	组件作用

三、废气涡轮增压系统控制原理

废气涡轮增压器和排气歧管安装在一起，并设置了增压压力再循环电磁阀和增压压力限制电磁阀，如图 1-5-28 所示。

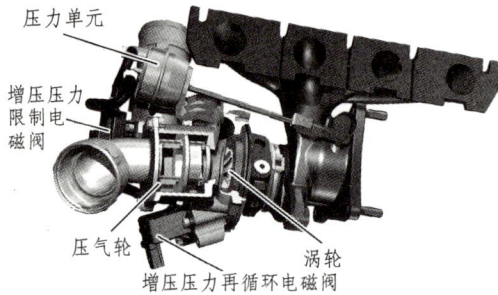

图 1-5-28　废气涡轮增压系统

增压压力限制电磁阀的作用：

增压压力再循环电磁阀的作用：

压气单元的作用：

发动机怠速运行时，空气再循环阀控制管通过增压压力再循环电磁阀与进气歧管相通，由于怠速时进气歧管真空度大，真空作用力使机械式空气再循环阀打开，增压器被直接卸荷，不起增压作用。

当发动机处于中低速、小负荷运行时，增压压力限制电磁阀断电，使增压压力调节单元控制管路与增压后的高压空气相通。若增压压力增大，作用在增压压力调节单元上的力也增大，旁通阀开口大，于是增压压力下降，实现自动调节。

当发动机加速或处于高速、大负荷运行时，发动机 ECU 输出一定占空比的控制信号使增压压力电磁阀 N75 打开，使增压压力调节单元控制管路与低压空气相通，增压压力调节单元上的作用力小，旁通阀关闭，增压压力增大。

废气涡轮增压系统控制原理如图 1-5-29 所示。

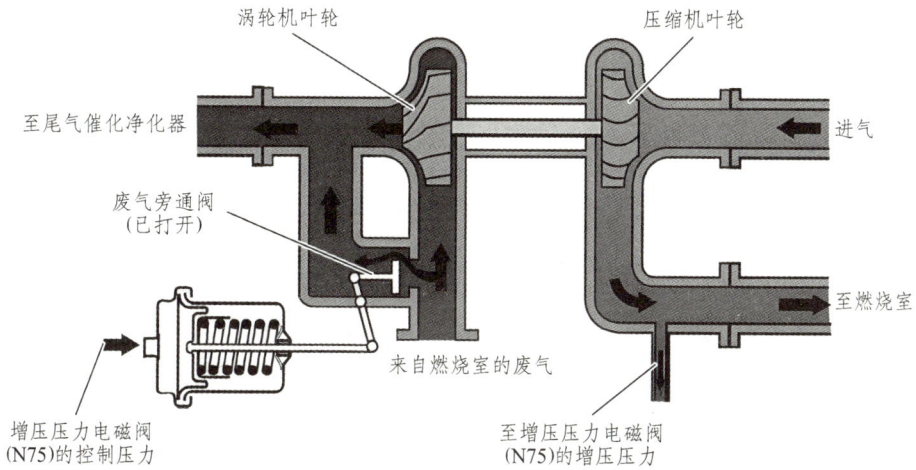

涡轮机叶轮　　压缩机叶轮

至尾气催化净化器　　　　　　　　　　　　进气

废气旁通阀
（已打开）

来自燃烧室的废气　　　　　　　　　至燃烧室

增压压力电磁阀
（N75)的控制压力

至增压压力电磁阀
(N75)的增压压力

图 1-5-29　废气涡轮增压系统控制原理

四、涡轮增压系统检测

1. 准备工作

（1）防护装备：工作服，工作帽，手套，劳保鞋。

（2）车辆、台架、总成：迈腾 1.8 T 整车。

（3）检测设备：故障诊断仪，万用表。

（4）手工工具：拆装工具一套。

（5）辅助材料：翼子板布，前格栅布，三件套，抹布，手套，白板笔。

2. 涡轮增压系统检测

（1）查阅相关资料，说明涡轮增压系统维修时必须注意哪些事项。

（2）基本检查。

① 检查废气涡轮增压器的涡轮壳，是否因过热、咬合、变形或其他损伤而产生的裂纹？　　　　　　　　　　　　　　　　　　　是（　　）否（　　）

是否需要更换废气涡轮增压器？　　　　　　　　是（　　）否（　　）

② 检查涡轮油孔，是否无淤积和堵塞。　　　　　是（　　）否（　　）

③ 检查废气涡轮增压装置的进油管和回油管是否堵塞、压瘪、变形或其他损坏。
　　　　　　　　　　　　　　　　　　　　　　　是（　　）否（　　）

④ 检查废气涡轮增压器是否漏机油？　　　　　　是（　　）否（　　）

⑤ 检查进气道各单向阀上面的箭头是否指向导通方向？是（　　）否（　　）

⑥ 检查所有管路是否连接牢固、无泄漏、老化等。　是（　　）否（　　）

初步检查维修意见是什么?

3. 各部件检查方法

查阅维修手册、电路图,填写表 1-5-5 相关内容。

表 1-5-5　增压系统部件检测

检测项目	检测结果
工作电压检测与动作测试	
空气再循环阀 N249 检测	端子 1 名称: _____　接_____ 端子 2 名称: _____　接_____ 电源应检测: _____　接_____ 电压值为_____ 电阻值为_____　标称值为_____ 是否故障? 是 (　　　) 否 (　　　)
增压压力电磁阀检测	端子 1 名称: _____　接_____ 端子 2 名称: _____　接_____ 电源应检测: _____　接_____ 电压值为_____ 电阻值为_____　标准值为_____ 是否故障? 是 (　　　) 否 (　　　)
增压压力传感器检测	端子 1 名称: _____　接_____ 端子 2 名称: _____　接_____ 端子 3 名称: _____　接_____ 端子 4 名称: _____　接_____ 电源应检测: _____　接_____ 电压值为_____ 信号端子为_____ 怠速时信号端子电压为_____ 急加速时信号端子电压为_____ 是否故障? 是 (　　　) 否 (　　　)

五、总结与思考

1. 采用涡轮增压技术的发动机与自吸气式发动机分别有哪些优缺点?

2. 采用涡轮增压系统的车辆，当涡轮增压系统发生故障时对发动机会有哪些影响？

项目考核

项目 名称	汽车发动机进气系统		教师：		日期：		
评价 依据	学生完成任务工作单						
序号	任务内容及要求		配分	评分标准	得分		
					自我 评分 10%	小组 评分 30%	教师评 分60%
1	任务实施过程 中文献查阅	是否查阅信息资料	10 分	缺一个要 点扣 1 分			
		正确运用信息资料	10 分	酌情赋分			
2	规定时间内的 完成度	在规定时间内完成任务	10 分	酌情赋分			
	任务完成的正确度	任务完成的正确性	10 分	酌情赋分			
3	沟通交流能力	积极参与交流	10 分	酌情赋分， 但违反课 堂纪律，不 听从教师 和组长安 排、违反现 场安全管 理制度不 得分			
	安全意识	工位安全检查、登记	5 分				
	劳动教育	工位清扫整理、 教室卫生值日	5 分				
	标准意识	按照操作规程完成装配	10 分				
	质量意识	零件检查、工序检查	10 分				
	职业素养	按时出勤，遵守纪律	10 分				
	责任意识	认认真真、尽职尽责	5 分				
	工匠精神	精益求精、追求极致、专 心致志、创新突破	5 分				
小计							
总评							

项目六 汽车发动机排放系统

学习目标

1. 素养目标

（1）培养遵守规章制度意识。

（2）提升团结协作、与人沟通能力。

（3）培养劳动精神。

（4）提升精益求精的职业道德素养。

2. 知识目标

（1）认知汽车发动机尾气主要污染物。

（2）掌握汽油发动机排放控制系统结构与控制原理。

（3）掌握柴油发动机排放控制系统结构与控制原理。

（4）了解汽车发动机标定的含义。

（5）了解汽车发动机标定的主要内容。

3. 能力目标

（1）能使用尾气分析仪检测汽车排放尾气成分与指标。

（2）能分析汽车尾气排放是否超标。

（3）能识别发动机排放控制系统故障。

（4）能主动获取有效信息，展示工作成果，进行学习总结与分享。

项目描述

　　汽车发动机尾气会对环境造成较大影响，因此我国制定了严格的环保法律法规，规定每台汽车尾气的检测数据达到国家环保法规的标准后才能上市销售。目前，我国已经出台了第六阶段机动车污染物排放标准，对机动车排放控制系统提出了更高的要求。

工作任务与流程

　　任务一　发动机排放控制系统概述

　　任务二　发动机排气与进气系统组件

　　任务三　发动机排放控制系统结构

建议学时

　　4学时。

任务一　发动机排放控制系统概述

任务目标

（1）了解汽车发动机尾气主要污染物。
（2）了解汽油发动机排放污染物形成机理。
（3）了解柴油发动机排放污染物形成机理。
（4）了解汽车尾气污染物检测方法。
（5）能主动获取有效信息，展示工作成果，进行学习总结与分享。

任务准备

（1）学习资源：微课视频、电子学习资料。
（2）学习设备：个人计算机、手机。
（3）学习条件：实训车间、多媒体教室。

任务过程

随着社会经济的发展和人民生活水平的提高，我国居民拥有汽车的数量日益增多，汽车排放的尾气对大气造成的污染也日趋严重，汽车成为一个流动的污染源，如图1-6-1所示。汽车尾气污染成为全球性问题，对世界环境的负面效应也越来越大，尤其是危害城市环境、引发呼吸系统疾病等方面。

图1-6-1　汽车尾气排放

一、汽车发动机排放污染物成分

1. 汽车发动机燃料介绍

查阅相关资料，填写表 1-6-1 相关内容。

表 1-6-1 发动机燃料

指　　标	汽　　油	柴　　油
牌　　号		
主要成分		
性能特点		
燃烧方式		

2. 发动机排放污染物

汽油的主要成分为碳（C）和氢（H）。当汽油和空气混合燃烧后，最理想的燃烧结果是发动机排放出二氧化碳（CO_2）、水（H_2O）及氮气（N_2）。由于发动机气缸内的燃烧条件无法使燃烧效率达到 100%，因此会产生废气如氮氧化物（NO_X）、碳氢化合物（HC）、一氧化碳（CO）、二氧化碳（CO_2）等。

这些废气中的主要污染物包括碳氢化合物（HC）、一氧化碳（CO）、氮氧化物（NO_X），其中氮氧化物（NO_X）在我国大气污染物中的占比较高。碳氢化合物（HC）主要来自燃烧室内未燃烧的汽油，也有一部分来自蒸发源如汽油箱等；一氧化碳（CO）是燃烧过程的副产品，是由于空燃比不适当造成的；氮氧化物（NO_X）是在燃烧室内高温（超过 1 371 ℃）条件下由氮和氧化合而成的。

柴油发动机的主要排放污染物包括碳颗粒、烟尘、氮氧化物（NO_X）、碳氢化合物（HC）、一氧化碳（CO）等。

3. 危　　害

一氧化碳（CO）与人体的血红蛋白亲和力比较强，容易造成缺氧中毒。一氧化氮（NO）对血红蛋白亲和力比一氧化碳（CO）更强，更容易造成缺氧中毒，还会对人的鼻、眼、咽喉等带来更大的损害。

空气和燃料在发动机内燃烧时，在不同工况下燃烧温度、压强、氧气浓度不同，所产生的废气成分也不一样。废气中氮氧化物（NO_X）包含一氧化氮（NO）、氧化二氮（N_2O）、二氧化氮（NO_2）、三氧化二氮（N_2O_3）等，碳氢化合物（HC）与氮氧化物（NO_X）会发生光化学反应产生醛类（一种有毒有机物）。

碳颗粒和其他粉尘是柴油机的主要污染物，悬浮在空气中，易引起呼吸系统问题。

二、汽车发动机排放污染物形成机理

柴油机排放物中氮氧化物（NO_X）的形成方式与汽油机类似，碳烟颗粒物主要由碳烟和灰分组成。碳烟的形成主要与柴油机前期燃烧时缸内缺氧的环境有关，柴油挥发性较差，缸内直喷造成与空气的混合效果不佳，燃烧时又严重缺氧，柴油混合气体燃烧不充分导致排放物中碳烟成分高，为汽油机的几十倍。

结合上述内容，查阅相关资料，完成下列问题：

（1）CO 形成的原因是什么？

（2）NO_X 形成的原因是什么？

（3）CH 形成的原因是什么？

（4）碳颗粒物形成的原因是什么？

三、汽车尾气分析与检测

1. 查阅汽车尾气分析相关法规与标准，回答下列问题。

（1）我国第六阶段机动车污染物排放标准中，对汽油机排放控制的要求有哪些？

（2）我国第六阶段机动车污染物排放标准中，对柴油机排放控制的要求有哪些？

（3）试分析我国现行的机动车污染物排放控制标准对汽车发动机的发展有什么影响。

2. 查询设备使用说明书中汽车尾气分析仪使用方法，回答下列问题。

车　　型：

尾气含量：

CO＿＿＿＿＿＿＿＿＿＿，CO_2＿＿＿＿＿＿＿＿＿＿，HC＿＿＿＿＿＿＿＿＿＿

依据现行排放控制标准，将对以上车辆如何进行处理？

四、总结与思考

1. 柴油机主要排放污染物有哪些？

2. 柴油机控制排放污染物的方法有哪些？各有什么特点？

任务二　发动机排气与进气系统组件

任务目标

（1）了解发动机排气系统的组成。
（2）了解发动机排气系统的结构和装配连接关系。
（3）能够正确拆装发动机进气与排气系统。

任务准备

（1）学习资源：微课视频、电子学习资料。
（2）学习设备：个人计算机、手机。
（3）学习条件：实训车间、多媒体教室。

任务过程

一、排气系统的组成及类型

排气系统是指收集并排放废气的系统。排气系统的作用是汇集各气缸的废气，减小排气噪声和消除废气中的火焰、火星，使废气安全排入大气，并对废气中的有害物质进行排放控制。

汽车排气系统的组成如图 1-6-2 所示。气缸中的废气由排气门排出后，经各缸排气歧管汇至排气总管，由三元催化转化器净化处理及消声器消声后从排气尾管排出车外。现在汽车为了对空燃比进行反馈控制，在废气到达三元催化转化器前还须由氧传感器对废气中氧含量进行检测。

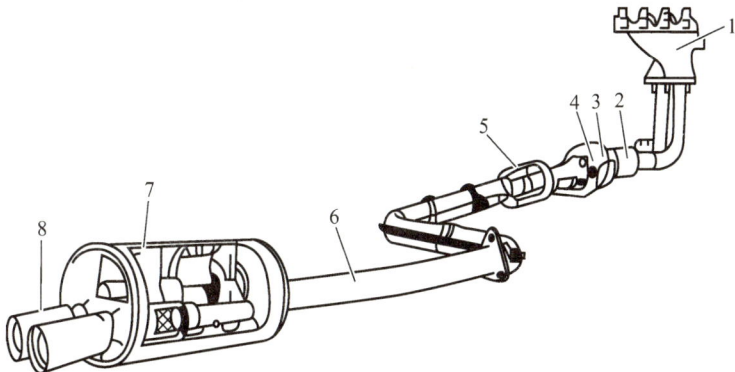

图 1-6-2　排气系统的组成

结合上述内容，查阅相关资料，填写图中零件名称。

1. _____

2. _____

3. _____

4. _____

5. _____

6. _____

7. _____

8. _____

二、基本技能

1. 进气系统结构认知

（1）观察电控燃油喷射发动机进气系统的组成，观察空气滤清器、怠速控制阀的安装位置及结构特点。

（2）目视检查。

①进气系统漏气检查：检查各连接部位是否可靠，密封垫是否完好，真空软管是否破损或连接可靠；

②检查空气滤清器滤芯是否脏污；

③检查节气门内腔的积垢和积胶情况。

2. 空气滤清器的拆装与更换

根据实训发动机机型，参照发动机拆装实训指导作业书，编制空气滤清器拆卸工艺步骤。

（1）发动机型号：

（2）所需工具：

（3）拆卸步骤：

3. 根据发动机拆装指导作业书的要求，对实训室发动机节气门体进行拆装并记录。

（1）发动机型号：

（2）所需工具：

（3）拆卸步骤：

4. 排气系统检查

（1）耳听检查。

①用手锤或木槌轻轻敲击排气管和消声器，发出清脆的金属敲击声为正常，声音浑浊说明有部件损坏，若有小颗粒掉下的声音则说明消声器内部锈蚀；

②发动机怠速运行时，排气系统若发出"咝咝"声或爆破声，说明排气系统开始失效。

（2）目视检查。

图 1-6-3　排气管系统目检

①将车辆举起，用工作灯从头到尾对排气系统进行检查。主要检查外壳是否掉色生锈、是否有撞伤或开口，悬架及夹紧装置是否擦破或折断，消声器是否开裂。排气管系统目检如图 1-6-3 所示。

②摇动排气尾管，检查固定夹是否夹紧。

③检查排气管是否凹陷弯曲，若有凹陷弯曲会导致排气不畅。

④检查排气管和排气歧管之间的每个连接处的连接螺栓与密封垫片。

（3）催化转化器检查。

① 观察三元催化转化器表面有无刮擦、凹痕或裂纹等损伤。如外壳上有严重的褪色斑点或有青色与紫色的斑痕，或在其防护罩的中央有明显的暗灰色斑点，则说明三元催化转化器曾发生过热状态，须作进一步检查。

② 轻轻敲击并晃动三元催化转化器，同时听其内部是否有物体移动的声音。如有移动声音则说明催化剂载体已破碎，须更换三元催化转化器。

③ 三元催化转化器工作时发生氧化反应会产生大量热能，可以通过测量进、出口的温差来检查其性能。

检查方法：发动机在正常温度下以 2 500 r/min 转速运转，测量三元催化转化器的进、出口温度，并比较测量结果。如果出口温度比进口温度高 20%~25%（至少 10%），表明三元催化转化器的性能正常；如果出口温度与进口温度的温差达不到上述范围，则表明三元催化转化器性能不良，应予以更换；如果出口与进口的温差超过上述范围，则表明尾气中含有大量的一氧化碳和碳氢化合物，需对发动机作进一步检查。

三、总结与思考

1. 根据实操内容，总结进气系统和排气系统零件拆卸和维护过程中包括哪些注意事项？

2. 总结汽车尾气对环境有哪些危害？当生活中面临环境破坏行为时你应该怎样做？

任务三　发动机排放控制系统结构

（1）了解汽油发动机排放控制系统的类型与结构。

（2）了解汽油发动机排放控制机理。

（3）了解柴油发动机排放控制系统的类型与结构。

（4）了解柴油发动机排放控制机理。

（5）能主动获取有效信息，展示工作成果，进行学习总结与分享。

（1）学习资源：微课视频、电子学习资料。

（2）学习设备：个人计算机、手机。

（3）学习条件：实训车间、多媒体教室。

汽油机的主要排放物包括二氧化碳、氮气、水，以及对环境有害的碳氢化合物、一氧化碳、氮氧化物。汽油机排放物一般通过三元催化转化器、电控喷射系统、点火控制系统、电子节气门控制电路、废气再循环 EGR 控制系统、油气回收控制系统等实施控制，也可以通过燃料替代等途径减小排放量。

一、汽油发动机排放控制系统

1. 三元催化转化器

三元催化就是借助铂、铑、钯等贵重金属和稀土涂层的作用，通过氧化还原反应将汽车排放的有害气体转变成无害的二氧化碳、水和氮气的一种废气处理方式。三元催化器是安装在汽车排气系统中最重要的机外净化装置，如图 1-6-4 所示。

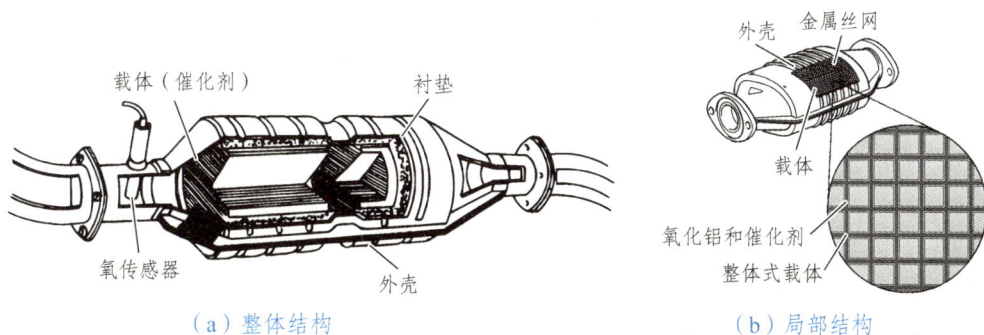

（a）整体结构　　　　　　　　（b）局部结构

图 1-6-4　三元催化转换器结构

结合实训室车辆，填写表 1-6-2 相关内容。

表 1-6-2 三元催化转化器

三元催化转化器	相关问题
	安装位置：
 容器 衬垫 陶瓷载体	载体的作用： 载体的类型： 催化剂的作用：
三元催化转化器常见的失效形式	

2. 电控喷射系统控制

为了提高汽车尾气的转化率，必须使发动机的排气空燃比达到合理数值。电控喷射系统（如图 1-6-5）可以实现对空燃比的精确控制。

电控喷油就是指利用 ECU 控制每个循环的喷油量和喷油时刻。氧传感器信号作为反馈信号形成闭环控制，从而对下次燃油喷射量进行修正。电控喷油系统通过精准控制燃油，可以实现当量比燃烧或者偏稀燃烧，从而减少碳氢化合物的排放。

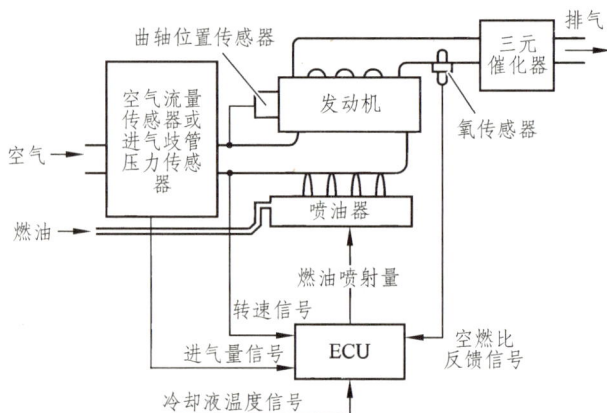

图 1-6-5　电控喷油闭环控制系统

3. 点火系统控制

汽油发动机点火提前角对 HC 和 NO_X 的排放影响较大，当增大点火提前角时，混合气的燃烧时间会相应变长，使未完全燃烧的混合气有更多的燃烧时间，燃烧更多的 HC，释放的能量变多，发动机动力加大，温度上升。NO_X 生成的条件是高温富氧，温度升高后 NO_X 的排放也会增加，因此，HC 和 NO_X 两种污染物一般是相对的，一种减少另一个就会增加。

4. 燃气回收控制系统

汽油挥发性较强，油箱里的汽油长期挥发会导致油箱内部气压增大，带来较大行车安全隐患。汽油蒸气挥发到大气中，导致油耗增加，造成大气污染。汽油发动机车辆上的燃气回收控制系统如图 1-6-6 所示，利用活性炭罐吸附燃油蒸气，再将吸附的燃油蒸气导入发动机内烧掉，从而起到减少油耗、降低排放的作用。

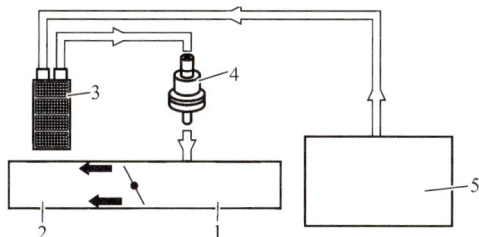

1—节气门体；2—进气歧管；3—活性炭罐；4—活性炭罐电磁阀；5—燃油箱。

图 1-6-6　燃气回收控制系统

5. 废气再循环 EGR 控制系统

废气再循环就是将排出的部分废气引流到进气管中，使其再次进入发动机中燃烧，EGR 控制系统如图 1-6-7 所示。燃烧后的废气含氧量极低，当其与进气道中的新鲜空气混合后，会使混合气的氧浓度降低，氧浓度低的环境可以抑制 NO_X 的产生。氧浓度降低的混合气，空燃比偏大，导致燃烧释放的 HC 增加。因此，使用废气再循环控制系统，NO_X 会降低、HC 会升高、油耗也会升高。

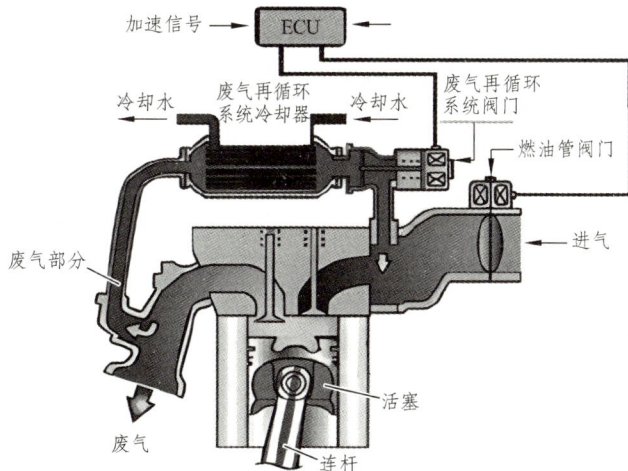

图 1-6-7　EGR 控制系统结构

6. 使用低污染燃料

氢燃料的沸点低，储存成本高，但使用氢燃料的发动机，排放物只含有 H_2O、N_2，还有少量的 NO_X，能够极大地降低有害污染物。因此，将氢燃料作为汽车燃料的应用在未来有很好的发展前景。

甲醇/乙醇等醇类燃料可以有效地降低 CO 和 HC 排放。醇是可再生资源，辛烷值高，抗爆性好，但其生产成本较高，热值低、易吸水难分离。

压缩天然气 CNG/液化天然气 LNG 作为车用燃料，其应用范围较为广泛，只需在发动机上加装一套天然气喷射系统并加装气罐即可。使用天然气燃料也可以有效降低 HC、CO 排放，但是天然气的储存、运输成本较大。

汽油发动机排放控制技术发展较快，除上述几种控制技术外，还可以通过改变燃烧室形状、调整压缩比、优化分层燃烧、使用复合燃料等途径有效降低排放，使用纯电动汽车也是减少排放的方式之一。

二、柴油机的排放控制

柴油机燃烧产生的主要污染物包括一氧化碳（CO）、氮氧化物（NO_X）、碳氢化合物（HC）、二氧化硫（SO_2）、三氧化硫（SO_3）和微粒物质等，这些污染物对环境和人体健康产生严重的影响。

1. EGR 废气再循环控制系统

自然吸气柴油机的 EGR 系统与汽油机的 EGR 系统类似，主要用于处理柴油机排气中的 NO_X 成分，利用排气管与进气管之间的压力差实现 EGR 控制相对容易。在涡轮增压柴油机中，由于增压器的效率较高导致进气压力高于排气压力，造成 EGR 控制困难，可以在增压器前取废气回流到压气机后的 EGR 系统。涡轮增压柴油机 EGR 布置图如图 1-6-8 所示。

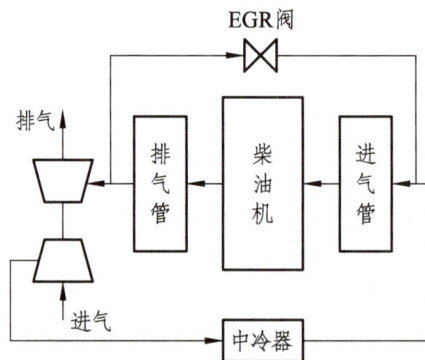

图 1-6-8　涡轮增压柴油机 EGR 布置图

涡轮增压柴油机 EGR 系统具有的特点主要包括：
（1）优势。
①后处理安装、维护方便；
②低排气温度下，NO_X 一样可以有效去除；
③性价比高。

（2）缺点。

①油耗高；

②机油和喷油器更换周期短；

③后处理器耐硫差；

④排放升级困难；

⑤燃油系统需要更高的喷射压力和更多的孔数和更小的孔径。

2. 柴油机 DOC+DPF 尾气净化器

柴油机 DOC+DPF 尾气净化器是一种主流的柴油发电机尾气净化设备，由氧化催化器（DOC）和颗粒捕集器（DPF）组成。柴油机排气进化装置和柴油机 DOC+DPF 尾气净化器分别如图 1-6-9、1-6-10 所示。

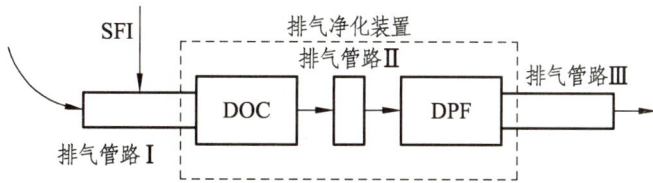

图 1-6-9　柴油机排气进化装置

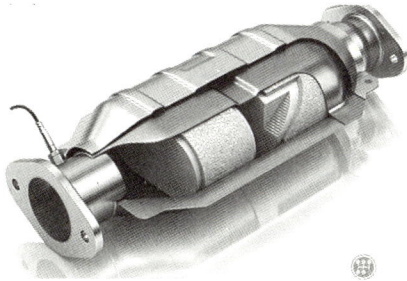

图 1-6-10　柴油机 DOC+DPF 尾气净化器

氧化催化器（DOC）一般以贵金属或陶瓷作为催化剂载体，通过催化剂将柴油机排气中的一氧化碳（CO）和碳氢化合物（HC）转化为二氧化碳（CO_2）和水（H_2O），同时吸收部分碳颗粒以减少颗粒物（PM）的排放，并将一氧化氮（NO）转化为二氧化氮（NO_2）。

颗粒捕集器（DPF）采用柴油机颗粒过滤技术，能够过滤 90%的颗粒物（PM）。DPF 利用颗粒惯性碰撞原理拦截颗粒，另外由于重力原因也有部分颗粒沉降在 DPF 载体上。DPF 还有纤维状的单元，将小颗粒汇聚成大颗粒再进行捕捉。当 DPF 捕捉到足够多的颗粒物后，为防止载体堵塞会通过加热或冷却方式对捕捉到的颗粒物进行燃烧或溶解，这个过程称为 DPF 再生。

在 DOC+DPF 尾气净化器中，碳颗粒物完全氧化需要 600 ℃的高温，DPF 再生则是利用 DOC 将一氧化氮氧化为二氧化氮，二氧化氮气体作为一种腐蚀性气体是极好的氧化剂，可以作为助燃剂与 DPF 配合工作，使 DPF 温度从 350 ℃上升至 600 ℃，从而实现再生功能。柴油机 DOC+DPF 尾气净化原理如图 1-6-11 所示。

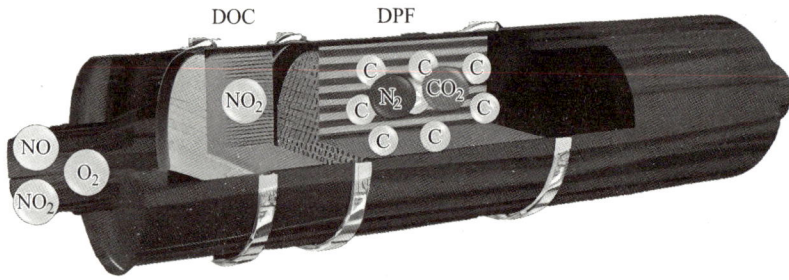

图 1-6-11　柴油机 DOC+DPF 尾气净化原理

DOC+DPF 尾气净化器具有以下优势：

（1）高耐热性：能够承受高温排气，保证净化器的正常运行。

（2）高热传导性：能够快速将排气中的热量传导出去，减小热能损失。

（3）低排气阻力：减小排气阻力，降低发动机能耗。

（4）高过滤效率：能够高效地过滤排气中的有害物质和微粒物质。

（5）高抗压能力强：能够承受高压力，保证净化器的稳定性。

（6）冷启动性能好：能够在低温下快速启动，保证发动机的正常运行。

（7）起燃温度低：能够在较低的温度下点燃排气中的有害物质和微粒物质。

（8）高转化效率：能够有效地将有害物质转化为无害物质。

3. 柴油机 SCR 催化还原系统

柴油机 SCR 催化还原系统采用选择性催化还原技术，在混合管上安装尿素计量喷射装置，当涡轮排出的尾气进入排气混合管后，喷入尿素水溶液。尿素在高温下发生水解和热解反应生成 NH_3，在 SCR 系统催化剂表面利用 NH_3 还原 NO_X，排出 N_2，多余的 NH_3 也被氧化为 N_2，从而降低柴油机尾气中 NO_X 排放量，达到降低排放的目的。柴油机 SCR 催化还原系统工作原理如图 1-6-12 所示。

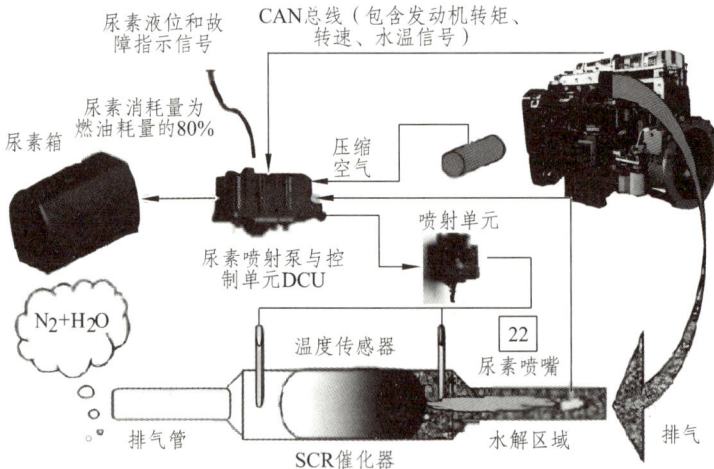

图 1-6-12　SCR 催化还原系统工作原理

SCR 在发动机运行时需要长时间喷射尿素，尿素容易在管路中出现结晶现象，为防止尿素结晶，系统中设计尿素箱，利用吹气泵将管路中多余尿素，吹回尿素箱中贮存。

SCR 系统具有的特点主要包括：

（1）优势。

①油耗低；

②燃烧清洁，机油和油嘴的更换周期长；

③排放稳定；

④SCR 的反应器耐硫性强；

⑤排放升级很方便。

（2）缺点。

①尿素站数量少，发动机添加尿素比较困难；

②存在尿素结晶现象，导致尿素喷嘴无法喷射，堵塞排气管路造成排气背压高，影响性能；

③排气温度低时，NO_X 反应效率很低；

④价格比较昂贵。

柴油机一般综合利用多种净化装置才能满足尾气排放的标准，如图 1-6-13 所示。柴油机一般净化尾气中的 NO_X 和碳烟颗粒物。柴油机尾气净化方式与汽油机净化方式类似，也可以采用改进燃油喷射装置、燃烧室结构等方法从而改善燃烧条件，降低有害排放物含量。

柴油机废气净化装置结构原理图和柴油机废气净化装置实物图分别如图 1-6-13 和图 1-6-14 所示。

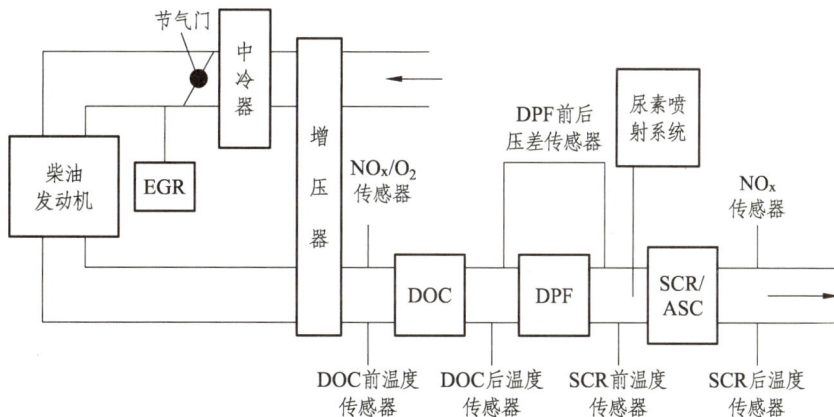

图 1-6-13　柴油机废气进化装置结构原理

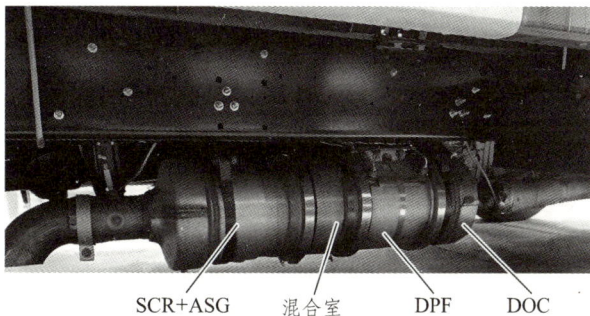

图 1-6-14　柴油机废气进化装置实物图

三、总结与思考

1. 汽油发动机尾气排放的控制方式有哪些？

2. 处理废气中 NO_x 的方法有哪些？各自有什么特点？在布置这类尾气处理系统时，如何进行选取？

项目七 汽车发动机传感器

学习目标

1. 素养目标

（1）树立安全生产意识。

（2）培养遵守规章制度意识。

（3）树立标准意识、质量意识。

（4）提升团结协作、与人沟通能力。

2. 知识目标

（1）能够描述汽油发动机电控系统的结构与控制原理。

（2）掌握汽车发动机常用传感器的作用、类型。

（3）掌握汽车发动机常用传感器的结构、原理。

3. 能力目标

（1）能够识别汽油发动机电控系统的各个子系统。

（2）能够找到汽油发动机电控系统主要传感器、执行器和电子控制单元的位置。

（3）能绘制传感器连接电路图。

（4）能利用万用表、故障诊断仪等检测传感器。

（5）能按照"5S"管理要求并对实训室、工作岗位进行管理。

项目描述

一台行驶 8 万千米的大众迈腾轿车，在行驶过程中出现发动机故障指示灯常亮的现象初步判定为发动机传感器故障。维修人员须对相关零件进行拆检，确认故障点，完成对故障零件的检修与更换。维修作业完成后交付技术员验收。

工作任务与流程

任务一　汽车发动机电控系统概述

任务二　曲轴位置传感器和凸轮轴位置传感器

任务三　空气流量计和进气歧管压力传感器

任务四　温度传感器

任务五　节气门位置传感器和加速踏板位置传感器

任务六　氧传感器

建议学时

8 学时。

任务一　汽车发动机电控系统概述

任务目标

（1）认识汽油发动机电控系统的结构组成。
（2）认识汽油发动机电控系统的控制原理。

任务准备

（1）学习资源：微课视频、电子学习资料。
（2）学习设备：个人计算机、手机。
（3）实训设备：实训车间、多媒体教室。

任务过程

一、汽油发动机电控系统的结构组成

汽油发动机电控系统主要由燃油供给系统、空气供给系统、点火控制系统、排放控制系统以及由传感器、电子控制单元（ECU）和执行器等构成。汽油发动机电控系统组成如图 1-7-1 所示。

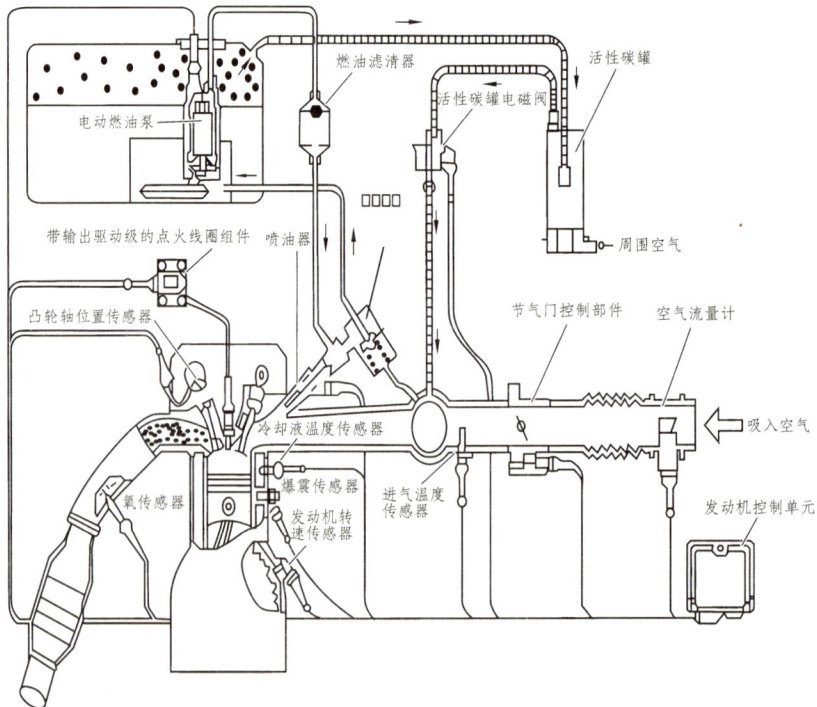

图 1-7-1　汽油发动机电控系统组成

1. 燃油供给系统

燃油供给系统供给喷油器一定压力的燃油，喷油器根据 ECU 指令喷油。发动机工作时，电动燃油泵将汽油从油箱内吸出，经燃油滤清器过滤后，由燃油压力调节器调压（带回油式燃油供给系统），通过油管输送给喷油器，喷油器根据 ECU 指令向进气歧管喷油。燃油泵一般安装在油箱内，燃油泵供给的多余汽油经回油管流回油箱。有些早期的发动机还装有冷起动喷油器，安装在进气总管上，仅在发动机低温起动时喷油，以改善发动机的低温起动性能。

2. 空气供给系统

空气供给系统为发动机提供清洁的空气并控制发动机正常工作时的进气量。发动机工作时，空气经空气滤清器过滤后，通过空气流量传感器（也称空气流量计，有些车型采用进气歧管绝对压力传感器）、节气门体进入进气总管，再通过进气歧管分配给各气缸。节气门体中设有节气门，用以控制进入发动机的空气量，从而控制发动机的输出功率。在节气门体的外部或内部设有与主进气道并联的旁通怠速进气通道，并由怠速控制阀控制怠速时的进气量。新款车型采用电子节气门，直接控制节气门开度。

3. 点火控制系统

电控汽油发动机采用的点火控制系统又称为电子点火提前（Electronic Spark Advance，ESA）系统，其基本功用是控制点火提前角。该系统根据相关传感器信号，判断发动机的运行工况和运行条件，选择最理想的点火提前角点燃混合气，从而改善发动机的燃烧过程，实现提高发动机动力性、经济性和降低排放污染的目的。此外，点火控制系统还具有闭合角控制和爆燃控制功能。

4. 排放控制系统

排放控制系统主要是对发动机排放控制装置的工作状态进行电子控制。除采用三元催化净化器降低排放外，排放控制方式还包括：废气再循环（EGR）控制，活性炭罐电磁阀控制，氧传感器和空燃比闭环控制，二次空气喷射控制等。

5. 电子控制系统

发动机电子控制系统主要由传感器、电子控制单元（ECU）和执行器三部分组成，如图 1-7-2 所示。

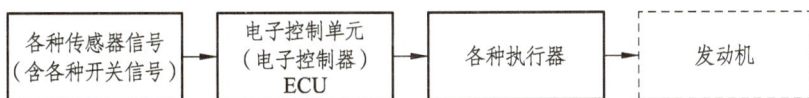

图 1-7-2　发动机电控系统组成

发动机电控系统的传感器负责检测发动机运行时的各种状态信息，将非电量信号转换为电信号（包含各类开关信号）后输入电子控制单元 ECU。传感器主要包括空气流量传感器（或进气歧管绝对压力传感器）、曲轴位置传感器、凸轮轴位置传感器、节气门位置传感器、冷却液温度传感器、进气温度传感器、车速传感器，以及开关类传感器主要包括制动开关、起动开关、动力转向开关等。

电子控制单元 ECU，有的制造厂商称为控制模块（ECM）、动力控制模块（PCM），接收来自各类传感器的信号，经过快速地处理、运算、分析和判断后，适时地输出控制指令控制执行器动作，控制发动机的运行状态。

执行器执行 ECU 发出的控制指令，完成各项控制任务。常见的执行器包括喷油器、电动燃油泵、点火线圈（点火控制器）、继电器、电磁阀等，所有执行器的内部基本结构都是线圈。

二、汽油发动机电控系统的控制原理

电控汽油喷射系统是电控汽油发动机的最重要组成部分，因此电控汽油发动机也称为"电喷发动机"。发动机电控系统的基本架构如图 1-7-3 所示。

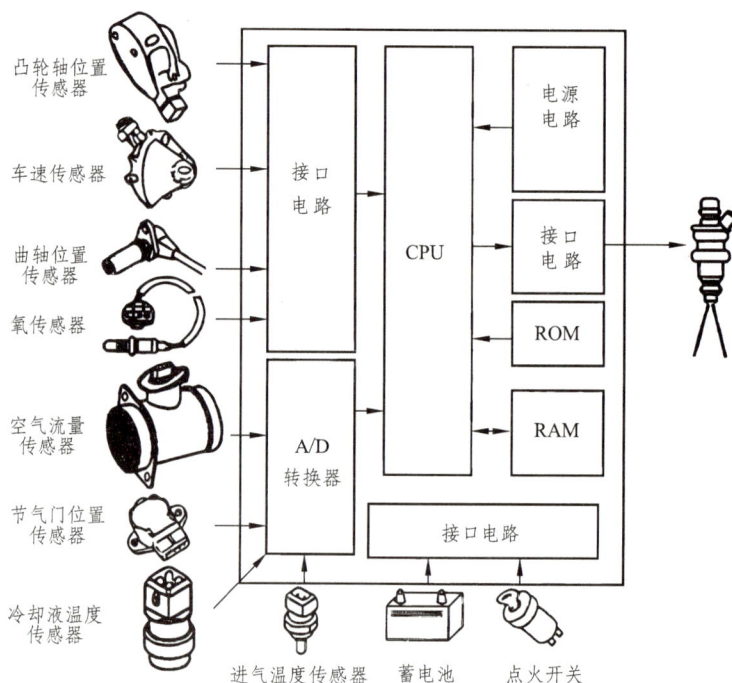

图 1-7-3　发动机电控系统的基本架构

发动机 ECU 控制喷油正时（喷油时间）与喷油量，喷油量由基本喷油量和修正喷油量两部分组成。在发动机工作过程中，凸轮轴位置传感器向 ECU 提供活塞上止点位置信号，从而确定喷油提前角（提前时间）。曲轴位置传感器向 ECU 提供发动机曲轴转速和转角的信号，空气流量传感器（或进气歧管绝对压力传感器）向 ECU 提供进气量信号，ECU 根据这 2 个信号计算基本喷油量（喷油时间），然后根据其他传感器信号和开关信号计算修正喷油量。节气门位置传感器向 ECU 提供发动机负荷大小的信号，水温传感器向 ECU 提供发动机冷却液温度信号，氧传感器向 ECU 提供发动机可燃混合气浓度信号，车速传感器向 ECU 提供车速信号，ECU 根据这些信号判断发动机运行在怠速状态（节气门关闭、车速为零）还是减速状态（节气门关闭、车速急速下降，或节气门不关闭、车速缓慢下降）。点火起动开关信号包括点火开关接通信号和起动开关接通信号，ECU 根据这些信号判断发动机工作状态（起动状态或正常工作状态）并运行相应的控制程序。

三、基本技能训练

汽油发动机电控系统总体结构如图 1-7-4 所示，查阅相关资料，回答下列问题：根据图 1-7-4 完成以下问题。

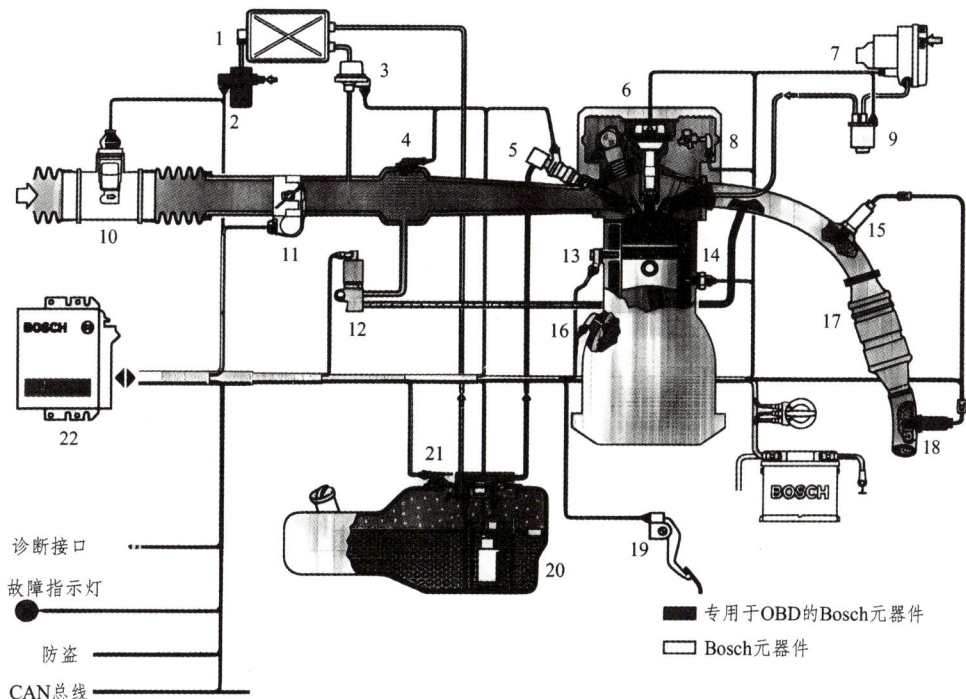

图 1-7-4　汽车发动机电控系统总体结构

（1）填写表 1-7-1 中序号对应的图 1-7-4 元件名称。

表 1-7-1　汽车发动机电控系统构成元器件

序号	名称	序号	名称
1		12	
2		13	
3		14	
4		15	
5		16	
6		17	
7		18	
8		19	
9		20	
10		21	
11		22	

（2）表 1-7-1 所示的元件，哪些是传感器？哪些是执行器？

传感器包括：

执行器包括：

四、总结与思考

发动机电控系统主要包括哪些功能？

任务二　曲轴位置传感器和凸轮轴位置传感器

任务目标

（1）了解曲轴位置传感器和凸轮轴传感器的作用、结构、工作原理、安装位置。
（2）能正确绘制曲轴位置传感器和凸轮轴传感器的连接电路图。
（3）能利用万用表、示波器、故障诊断仪检测曲轴位置传感器和凸轮轴位置传感器。
（4）能分析传感器检测结果。
（5）能主动获取有效信息，展示工作成果，进行学习总结与分享。

任务准备

（1）学习资源：微课视频、电子学习资料。
（2）学习设备：个人计算机、手机。
（3）学习条件：实训车间、多媒体教室。

任务过程

一、曲轴位置传感器和凸轮轴位置传感器功能

1. 曲轴位置传感器功能

曲轴位置传感器（CKP）又称为发动机转速传感器、曲轴转角传感器等，一般安装在发动机的曲轴箱上、曲轴飞轮旁，也有的安装在发动机缸体内。

曲轴位置传感器主要采集发动机曲轴转速与转角信号并输入 ECU，以便控制喷油提前角与点火提前角。曲轴位置传感器输出信号是电控系统点火和燃油喷射的主控制信号，是发动机点火的初始信号，如果没有这个信号则发动机不能起动。

2. 凸轮轴位置传感器功能

凸轮轴位置传感器（CMP）又称为气缸识别传感器，一般安装在凸轮轴前端或后端。凸轮轴位置传感器通常用于采集配气凸轮轴的位置信号并将采集到的信号输入 ECU，以便计算活塞处于压缩（或排气）冲程上止点的位置，ECU 用于控制发动机点火顺序和点火正时。

二、曲轴位置传感器和凸轮轴位置传感器的类型、结构与工作原理

曲轴位置传感器和凸轮轴位置传感器包括磁电式（又称磁感应式或电磁式）、磁阻式、霍尔式等类型。

1. 磁电式曲轴位置传感器和凸轮轴传感器的工作原理

磁电式曲轴位置传感器和凸轮轴传感器由信号转子、传感线圈、永久磁铁和导磁磁轭组成，工作原理如图 1-7-5 所示。磁力线穿过的路径：永久磁铁 N 极→永久磁铁与信号转子间的气隙→转子凸齿→信号转子→转子凸齿与定子磁头间的气隙→磁头→导磁板（磁轭）→永久磁铁 S 极。当信号转子旋转时，磁路中的气隙就会发生周期性的变化，磁路的磁阻和穿过信号线圈磁头的磁通量随之发生周期性的变化。根据电磁感应原理，传感线圈中感应产生交变电动势。

信号转子每转过一个凸齿，传感线圈中则产生一个周期性变化的交变电动势，即电动势出现一次最大值和一次最小值，传感线圈相应地输出一个交变电压信号。

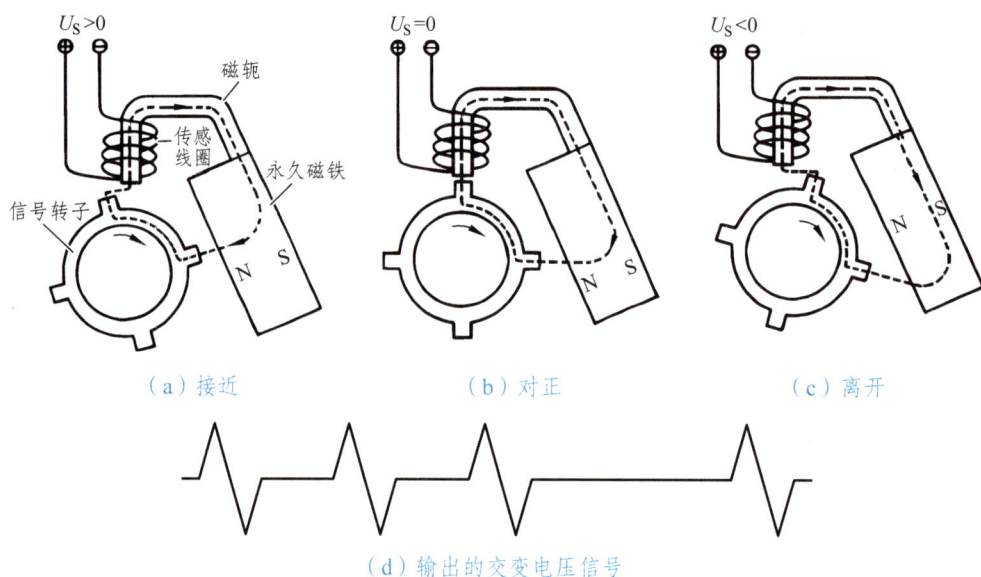

（a）接近　　　　　　（b）对正　　　　　　（c）离开

（d）输出的交变电压信号

图 1-7-5　磁电式传感器工作原理

2. 磁阻式曲轴位置传感器和凸轮轴位置传感器的工作原理

磁阻式曲轴位置传感器和凸轮轴位置传感器具有灵敏度高、低转速信号测试可靠、集成加工容易、成本低的特点，该类传感器采用透磁合金材料（MRE 材料），通电后在外部磁场的作用下本身磁场方向发生改变，导致 MRE 材料的电阻发生变化。

磁阻式传感器内部结构及其应用如图 1-7-6 所示。MRE 材料安装在集成电路板上，当带磁铁的转子（磁环）旋转时，MRE 材料的外部磁场方向发生变化，MRE 材料的电阻发生变化，比较器根据该电阻的变化量输出脉冲信号（脉冲数量和磁环的磁极数量相同）。MRE 传感器是一种有源传感器，必须提供外部电源（如 5 V、8 V、9 V 或 12 V 电源）才能正常工作。

凸轮轴位置传感器为磁阻式传感器，包括磁环和 MRE 材料，如图 1-7-6（a）所示。凸轮轴上有一个凸轮轴位置传感器的正时转子，当凸轮轴旋转时，正时转子和 MRE 材料之间的空气间隙随之变化，从而影响磁铁磁场变化，MRE 材料的电阻也同时发生变化。凸轮轴位置传感器将凸轮轴旋转数据转换为脉冲信号，并据此判断凸轮轴角度，然后发送到 ECM，作为 ECM 控制燃油喷射时间和喷射正时的数据。

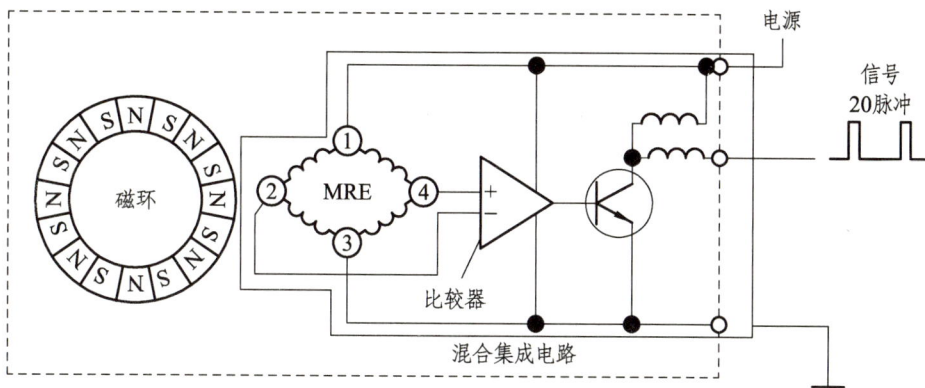

（a）传感器内部结构

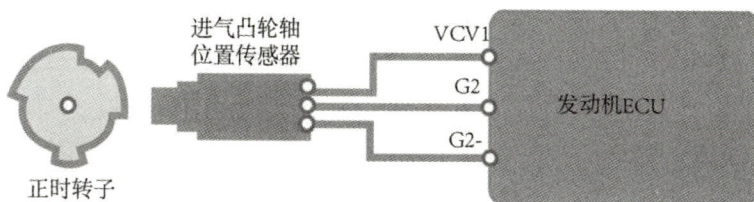

（b）传感器应用

图 1-7-6　磁阻式传感器

3. 霍尔式曲轴位置传感器和凸轮轴位置传感器的工作原理

霍尔传感器根据霍尔效应，利用霍尔元件封装制成，所以也称为霍尔效应式传感器。霍尔效应原理如图 1-7-7 所示，当电流通过霍尔元件时，如果垂直施加磁场，霍尔元件就会产生垂直于此电流和磁场的电压差，此电压差与磁通量密度成正比。

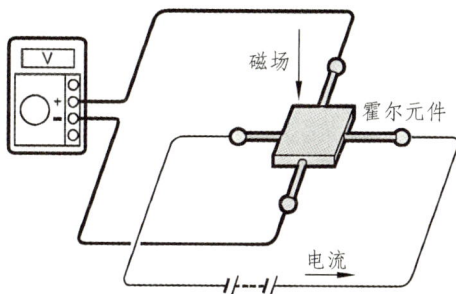

图 1-7-7　霍尔效应原理图

霍尔式曲轴位置传感器和霍尔式凸轮轴位置传感器就是利用霍尔效应，将曲轴或凸轮轴转速的变化转换成脉冲式的霍尔电压信号并输入 ECM 模块。

三、曲轴位置传感器和凸轮轴位置传感器检测

以大众迈腾系列轿车为例，查阅 18 款迈腾汽车维修手册与控制电气电路图，完成下列实操内容。

1. 检测准备工作

（1）防护装备：工作服，工作帽，手套，劳保鞋。

（2）实训设备：大众系列车型或发动机台架。

（3）检测设备：示波器，万用表。

（4）手工工具：拆装工具一套。

（5）辅助材料：翼子板布，前格栅布，三件套，抹布，手套，白板笔。

2. 结合实训室教学用车，检测曲轴位置传感器和凸轮轴位置传感器，填写表 1-7-2 和表 1-7-3 相关内容。

1-7-2　曲轴位置传感器分析与检测

部件名称		部件类型		几条线束	
安装位置		部件作用			
检测工具					
电路图		电路图分析			
		线束 1：			
		线束 2：			
		线束 3：			
		线束 4：			
		线束 5：			
		线束 6：			

数据记录				
检测步骤	检测项目	检测数据	标准数据	是否故障

续表

波形分析		
发动机转速	r/min	
冷却液温度	℃	
波形结果分析：		

表 1-7-3 凸轮轴位置传感器分析与检测

部件名称		部件类型		几条线束	
安装位置		部件作用			
检测工具					
电路图		电路图分析			
		线束 1：			
		线束 2：			
		线束 3：			
		线束 4：			
		线束 5：			
		线束 6：			

数据记录				
检测步骤	检测项目	检测数据	标准数据	是否故障

续表

波形分析		
发动机转速	r/min	
冷却液温度	℃	
波形结果分析:		

四、总结与思考

当一辆轿车检测出曲轴位置传感器故障时，请分析故障原因有哪些。

任务三　空气流量计和进气歧管压力传感器

（1）了解空气流量检测传感器的作用、结构、工作原理及安装位置。

（2）能正确绘制空气流量计、进气歧管压力的连接电路图。

（3）能利用万用表、示波器、故障诊断仪检测传感器工作参数。

（4）能分析传感器检测结果。

（5）能主动获取有效信息，展示工作成果，进行学习总结与分享。

（1）学习资源：微课视频、电子学习资料。

（2）学习设备：笔记本电脑、手机。

（3）学习条件：实训车间、多媒体教室。

一、空气流量计与进气歧管压力传感器作用

空气流量传感器（MAF）简称空气流量计，安装在空气滤清器和节气门之间的进气管上，如图 1-7-8 所示，用于测量进入发动机气缸的空气流量，并将此流量信号送给发动机 ECM。空气流量传感器信号是 ECM 决定喷油量和点火正时的基本信号之一。

图 1-7-8　空气流量传感器安装位置

进气歧管绝对压力传感器（MAP）简称进气压力传感器，其外形如图 1-7-9 所示，一般安装在如图 1-7-10 所示的进气歧管上。有些车型将传感器安装在进气稳压箱上，进气口直接伸入稳压箱内，所以传感器上没有连接软管。

进气歧管绝对压力传感器依据发动机的负荷状态检测出进气歧管内绝对压力的变化量，并转换成相应的电压信号与发动机转速信号一起输入 ECU 模块，ECU 模块根据这 2 个信号换算出吸入发动机的空气量，据此去控制喷油器基本喷油量和点火时刻。

有的车型（如大众迈腾）利用空气流量计检测进气量，同时也利用进气歧管绝对压力传感器检测歧管的压力变化量（如当废气再循环 EGR 流量测试诊断运行时）。

图 1-7-9　进气歧管绝对压力传感器外形

图 1-7-10　进气歧管绝对压力传感器安装位置

二、空气流量计和进气歧管压力传感器结构与功能

1. 空气流量传感器的类型、结构与工作原理

空气流量传感器按检测空气流量的参数不同，可以分为体积流量型和质量流量型；按结构不同，可以分为翼板式（又称叶片式）、卡门涡流式（又分为超声波式和光学式）和热线式（或热膜式）。

热线式空气流量传感器结构及原理如图 1-7-11 所示，在其内部有一个置于进气气流中的加热式铂热丝。通过向铂热丝施加规定的电流，加热到指定的温度。进气气流可以冷却铂热丝和内部热敏电阻，从而改变热敏电阻的电阻值。为了稳定流过铂热丝的电流值，ECM 模块改变施加在空气流量传感器内的这些组件上的电压，电压值与通过传感器的空气流量成比例，ECM 利用该值来计算进气量。

空气流量传感器内部的铂热丝和温度传感器形成桥式电路，通过控制晶体管，使 A 点和 B 点之间的电压差来维持预定温度。

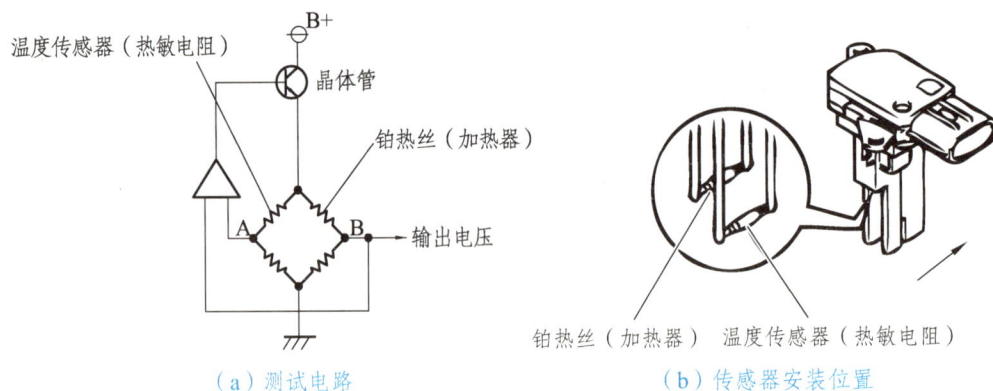

（a）测试电路　　　　　　　　　　（b）传感器安装位置

图 1-7-11　热线式空气流量传感器结构及原理

有些车型采用热膜式空气流量传感器（如图 1-7-12），其发热体不是热线而是热膜，

即固定在树脂薄膜上的热电阻膜片。该类传感器的测量原理与热线式空气流量传感器基本相同。采用热膜式结构的发热体不像热线式那样直接承受空气的作用，因此使用寿命较长。

热线式和热膜式空气流量传感器的测量精度高、响应速度快，并且进气阻力小，应用于大多数的车型。

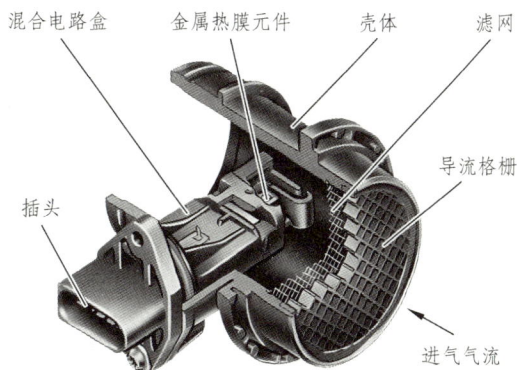

图 1-7-12　热膜式空气流量传感器

2. 进气歧管绝对压力传感器的类型、结构与工作原理

进气歧管绝对压力传感器通常可分为压敏电阻式、膜盒式和应变仪式三种类型，这三类传感器的结构和工作原理大同小异，下面主要介绍一种常见的应变仪式进气歧管绝对压力传感器。

应变仪式进气歧管绝对压力传感器的硅膜片在承受压力作用时发生变形，长度和电阻值也发生变化。该类传感器的主要元件是一块外围较厚、中间最薄的薄硅片，硅片上、下两面各有一层二氧化硅膜，在膜层中沿硅片四边有四个传感器电阻，在硅片四角各有一个金属块通过导线与电阻相连；硅片下部有一真空腔与进气相通，硅片上的四个电阻连接成桥式电路。当进气歧管压力变化时，硅膜片随之发生变形，此时传感器的电阻值随之发生相应的变化，桥式电路的输出信号电压正比于进气压力，经信号处理单元进行信号调理后所输出的电压信号即可代表进气歧管的压力。这类传感器受温度变化的影响较小。

三、空气流量计与进气歧管压力传感器检测

以大众迈腾轿车为例，查阅 18 款迈腾汽车维修手册与电路图，完成下列实操检测内容。

1. 检测准备工作

（1）防护装备：工作服，工作帽，手套，劳保鞋。

（2）车辆、台架、总成：大众系列车型或发动机台架。

（3）检测设备：示波器，万用表，解码仪。

（4）手工工具：拆装工具一套。

（5）辅助材料：翼子板布，前格栅布，三件套，抹布，手套，白板笔。

2. 对空气流量计与进气歧管压力传感器进行检测，填写表 1-7-4 和表 1-7-5 相关内容。

表 1-7-4　空气流量计检测与分析

部件名称		部件类型		几条线束	
安装位置		部件作用			
检测工具					

电路图		电路图分析			
		线束 1：			
		线束 2：			
		线束 3：			
		线束 4：			
		线束 5：			
		线束 6：			

数据记录					
检测步骤		检测项目	检测数据	标准数据	是否故障

数据流分析					
发动机转速		r/min	发动机转速		r/min
冷却液温度		℃	冷却液温度		℃
数据通道：			数据通道：		
数据流：			数据流：		
数据量结果分析：					

表 1-7-5　进气歧管压力传感器检测与分析

部件名称		部件类型		几条线束	
安装位置		部件作用			
检测工具					

电路图		电路图分析		
		线束 1：		
		线束 2：		
		线束 3：		
		线束 4：		
		线束 5：		
		线束 6：		

数 据 记 录

检测步骤	检测项目	检测数据	标准数据	是否故障

波 形 分 析

发动机转速	r/min
冷却液温度	℃

波形结果分析：

任务四　温度传感器

（1）了解温度传感器的作用、结构、工作原理、安装位置。
（2）能正确绘制气温度传感器与水温传感器的连接电路图。
（3）能利用万用表、示波器、故障诊断仪检测传感器工作参数。
（4）能分析温度传感器的检测结果。
（5）能主动获取有效信息，展示工作成果，进行学习总结与分享。

任务准备

（1）学习资源：微课视频、电子学习资料。
（2）学习设备：个人计算机、手机。
（3）学习条件：实训车间、多媒体教室。

任务过程

一、温度传感器的功用

电控发动机的温度传感器包括冷却液温度传感器、进气温度传感器、燃油温度传感器、排气温度传感器和机油温度传感器等。温度传感器将被测对象的温度信号转换为电信号后输入电子控制单元（ECU），ECU 根据这些信号修正控制相关参数或判断被检测对象的热负荷状态。

二、温度传感器的类型、结构与工作原理

1. 冷却液温度传感器

冷却液温度传感器（ECT，CTS）又称水温传感器，通常是双线传感器，如图 1-7-13 所示。该类传感器安装在发动机冷却水道上，将发动机冷却液温度信号变换为电信号后输入发动机电子控制单元（ECU），ECU 根据此信号修正喷油时间和点火时间，使发动机处于最佳工作状态。

图 1-7-13　冷却液温度传感器

2. 进气温度传感器

进气温度传感器（ACT，IAT）通常安装在进气管路中（独立）、空气流量计内或进气歧管绝对压力传感器内，如图 1-7-14 所示。该类传感器将进气温度信号变换为电信号后输入发动机电子控制单元（ECU），ECU 根据此信号修正喷油量。

进气温度传感器是双线传感器，内部是一个负温度系数的热敏电阻，根据温度变化产生不同的电压信号，温度升高时阻值下降，输出电压也下降。在冷车时进气温度传感器的电压信号与水温传感器的电压信号基本相同，在热车时进气温度传感器的信号电压大约是水温传感器电压信号的 2～3 倍。

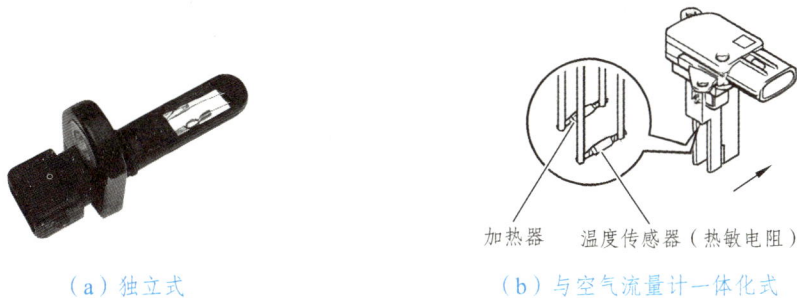

加热器　温度传感器（热敏电阻）

（a）独立式　　　　　（b）与空气流量计一体化式

图 1-7-14　进气温度传感器

3. 燃油温度传感器

燃油温度传感器（如图 1-7-15）安装在燃油管路或燃油箱中，主要将燃油温度（影响蒸发和雾化）信号转换为电信号后输入发动机电子控制单元（ECU），ECU 根据此信号修正喷油量。

图 1-7-15　燃油温度传感器

4. 排气温度传感器

排气温度传感器（如图 1-7-16）包括两种类型：一种是废气再循环（EGR）排气温度传感器，用于检测 EGR 阀是否打开；另一种是安装在排气管中，用于检测排气温度，检测三元催化反应器是否堵塞。

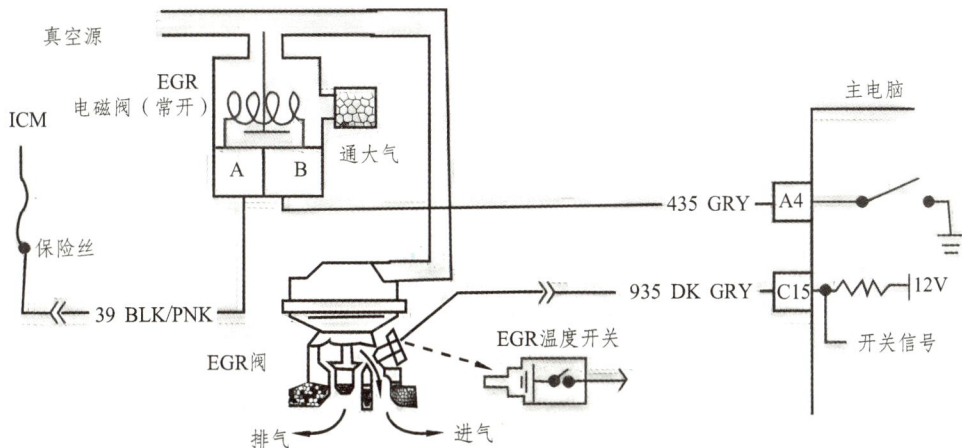

图 1-7-16　排气温度传感器

5. 环境温度传感器

环境温度传感器又称为室外温度传感器（如图 1-7-17），是汽车空调较为主要的部件之一。该类传感器为 ECU 提供车外的温度信号，ECU 根据车内外温差调节车内温度。例如：车外温度为 5℃，车内温度为 30℃，车内外温差较大，ECU 控制空调工作，使车内温度降低到 20℃左右，这样车内人员感觉不会太热也不会太冷。

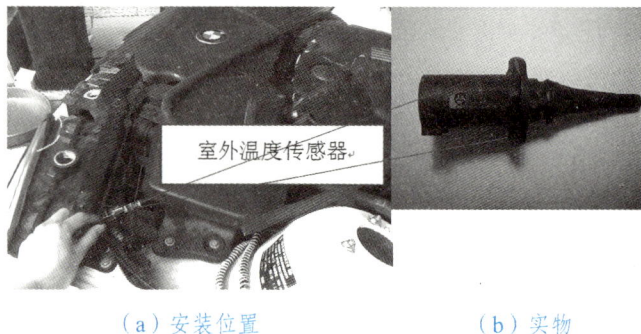

（a）安装位置　　　　　　　（b）实物

图 1-7-17　室外温度传感器

6. 机油液位温度传感器

机油液位温度传感器包括液位传感器和温度传感器，一般安装在油底壳上，检测机油温度和高度，如图 1-7-18 所示。液位传感器浸没在机油油液中，加热元件周而复始地加热、冷却（加热时间约 20 ms，冷却时间约 5 ms）。当机油液位过低时传感器的一部分露出液面后，机油对传感器加热元件的冷却效果会减弱，冷却时间延长。液位温度传感器是一个负温度系数热敏电阻，其阻值随油温升高而下降。根据液位温度传感器的加热、冷却时间和油温感应部分电阻值，液位温度传感器输出方波信号到仪表的控制单元，作为点亮仪表盘上机油液位温度报警灯的重要参数。

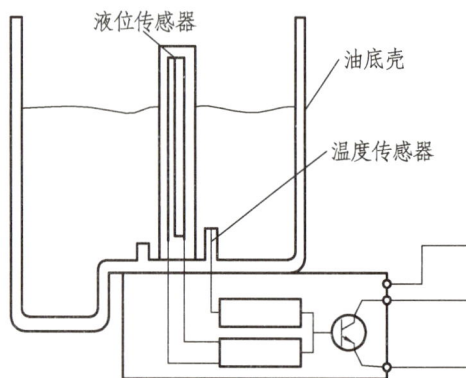

图 1-7-18　机油液位温度传感器

三、温度传感器检测

以大众迈腾轿车为例，该款轿车包括冷却液温度传感器、进气温度传感器、燃油温度传感器等类传感器，下面介绍这些温度传感器的检测方法。

1. 检测准备工作

（1）防护装备：工作服，工作帽，手套，劳保鞋。

（2）车辆、台架、总成：大众系列车型或发动机台架。

（3）检测设备：示波器，万用表，解码仪。

（4）手工工具：拆装工具一套。

（5）辅助材料：翼子板布，前格栅布，三件套，抹布，手套，白板笔。

2. 对水温传感器和进气温度传感器进行检测，填写表1-7-6和表1-7-7相关内容

表1-7-6　水温传感器检测与分析

部件名称		部件类型		几条线束	
安装位置		部件作用			
检测工具					

电路图		电路图分析			
		线束1：			
		线束2：			
		线束3：			
		线束4：			
		线束5：			
		线束6：			

数据记录					
检测步骤		检测项目	检测数据	标准数据	是否故障

数据流分析	
发动机转速	r/min
冷却液温度	℃（实际温度）

数据通道：

数据流：

数据流结果分析：

表 1-7-7　进气温度传感器检测与分析

部件名称		部件类型		几条线束	
安装位置		部件作用			
检测工具					

电路图		电路图分析		
		线束 1:		
		线束 2:		
		线束 3:		
		线束 4:		

数据记录				
检测步骤		检测项目	检测数据	标准数据	是否故障

数据流分析	
发动机转速	r/min
冷却液温度	℃（实际温度）

数据通道:

数据流:

数据流结果分析:

四、总结与思考

1. 发动机水温传感器电压偏高的故障原因有哪些?

2. 分析水温传感器信号异常会对发动机工作产生哪些影响?

任务五　节气门位置传感器和加速踏板位置传感器

任务目标

（1）了解节气门位置/加速踏板位置传感器的作用、结构、工作原理、安装位置。

（2）能正确绘制节气门位置/加速踏板位置传感器连接电路图。

（3）能利用万用表、示波器、故障诊断仪检测传感器工作参数。

（4）能分析传感器检测结果。

（5）能主动获取有效信息，展示工作成果，进行学习总结与分享。

任务准备

（1）学习资源：微课视频、电子学习资料。

（2）学习设备：个人计算机、手机。

（3）学习条件：实训车间、多媒体教室。

任务过程

一、节气门位置传感器

1. 节气门位置传感器的功用

节气门位置传感器（TPS 或 TP）安装在节气门体旁，与节气门轴联动。节气门位置传感器的功用主要包括：

（1）将节气门开度（即发动机负荷）转换为电信号输入发动机 ECU，向发动机 ECU 传递发动机工况变化信息。一般情况下节气门开度为 0~25 %时表示发动机处于小负荷工况，开度为 25%~50%表示发动机处于中负荷工况，开度为 50%~75%时表示发动机处于大负荷工况，工况大于 75%时表示全负荷工况。发动机 ECU 通过修正空燃比以适合发动机工况的变化；

（2）在配置了电子控制自动变速器的汽车上，自动变速器控制单元将节气门位置传感器信号和车速信号作为确定变速器换挡时机和变矩器锁止时机的主要信号；

（3）当空气流量计无信号时，发动机 ECM 利用节气门开度信号和发动机转速信号来计算进气量，取代空气流量计信号。

2. 节气门位置传感器构造与工作原理

大众桑塔纳 3000 BKT 发动机的节气门控制组件由节气门电位计（G69）和节气门定位电位计（G88）组成，这两个组件起着确定节气门开度的作用，通常说的节气门位置传感器通常是指节气门电位计。节气门控制组件有两个与节气门联动的可动电刷触点，一个触点在节气门全闭时与怠速触点接触，另一个触点为可在电阻体上滑动的可动触点，节气门开度的大小与电阻的变化成比例。将节气门开度对应的线性输出电压送给 ECU，ECU 就会感知节气门位置。大众桑塔纳 3000 BKT 发动机节气门位置传感器输出信号特性如图 1-7-19 所示。

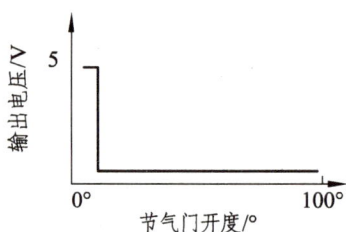

（a）怠速触电信号

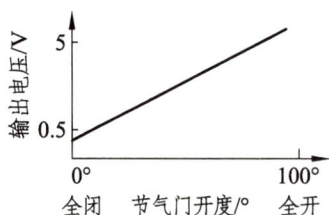

（b）节气门开度输出信号信号

图 1-7-19　节气门位置传感器输出信号特性

桑塔纳 3000 BKT 发动机节气门控制组件的电路如图 1-7-20 所示。

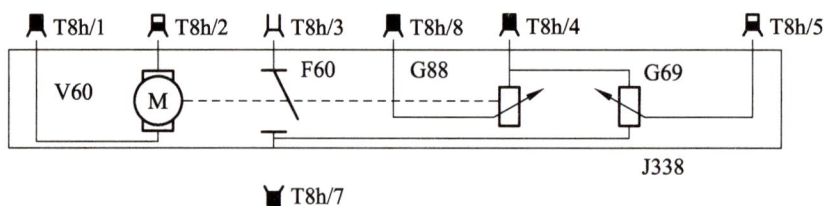

图 1-7-20　节气门控制组件电路

怠速开关（F60）向发动机 ECU 提供怠速位置信号。怠速开关闭合时，由节气门定位器来决定怠速时节气门的开度。电子节气门拆装或更换了新的节气门控制组件或者发动机 ECU 发生故障，都必须重新进行基本怠速设定，以匹配发动机 ECU 与节气门控制组件，在匹配过程中需要用到故障诊断仪。

在节气门控制组件的设定过程中可能产生以下问题：（1）如因油泥沉积导致节气门转动不灵活；（2）蓄电池电压过低；（3）节气门控制组件线束或插接器接触不良。

二、加速踏板位置传感器

1. 加速踏板位置传感器的功用

加速踏板位置传感器（APP）安装在驾驶室内的加速踏板支架上，极少数车型通过拉线安装在其他位置（如发动机舱）。该类传感器将加速踏板位置转换为电信号输入发动机 ECM，用于判断驾驶员的意图。加速踏板位置传感器如图 1-7-21 所示。

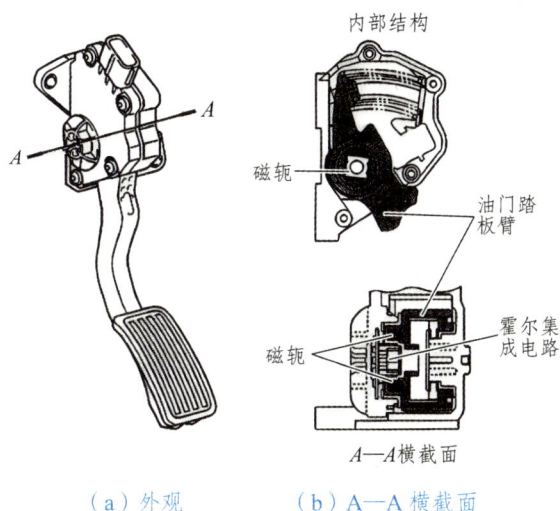

（a）外观　　　　　（b）A—A横截面

图 1-7-21　加速踏板位置传感器

2. 加速踏板位置传感器的类型、结构与工作原理

加速踏板位置传感器的工作原理与节气门位置传感器相同，该类传感器的应用电路和加速踏板开度-输出电压关系曲线如图 1-7-22 所示。加速踏板位置传感器有两个传感器电路，分别发送 VPA（主）和 VPA2（副）信号，根据加速踏板开度施加到 ECM端子 VPA 和 VPA2 的电压范围为 0~5 V，其中*1 表示完全松开加速踏板，*2 表示完全踩下加速踏板，如图 1-7-22（b）所示。来自 VPA 的信号反映了实际加速踏板的开度，用于控制发动机。来自 VPA2 的信号发送 VPA 电路的状态，并用来检查加速踏板位置传感器自身的情况。

ECM 通过来自 VPA 和 VPA2 的信号监视实际加速踏板的开度（节气门开度），并根据这些信号控制节气门执行器。

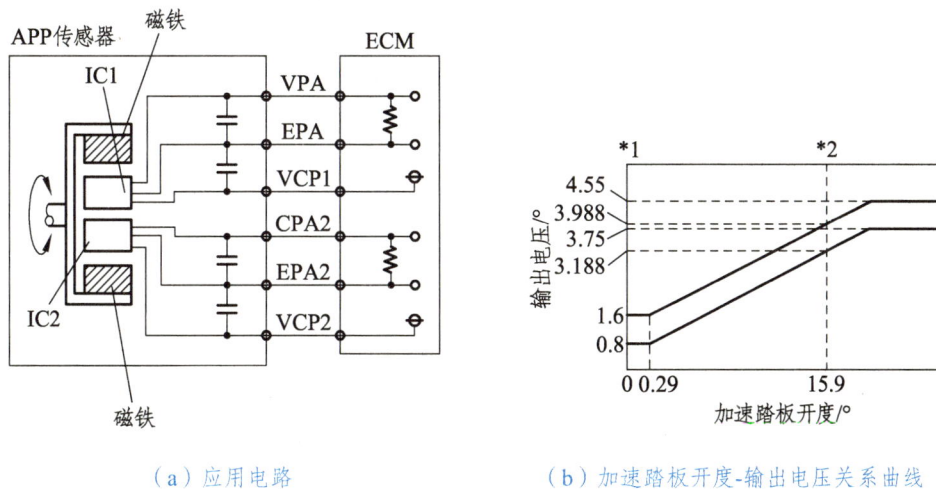

（a）应用电路　　　　　　　　　　　（b）加速踏板开度-输出电压关系曲线

图 1-7-22　加速踏板位置传感器原理图

三、位置传感器检测

以大众迈腾轿车为例，查阅 18 款迈腾轿车维修手册和电路图，完成下列实操检测任务。

1. 检测准备工作

（1）防护装备：工作服，工作帽，手套，劳保鞋。
（2）车辆、台架、总成：大众系列车型或发动机台架。
（3）检测设备：示波器，万用表，解码仪。
（4）手工工具：拆装工具一套。
（5）辅助材料：翼子板布，前格栅布，三件套，抹布，手套，白板笔。

2. 对节气门位置传感器和加速踏板位置传感器进行检测，填写表 1-7-8 和表 1-7-9 相关内容。

表 1-7-8　节气门位置传感器检测与分析

部件名称		部件类型		几条线束	
安装位置		部件作用			
检测工具					

电路图		电路图分析			
		线束 1：			
		线束 2：			
		线束 3：			
		线束 4：			
		线束 5：			
		线束 6：			
		线束 7：			
		线束 8：			

数据记录

检测步骤	检测项目	检测数据	标准数据	是否故障

续表

数据流分析	
发动机转速	r/min
冷却液温度	℃（实际温度）
数据通道：	
数据流：	
数据流结果分析：	

表 1-7-9　加速踏板位置传感器检测与分析

部件名称		部件类型		几条线束		
安装位置		部件作用				
检测工具						
电路图			电路图分析			
			线束 1：			
			线束 2：			
			线束 3：			
			线束 4：			

数据记录				
检测步骤	检测项目	检测数据	标准数据	是否故障

续表

数据流分析	
发动机转速	r/min
冷却液温度	℃（实际温度）
数据通道： 数据流：	
数据流结果分析：	

四、总结与思考

节气门位置传感器故障的原因有哪些？

任务六　氧传感器

任务目标

（1）了解氧传感器的作用、结构、工作原理、安装位置。
（2）能正确绘制氧传感器连接电路图。
（3）能利用万用表、示波器、故障诊断仪检测传感器工作参数。
（4）能分析传感器检测结果。
（5）能主动获取有效信息，展示工作成果，进行学习总结与分享。

任务准备

（1）学习资源：微课视频、电子学习资料。
（2）学习设备：个人计算机、手机。
（3）学习条件：实训车间、多媒体教室。

任务过程

一、氧传感器的功用

氧传感器是电子控制汽油喷射系统进行反馈控制的传感器，安装于排气管上。反馈控制也称闭环控制，利用氧传感器检测尾气中氧分子的浓度，并将氧分子浓度信号转换为电压信号后输入电子控制单元（ECU）。

尾气中氧分子的浓度与进入发动机的混合气成分有关。当混合气太稀时，尾气中氧分子的浓度较高，氧传感器便产生一个低电压信号；当混合气太浓时，尾气中氧分子的浓度低，氧传感器将产生一个高电压信号。ECU 根据氧传感器的反馈信号，不断地修正喷油量，使混合气成分始终保持在最佳范围内。

通常氧传感器和三元催化转换器同时使用。由于后者只有在混合气的空燃比接近理论空燃比的较小范围内才会有最好的净化效果，因此，在此种情况下，电子控制单元（ECU）必须根据氧传感器的反馈信号，控制混合气的空燃比更接近于理论空燃比。

二、氧传感器的类型、结构与工作原理

汽车发动机汽油喷射系统采用的氧传感器包括氧化锆（ZrO_2）式和氧化钛（TiO_2）式两种类型。

1. 氧化锆式氧传感器

（1）结构。

氧化锆式氧传感器又分为加热型与非加热型，现在发动机上普遍采用加热型氧传感器。氧化锆式传感器的特点是在较低的排气温度下（如怠速）仍能保持工作，使用寿命可大于 160 000 km。

（2）工作原理。

氧传感器是按固态电解质的氧浓差原电池原理制成的。发动机工作时，陶瓷锆管的内表面与大气（外界空气）相通，外表面被尾气管中排出的废气包围，两边的氧浓度相差悬殊。在温度较高时，锆管内、外表面上存在氧浓度差，氧气发生电离，内表面（大气侧，氧浓度高）带负电荷的氧离子从大气一侧向尾气一侧扩散，锆管（固态电解质）成了一个微电池。内表面带正电成为正极，外表面带负电成为负极，在锆管两电极间产生电位差，两极间的电位差便是氧传感器的输出信号。输出信号的电压高低取决于锆管内表面（大气）、外表面（尾气）之间氧的浓度差。由于大气中的含氧量比较稳定，输出信号电压取决于尾气中氧的含量。氧化锆式氧传感器的工作原理如图1-7-23所示。当混合气稀时，尾气中含氧较多，两侧的浓度差小，只产生很小的电压；当混合气浓时，尾气含氧量较少，加之铂电极的催化作用，两侧的浓度差急剧增大，两电极间的输出信号电压便突然增大，如图1-7-24所示。

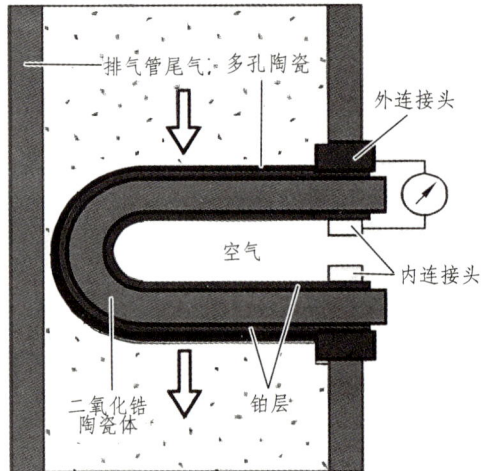

图 1-7-23　氧化锆式氧传感器工作原理

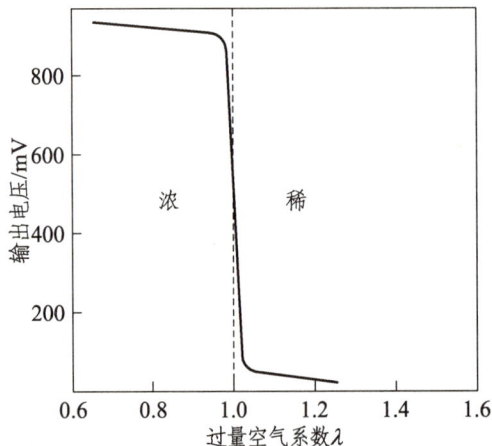

图 1-7-24　氧化锆式氧传感器输出信号曲线

氧传感器的输出信号电压在过量空气系数 $\lambda=1$ 时产生突变。当 $\lambda>1$（混合气稀）时，氧传感器输出信号电压几乎为零（小于 0.1 V）；当 $\lambda<1$（混合气浓）时，氧传感器输出信号电压接近 1 V（0.8~1 V），氧传感器相当于一个混合气浓度开关。不同的氧传感器，其输出特性有一些差异。氧化锆式氧传感器输出信号曲线如图 1-7-24 所示。

由于氧传感器输出信号电压随混合气浓度变化，混合气稀（$\lambda>1$）则氧传感器输出低电压信号（接近 0 V），混合气浓（$\lambda<1$）则氧传感器输出高电压信号（接近 1 V），氧传感器输出信号电压在 $\lambda=1$ 处发生跃变，因此，氧传感器又称为"λ"传感器。

氧传感器的输出信号输入电子控制单元（ECU）后与基准电压（一般为 0.45 V）进行比较，当高于基准电压高时表示混合气过浓，当低于基准电压低时表示混合气过稀。ECU 根据比较结果输出一个控制信号去修正喷油时间，使空燃比保持在理论值附近的一个较小范围内。

当氧传感器工作正常时，其输出电压在高电平（0.9 V）与低电平（0.1 V）之间变动的频率为每分钟至少 10 次。

氧化锆式氧传感器的工作环境必须满足发动机温度高于 60 ℃、氧传感器自身温度高于 300 ℃、发动机工作在怠速工况和部分负荷工况等三个条件，才能正常输出反映混合气浓度的电压信号。

2. 氧化钛式氧传感器

二氧化钛（TiO_2）属于 N 型半导体材料，其电阻值大小取决于材料温度以及周围环境中氧离子的浓度，因此可以利用二氧化钛在氧离子环境中的电阻值来反映氧离子浓度。

（1）结构。

氧化钛式氧传感器的外形与氧化锆式氧传感器相似。但氧化钛式氧传感器不需要与大气进行比较，因此其密封性与防水性好。此外，在该类传感器的电极引线与护套之间设置一个硅橡胶密封衬垫，可以防止水汽浸入传感器内部而腐蚀电极。氧化钛式氧传感器内部结构如图 1-7-25 所示。

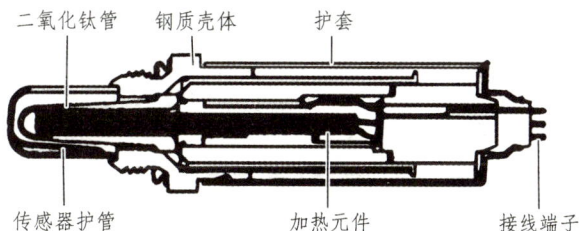

图 1-7-25　氧化钛式氧传感器内部结构

二氧化钛是一种 N 型半导体材料，其电阻值取决于周围环境中氧离子浓度的大小，将其制作成管状可以使尾气中的氧离子能够均匀扩散与渗透。纯净的二氧化钛材料在常温下呈现高阻状态，但其表面缺氧则二氧化钛晶格就会出现缺陷，二氧化钛的电阻值减小。钛管的内表面与氧离子浓度较高的大气相通、外表面与氧离子浓度较低的尾气相通。在钛管的内、外表面上覆盖一层铂金，并各引出一个电极，作为传感器的信号正极与信号负极。外表面的铂金具有催化作用，当混合气偏浓时，由于燃烧不完全，尾气中会剩余一定的氧气，铂金可使剩余氧离子与尾气中的一氧化碳产生化学反应，生成二氧化碳，将尾气中的氧离子进一步消耗掉，从而提高传感器的灵敏度。钢质壳体上制有螺纹，以便于传感器安装。由于氧化钛式氧传感器必须满足一定的条件才能正常调节混合气浓度，因此将其安装在温度较高的尾气管上。同时，为使氧化钛式氧传感器迅速达到工作温度（300 ℃），它采用加热元件对二氧化钛进行加热。加热元件采用热敏电阻，其上绕有钨丝并引出两个电极直接与汽车电源（12～14 V）相连。

（2）工作原理。

由于二氧化钛半导体材料的电阻具有随排气中氧离子浓度的变化而变化的特性，因此氧化钛式氧传感器的二氧化钛相当于一个可变电阻。

当发动机的可燃混合气浓度较浓（空燃比小于 14.7）时，排气中氧离子含量较小，氧化钛管外表面氧离子很少或没有氧离子，二氧化钛呈现低阻状态。当发动机混合气浓度较稀（空燃比大于 14.7）时，排气中氧离子含量较多，二氧化钛外表面的氧离子浓度较大，二氧化钛呈现高阻状态。由此可见氧化钛式氧传感器的电阻将在混合气空燃比 A/F 约为 14.7（过量空气系数约为 1）时产生突变。氧化钛式氧传感器的输出特性如图 1-7-26 所示。

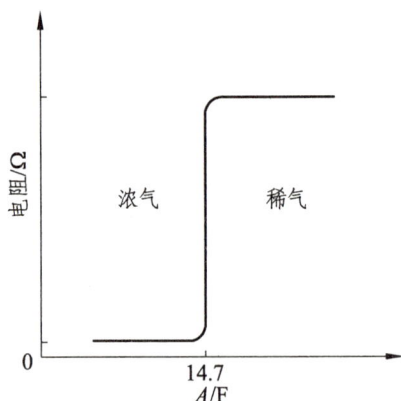

图 1-7-26 氧化钛式氧传感器输出信号曲线

3. 前、后氧传感器

电控汽车的自诊断系统（OBD）为了监测三元催化反应器的转化效率，一般都配置了 2 个氧传感器。在三元催化器的前端安装一个氧传感器外，在三元催化器的后端安装一个氧传感器，前者称为主氧传感器、前氧传感器或上游氧传感器，后者称为副氧传感器、后氧传感器或者下游氧传感器。

（1）前、后氧传感器的功用。

OBD 的一项重要任务是监测三元催化转换器的转化效率。一般来说，对于新的三元催化转换器，后氧传感器的输出信号如图 1-7-27（a）所示，其中后氧传感器的输出信号波动很小；对于老化失效或使用时间长的三元催化转换器，后氧传感器的信号波动幅度及频率明显增大，如图 1-7-27（b）所示。ECU 通过比较前、后氧传感器的输出信号，就可以判断催化转换器是否正常。通常，当后氧传感器的信号波形与前氧传感器的信号波形接近时，表示催化转换器已经失效。

虽然前、后氧传感器的工作过程大致相同，但它们的物理特性不同，所以两者使用时不能互换。

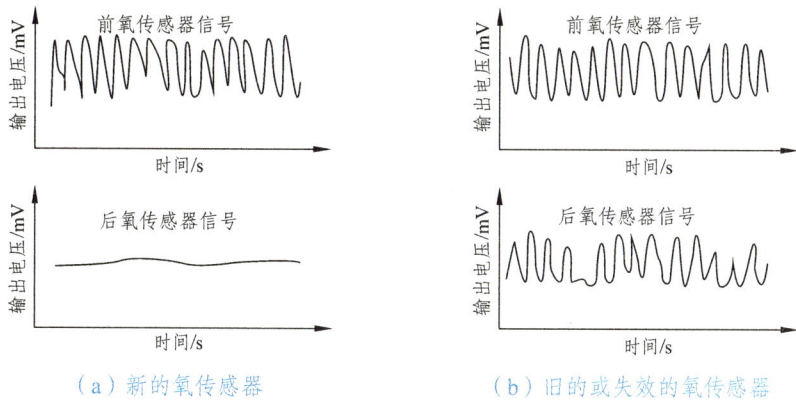

（a）新的氧传感器　　　　　　　（b）旧的或失效的氧传感器

图 1-7-27　氧传感器的输出信号波形

（2）前、后氧传感器的工作原理。

前、后氧传感器的工作电路如图 1-7-28 所示，每个氧传感器都有 4 个管脚，属于加热型传感器。氧传感器地线（管脚 2）与传感器外壳保持绝缘。在点火开关接通后的规定条件内，氧传感器监测其内部的加热器，重点监测冷起动时加热器的工作状况。ECU 不直接测试加热器元件，而是通过监测氧传感器管脚 4 的输出信号来判断加热器的工作状况。冷起动时，加热器通电后氧传感器温度很快升高，其回路中电阻值很快降低。当 ECU 通过 ASD 继电器向氧传感器的输出信号回路提供 5 V 电压，即可对氧传感器回路中电阻值变化情况进行监测。当氧传感器温度升高，其电阻值减小，管脚 4 的输出信号电压降低，ECU 通过监测这个输出信号电压从高于 4 V 降到 3 V 所需要的时间，即可判断加热器的工作状况。如果管脚 4 的输出信号电压降得太低，则表示氧传感器发生接地现象。

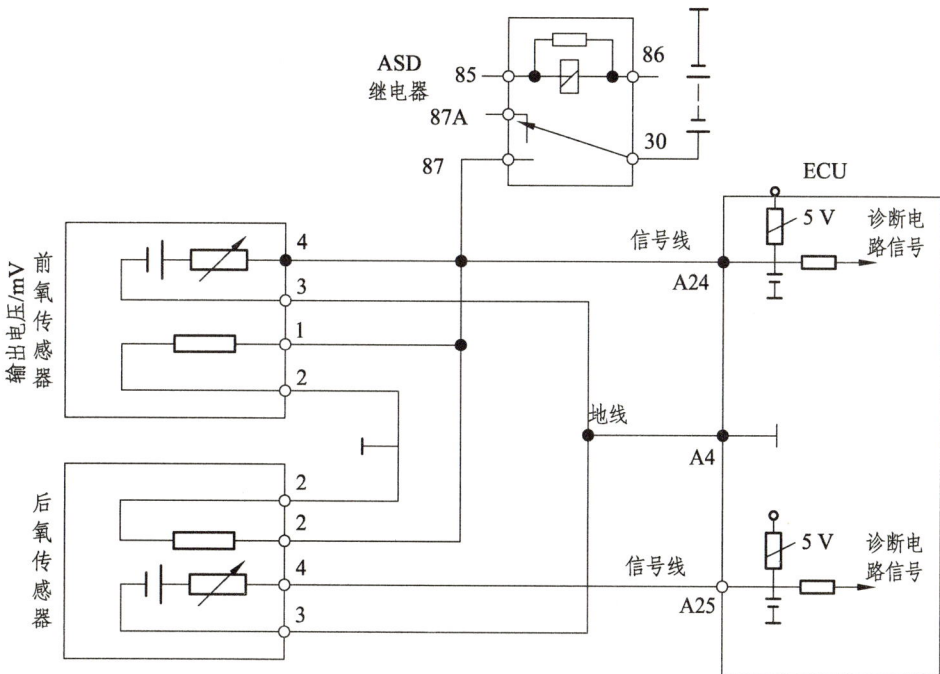

图 1-7-28　前、后氧传感器工作电路

氧传感器安装数量，随车型不同而不同。一些高档车型，左右排气管上各安装两只（一主一副）氧传感器，全车共安装四只氧传感器。

三、氧传感器检测

以大众迈腾轿车为例，查阅 18 款迈腾轿车维修手册和电路图，完成下列实操检测任务。

1. 检测准备工作

（1）防护装备：工作服，工作帽，手套，劳保鞋。
（2）车辆、台架、总成：大众系列车型或发动机台架。
（3）检测设备：示波器，万用表，解码仪。
（4）手工工具：拆装工具一套。
（5）辅助材料：翼子板布，前格栅布，三件套，抹布，手套，白板笔。

2. 对氧传感器进行检测，填写 1-7-10 相关内容。

表 1-7-10　氧传感器检测与分析

部件名称		部件类型		几条线束	
安装位置		部件作用			
检测工具					

电路图		电路图分析			
		线束 1：			
		线束 2：			
		线束 3：			
		线束 4：			
		线束 5：			
		线束 6：			
		线束 7：			
		线束 8：			

数据记录				
检测步骤	检测项目	检测数据	标准数据	是否故障

续表

数据流分析	
发动机转速	r/min
冷却液温度	℃（实际温度）

数据通道：

数据流：

数据流结果分析：

四、总结与思考

1. 氧传感器的作用有哪些？

2. 为什么氧传感器能检测其内部加热电路断路故障？

项目考核

项目名称	汽车发动机传感器		教师		日期	
评价依据	学生完成任务工作单					
序号	任务内容及要求		配分	评分标准	得分	
					自我评分10%	小组评分30%	教师评分60%
1	任务实施过程中文献查阅	是否查阅信息资料	10分	缺一个要点扣1分			
		正确运用信息资料	10分	酌情赋分			
2	规定时间内的完成度	在规定时间内完成任务	10分	酌情赋分			
	任务完成的正确度	任务完成的正确性	10分	酌情赋分			
3	沟通交流能力	积极参与交流	10分	酌情赋分,但违反课堂纪律,不听从教师和组长安排、违反现场安全管理制度不得分			
	安全意识	工位安全检查、登记	5分				
	劳动教育	工位清扫整理、教室卫生值日	5分				
	标准意识	按照操作规程完成装配	10分				
	质量意识	零件检查、工序检查	10分				
	职业素养	按时出勤,遵守纪律	10分				
	责任意识	认认真真、尽职尽责	5分				
	工匠精神	精益求精、追求极致、专心致志、创新突破	5分				
小计						
总评						

表头说明:

任务内容及要求列分为两个子列(能力项目 与 具体要求)。

得分列分为三个子列:自我评分10%、小组评分30%、教师评分60%。

项目八　汽车发动机供电与起动系统构造与检测

学习目标

1. 素养目标

（1）树立安全生产意识。

（2）培养遵守规章制度意识。

2. 知识目标

（1）掌握汽油发动机的电源系统组成与工作原理。

（2）掌握汽油发动机起动系统的构成与工作原理。

3. 能力目标

（1）熟悉汽油发动机电源系统的元器件检测与线路连接。

（2）熟悉汽油发动机起动系统的元件检测方法。

项目描述

　　汽车在启动时经常存在打不着火的情况，应对车辆的电源系统和起动系统进行检测和故障诊断。汽油发动机的起动系统基本都是电力起动，熟悉汽车的电源和起动系统，是学习发动机电控系统必须掌握的基本技能。

工作任务与流程

　　任务一　电源系统构造与工作原理

　　任务二　发动机起动系统

建议学时

　　8 学时。

任务一　电源系统构造与工作原理

任务目标

（1）了解汽油发动机电源系统的组成与工作原理。

（2）了解汽车电源系统的电气原理图与接线。

（1）学习资源：微课视频、电子学习资料。

（2）学习设备：个人计算机、手机。

（3）实训设备：实训车间、多媒体教室。

一、汽车电源系统的组成与工作原理

汽车电源系统的子系统主要包括：蓄电池、发电机、调节器、点火开关、继电器、保险丝、易熔线、指示灯，如图 1-8-1 所示。

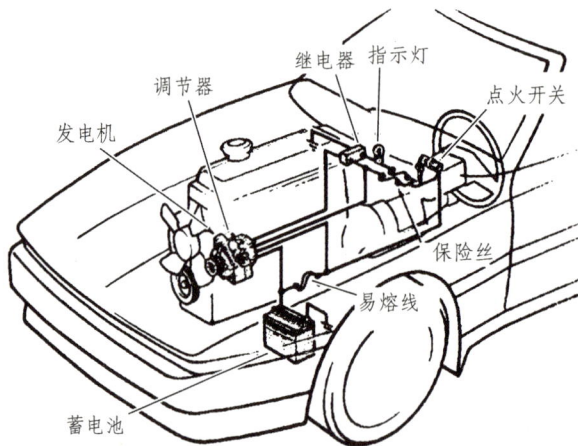

图 1-8-1　汽车电源系统组成

1. 蓄电池的功用

蓄电池与发电机共同构成了车辆的电源系统，保证车辆正常运行。蓄电池的功用包括：

（1）发动机起动时，向起动机和点火系统供电。

（2）未启动发电机前，向电气设备提供电能。

（3）发电机不发电或发电量不足时，蓄电池向用电设备供电。

（4）发电机正常发电时，蓄电池储存电能。

（5）充当稳压器。当发电机转速和用电负载发生较大变化时，可保持电路电压的相对稳定，同时吸收电路中随时出现的瞬时高电压以保护用电设备不被损坏，尤其是电子元件不被击穿。

2. 发电机的功用

发电机在所发电的电压高于蓄电池电压时及时向蓄电池充电，并向全车除起动机外的所有用电设备直接供电。

3. 调节器的功用

调节器在发电机转速变化时能自动控制发电机的输出电压，使其保持恒定。

4. 点火开关的功用

点火开关主要用于接通和切断点火电路，同时还用于控制起动机、发电机励磁、收录机、空调、刮水器、点烟器、方向盘锁止、仪表、信号灯、进气预热和其他电器设备电路。

5. 继电器的功用

继电器分为功能继电器和控制继电器，通过控制端口的小电流去控制继电器主触点的闭合和断开，当继电器主触点闭合后为用电电器提供大电流电源，从而保护开关触点不被烧蚀。

6. 保险丝和易熔线的功用

保险丝和易熔线用于线路或电气设备发生短路以及过载时自动切断电路，以保证电气设备及线路的用电安全。

二、汽车电源系统的工作原理

汽车电源系统，按其用途可划分为供电系统、用电系统、检测系统和配电系统。

1. 供电系统

供电系统包括蓄电池、发电机及调节器。蓄电池和发电机采用并联方式工作，其中发电机为主电源，蓄电池为辅助电源。调节器在发电机转速升高时能自动调节发电机的输出电压并使之保持稳定。

2. 用电系统

汽车上用电系统大致可以分为以下几类：

（1）起动系统。

启动系统主要机件是启动机，其任务是起动发动机。

（2）点火系统。

点火系统是汽油发动机的组成部分，包括电子点火系统或传统点火系统的全部组件。其任务是产生高压电火花，按发动机的工作顺序点燃气缸内的可燃混合气。

（3）照明系统。

照明系统包括汽车内外各种照明灯以及保证夜间安全行车所必需的灯光，其中以前照灯最为重要。军用车辆还增设了防空照明。

（4）信号系统。

信号系统包括电喇叭、蜂鸣器、闪光器及各种信号灯等，主要用来保证安全行车所必需的信号。

（5）电子控制系统。

电子控制系统主要指由微机控制的装置，包括电子控制点火装置、电子控制燃油喷射装置、电子控制防抱死制动装置、电子控制自动变速装置等，分别用来提高汽车的动力性、经济性、安全性、排气净化和操纵自动化等。

（6）辅助电器。

辅助电器包括电动刮水器、低温起动预热装置、空调器、收录机、点烟器、防盗装置、玻璃升降器、座椅调节器等。辅助电器有日益增多的趋势，主要向舒适、娱乐、保障安全方面发展。

3. 检测系统

检测系统包括各种检测仪表如电压表、电流表、水温表、油压表、燃油表、车速里程表、发动机转速表和各种报警灯等，用于监测发动机和其他装置的工作情况。

4. 配电系统

配电系统包括中央接线盒、电路开关、保险装置、插接件和导线等，以保证线路工作的可靠性和安全性。

三、基本技能训练

1. 汽车电源系统构造与工作原理

（1）准备工作。

①防护装备：工作服，工作帽，手套，劳保鞋。

②实训设备：教学用车，发电机台架，万用表，常用工具，教材及参考资料。

③手工工具：拆装工具一套。

④辅助材料：翼子板布，前格栅布，三件套，抹布，手套，白板笔。

（2）绘制实训教学用车电源系统电路图。

（3）测量大众发电机台架上不同位置的电压，填写表 1-8-1 所示的相关内容。

表 1-8-1　大众发电机台架不同位置的电压检测值

不同状态电压	钥匙位置				
	30	15	X	P	50
停止时电压/V					
工作时电压/V					
起动时电压/V					

根据电路图分别列举由 30、15、X、P 供电的用电设备（各列举 2 个）

30 供电：＿＿＿＿＿＿＿＿＿＿　　15 供电：＿＿＿＿＿＿＿＿＿＿

P 供电：＿＿＿＿＿＿＿＿＿＿　　X 供电：＿＿＿＿＿＿＿＿＿＿

2. 测试发动机台架上汽车在三种状态时的电源电压，填写表 1-8-2 的相关内容。

表 1-8-2　汽车在三种状态下的电源电压

未起动电压/V	起动中电压/V	起动后电压/V

分析起动过程中电源电压降低的原因：＿＿＿＿＿＿＿＿＿＿

＿＿＿＿＿＿＿＿＿＿＿＿＿＿＿＿＿＿＿＿＿＿＿＿＿＿＿＿

＿＿＿＿＿＿＿＿＿＿＿＿＿＿＿＿＿＿＿＿＿＿＿＿＿＿＿＿

＿＿＿＿＿＿＿＿＿＿＿＿＿＿＿＿＿＿＿＿＿＿＿＿＿＿＿＿

3. 结合上述内容，查找相关资料，分析汽车在起动时为什么要切除部分大容量的负载。

＿＿＿＿＿＿＿＿＿＿＿＿＿＿＿＿＿＿＿＿＿＿＿＿＿＿＿＿

＿＿＿＿＿＿＿＿＿＿＿＿＿＿＿＿＿＿＿＿＿＿＿＿＿＿＿＿

＿＿＿＿＿＿＿＿＿＿＿＿＿＿＿＿＿＿＿＿＿＿＿＿＿＿＿＿

＿＿＿＿＿＿＿＿＿＿＿＿＿＿＿＿＿＿＿＿＿＿＿＿＿＿＿＿

任务二　发动机起动系统

任务目标

（1）认识汽油发动机起动系统的组成与工作原理。
（2）掌握起动机的控制过程及控制电路。

任务准备

（1）学习资源：微课视频、电子学习资料。
（2）学习设备：个人计算机、手机。
（3）实训设备：实训车间、多媒体教室。

任务过程

一、汽车起动系统的组成与工作原理

汽车起动系统由起动机及控制电路两大部分构成。起动机一般由串励式直流电动机、传动机构和控制装置（也称电磁开关）三部分组成，如图 1-8-2 所示。

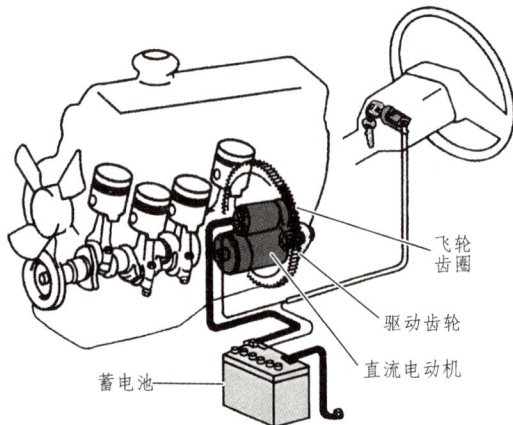

图 1-8-2　汽车起动系统组成

1. 起动机的工作原理

起动机是把直流电动机产生的转矩传递给飞轮齿圈，再通过飞轮齿圈把转矩传递给发动机的曲轴，使发动机起动。起动机起动后，飞轮齿圈与驱动齿轮自动打滑脱离。

2. 控制装置

电磁控制装置在起动机上称为电磁开关，它的作用是控制驱动齿轮与飞轮齿圈的啮合与分离，并控制电动机电路的接通与切断。现在汽车的起动机均采用电磁式控制电路，电磁式控制装置利用电磁开关的电磁力操纵拨叉使驱动齿轮与飞轮啮合或分离。

3. 起动系统控制电路

起动系统控制电路随车型的不同而有所不同，大体上可以分为无起动继电器的起动电路（如图 1-8-3）、有起动继电器的起动电路（如图 1-8-4）和带有保护继电器的起动电路。

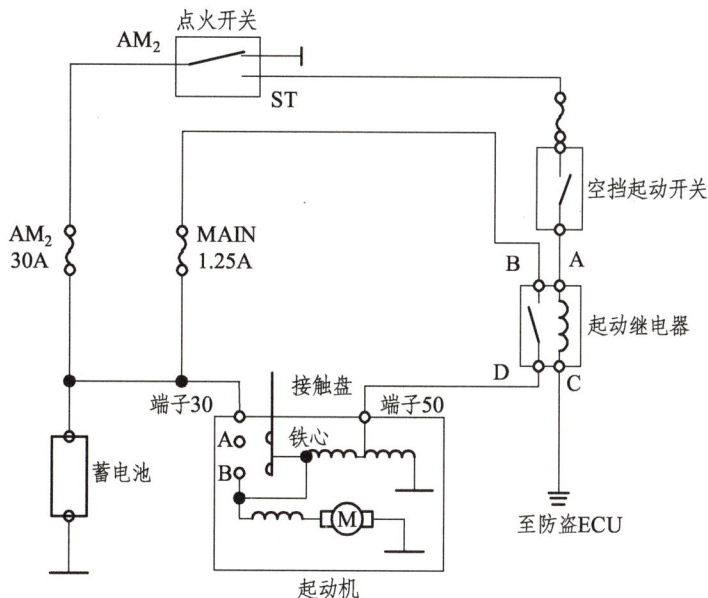

图 1-8-3　无起动继电器的起动电路

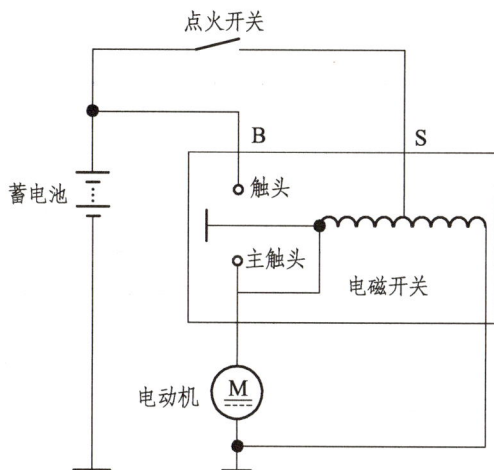

图 1-8-4　有起动继电器的起动电路

发动机由静止状态过渡到正常工作状态时，必须利用外力转动发动机的曲轴，使气缸内吸入（或形成）可燃混合气并燃烧膨胀，工作循环才能自动进行。曲轴在外力作用下开始转动到发动机开始自动地怠速运转的全过程，称为发动机的起动。

起动系统一般由蓄电池、起动机、起动开关、起动继电器等组成。其中，蓄电池为起动机提供电能，起动机将电能转化为机械能，输出转矩带动发动机运转；起动开关用于控制起动机工作；起动继电器（在小型起动电路中一般不配备）用于保护起动开关。

二、基本技能训练

1. 汽车起动系统构造与工作原理

（1）准备工作。

①防护装备：工作服，工作帽，手套，劳保鞋。

②实训设备：桑塔纳教学用车，捷达教学用车，大众发电机台架，万用表，常用工具，教材及参考资料。

③手工工具：拆装工具一套。

④辅助材料：翼子板布，前格栅布，三件套，抹布，手套，白板笔。

（2）绘制大众发电机台架或捷达教学用车的起动系统电路图。

（3）根据电路图检测台架或捷达教学用车的起动系统各个部位的电压值，填写表1-8-3 所示的相关内容。

表 1-8-3　起动系统各部位的电压测量值

检测部件电压	钥匙位置			
	30	50	50a	50b
蓄电池电压/V				
起动继电器电压/V				
起动机电压/V				

根据电路图分析在起动时主电路和控制电路的电流流通路径。

主电路电流流通路径：_____

控制电路电流流通路径：_____

2. 在起动过程中测量起动电流 _____

分析起动中电源电压降低的原因：

3. 结合上述内容，查找相关资料，分析汽车在起动时应注意哪些注意事项。

三、总结与思考

1. 汽车的电源系统由以下子系统组成：蓄电池、交流发电机、调节器、点火开关、继电器、保险丝、易熔线。

2. 蓄电池和发电机是并联工作，发电机是主电源，蓄电池是辅助电源。

3. 起动就是发动机由静止状态过渡到工作状态的过程，必须用外力转动发动机的曲轴，使气缸内吸入（或形成）可燃混合气并燃烧膨胀，工作循环才能自动进行。

4. 汽车的起动系统由起动机及控制电路两大部分组成，起动机的作用是把直流电动机产生转矩传递给飞轮齿圈，再通过飞轮齿圈把转矩传递给发动机的曲轴，使发动机起动。

5. 起动系统的电路随车型的不同而有所不同，大体上可以分为无起动继电器的起动电路、带有起动机继电器的起动电路和带有保护继电器的起动电路。

项目考核

项目名称	汽车发动机供电与起动系统构造与检测		教师：		日期：		
评价依据	学生完成任务工作单						
序号	任务内容及要求		配分	评分标准	得分		
					自我评分10%	小组评分30%	教师评分60%
1	任务实施过程中文献查阅	是否查阅信息资料	10分	缺一个要点扣1分			
		正确运用信息资料	10分	酌情赋分			
2	规定时间内的完成度	在规定时间内完成任务	10分	酌情赋分			
	任务完成的正确度	任务完成的正确性	10分	酌情赋分			
3	沟通交流能力	积极参与交流	10分	酌情赋分，但违反课堂纪律，不听从教师和组长安排、违反现场安全管理制度不得分			
	安全意识	工位安全检查、登记	5分				
	劳动教育	工位清扫整理、教室卫生值日	5分				
	标准意识	按照操作规程完成装配	10分				
	质量意识	零件检查、工序检查	10分				
	职业素养	按时出勤，遵守纪律	10分				
	责任意识	认认真真、尽职尽责	5分				
	工匠精神	精益求精、追求极致、专心致志、创新突破	5分				
小计							
总评							

汽车电控燃油供给系统构造与检测

学习目标

1. 素养目标

（1）树立安全生产意识。

（2）培养遵守规章制度意识。

2. 知识目标

（1）能描述燃油供给系统的功用、组成和工作原理。

（2）能描述汽油泵和汽油泵继电器的作用、结构、工作原理。

（3）能描述喷油器的作用、结构和类型、工作原理。

3. 能力目标

（1）能够掌握供油系统的电气控制原理。

（2）能够拆卸检测供油系统各个组件。

（3）能够诊断供油系统故障并进行维修。

项目描述

一辆 2010 款大众迈腾轿车，车主抱怨他的车辆不容易起动，早上起动时需要多次点火才能着车。经维修车间维修技术主管检查和诊断，初步诊断燃油供给系统故障。你的主管把这个检修任务分配给你，你能完成吗？

工作任务与流程

任务一　汽车燃油供给系统的功用、组成

任务二　汽车电控燃油供给系统工作原理与控制电路

任务三　汽车电控喷油系统检测与维修

建议学时

8 学时。

任务一　汽车燃油供给系统的功用、组成

（1）了解汽车燃油供给系统的功用与组成。
（2）了解汽车燃油供给系统各部件的结构与工作原理。
（3）能认知发动机供油系统组件安装位置连接关系。
（4）能主动获取有效信息，展示工作成果，进行学习总结与分享。

（1）学习资源：微课视频、电子学习资料。
（2）学习设备：个人计算机、手机。
（3）实训设备：实训车间、多媒体教室。

一、电控汽油供给系统的功能

　　汽车发动机燃油供给系统的作用是向发动机精确地提供需要的燃油。燃油供给系统按汽油喷射位置可分为进气道喷射系统、缸内直喷系统和混合喷射系统，其中进气道喷射的燃油供给系统按照有无回油管可分为有回油道燃油供给系统和无回油道燃油供给系统。各种燃油供给系统的组成、工作原理、喷油量的精确控制方法不同。

二、汽油机燃油供给系统结构组成

　　双管路燃油供给系统是指既有进油管又有回油管的燃油供给系统，是早期车型比较常见的一种燃油供给系统，由燃油箱、电动燃油泵、进油管、燃油滤清器、燃油分配管（油轨）、油压调节器、回油管等组成，如图 1-9-1 所示。

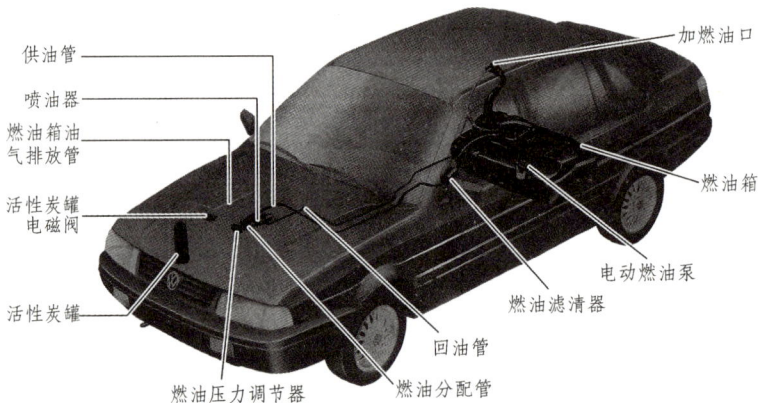

图 1-9-1　汽车发动机燃油供油系统结构

发动机燃油供给系统油路如图 1-9-2 所示，结合实车，填写表 1-9-1 相关内容。

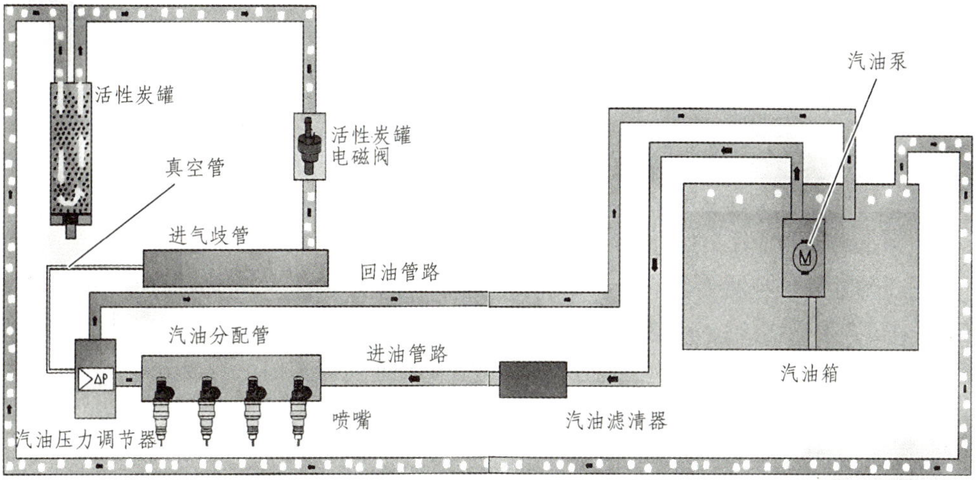

图 1-9-2　发动机燃油供给系统油路

表 1-9-1　发动机燃油供给系统组件

名　称	安装位置	功　用

三、燃油供给系统组件

1. 电动燃油泵

（1）功用。

电动燃油泵安装在油箱内，将汽油从汽油箱中吸出后向喷油器提供一定压力的汽油。燃油泵的供油量大于发动机耗油量的主要目的：一是防止发动机供油不足；二是增大汽油流动量可以散发供油系统的热量，从而防止油路产生气阻。

（2）类型和组成。

电动燃油泵按机械泵体结构可分为滚柱式、涡轮式、齿轮式、叶片式燃油泵，分别如图 1-9-3～图 1-9-5 所示；按安装位置又可分为内装式和外装式燃油泵。内装式电动燃油泵安装在油箱内部，优点是不易产生气阻和泄漏，易于散热且工作噪声小；外装式电动燃油泵一般采用滚柱式电动燃油泵，串接在油箱外部的输油管路中，容易布置，但噪声大，容易产生气泡形成气阻。

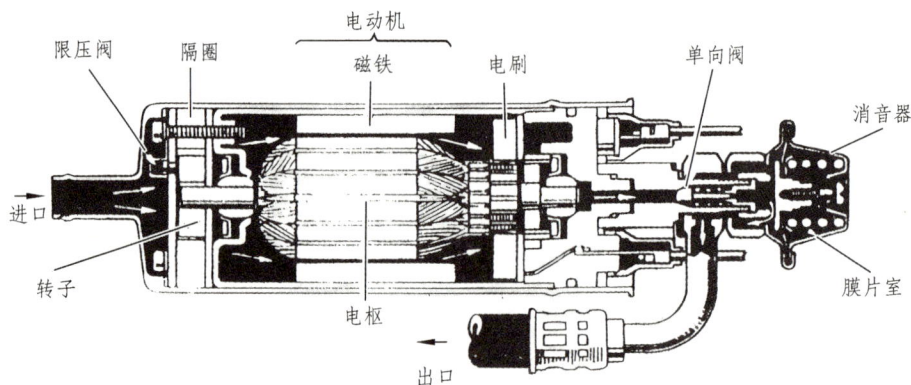

图 1-9-3　滚柱式电动燃油泵

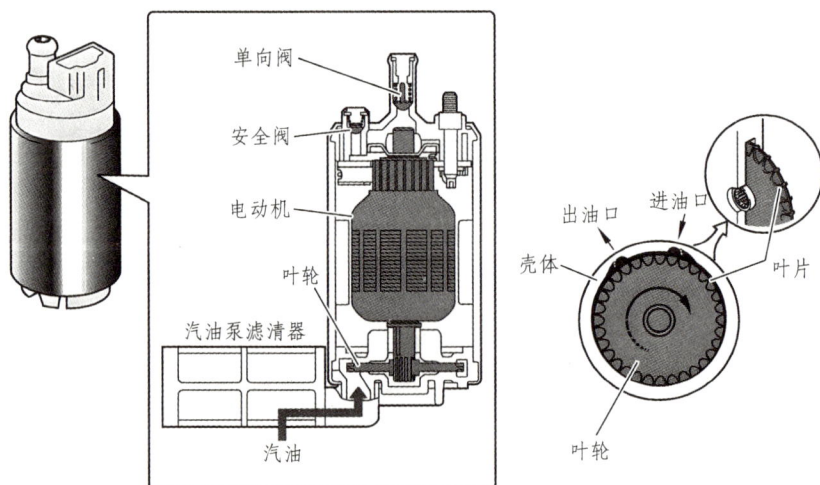

（a）外观　　　　　　　　　　　（b）结构

图 1-9-4　涡轮式电动燃油泵

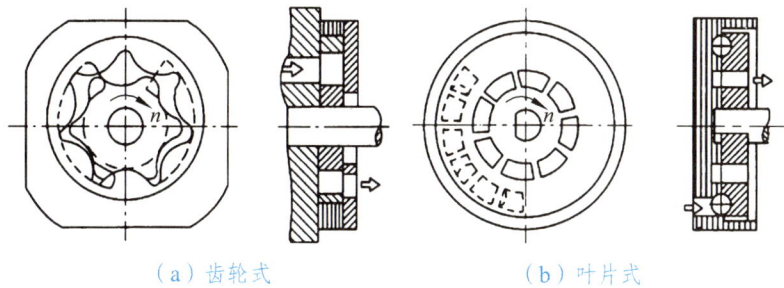

（a）齿轮式　　　　　　　　（b）叶片式

图 1-9-5　齿轮式和叶片式电动燃油泵

结合上述内容，查阅相关资料，回答下列问题：

（1）在燃油泵中，为什么要设置单向阀和限压阀？两者有何区别？

（2）如果电动燃油泵单向阀关闭不严，对发动机工作会产生什么影响？

2. 燃油滤清器

燃油滤清器过滤发动机燃气系统中的有害颗粒和水分，从而减小油泵油嘴、缸套和活塞环等的磨损。另外，清除燃油中含有的氧化铁、灰尘等固体杂质，避免燃油系统（尤其是燃油喷嘴）堵塞，减小机械磨损，保证发动机稳定运行，提高可靠性。燃油滤清器的结构如图 1-9-6 所示。

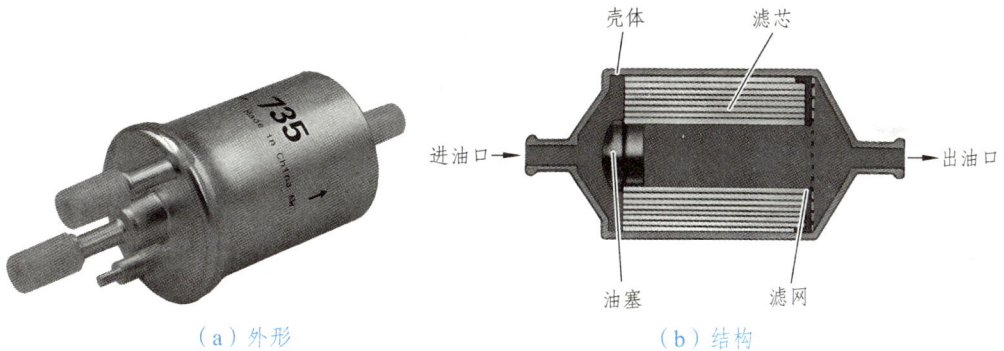

（a）外形　　　　　　　　　　（b）结构

图 1-9-6　燃油滤清器结构

结合上述内容，查阅相关资料，回答下列问题：

（1）发动机燃油系统为什么要设置燃油滤清器？燃油滤清器如何过滤杂质？

（2）为什么汽车需要定期更换燃油滤清器？查阅几种车型燃油滤清器的保养说明，写出燃油滤清器更换周期。

（3）如果燃油滤清器堵塞，会对发动机造成什么影响？

3. 燃油压力调节器

燃油压力调节器使燃油供给系统的压力与进气管压力之差即喷油压力保持恒定。喷油器的喷油量不仅取决于喷油持续时间，而且与喷油压力有关。在相同的喷油持续时间内，喷油压力越大，喷油量越多。因此，在喷油压力恒定不变时，喷油量在各种负荷下取决于喷油持续时间（或控制信号的脉冲宽度），可以利用电子控制单元（ECU）输出的燃油压力调节信号（如图 1-9-7）对喷油量进行精确控制。

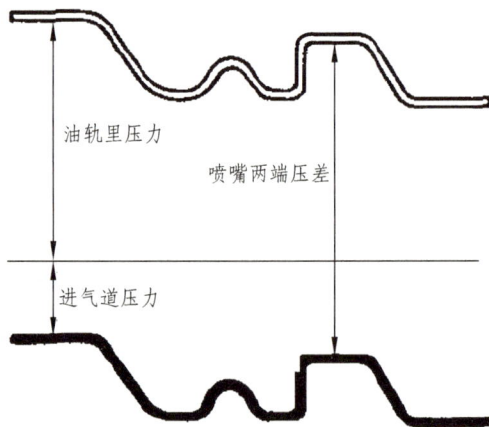

图 1-9-7　燃油压力调节信号

结合上述内容，查阅相关资料，回答下列问题：

（1）为什么燃油系统油路上要设置燃油压力调节器？结合图 1-9-8，分析燃油压力调节器的结构与工作原理。

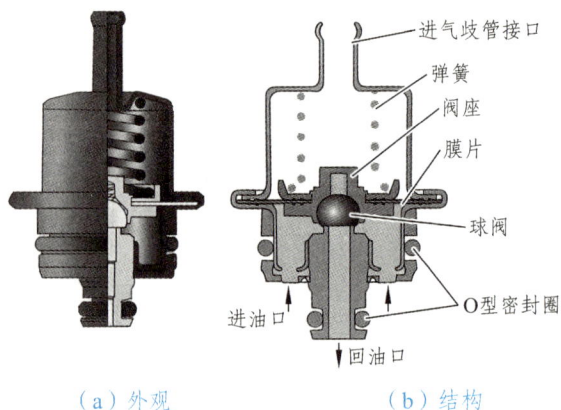

（a）外观　　　　　（b）结构

图 1-9-8　燃油压力调节器的结构与工作原理

（2）结合实训室迈腾轿车发动机和捷达汽车发动机，分析无回油管的燃油系统的压力调节器安装在什么地方。它的油压调节方式与有回油管道的供油系统有什么区别？

（3）如果压力调节器失效或回油阀门关闭不严，对发动机的工作会有什么影响？

4. 喷油器

（1）喷油器的安装位置一般有_____方式和_____方式。查看实训室车辆喷油器，填写表 1-9-2 相关内容。

表 1-9-2　喷油器材质及安装位置

车　型	喷油器安装位置	喷油器材质特点

（2）喷油器结构。

喷油器是发动机电控燃油喷射系统中的一个关键执行元件，在 ECU 的精确控制下，将汽油呈雾状喷射入气缸或者进气歧管内。

电控燃油喷射系统中都使用电磁式喷油器，结构如图 1-9-9 所示。按喷油器电磁线圈电阻值大小，喷油器可分为高阻型（12～17 Ω）和低阻型（2～3 Ω），目前大部分采用高阻型喷油器。电磁线圈通电时，喷油器头部的针阀打开，一定压力的燃油以雾状喷入进气歧管或气缸，与空气混合。ECU 利用一定脉冲宽度的控制信号来控制喷油器的喷油时间，从而控制喷油量。一般喷油器每次喷油的时间为 2～10 ms。时间越长，喷油量越大。

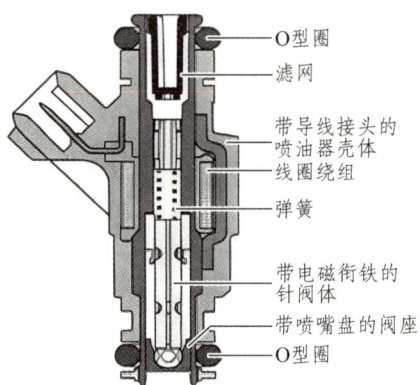

图 1-9-9　喷油器结构

结合上述内容，查阅相关资料，回答下列问题：

（1）喷油器由哪几部分组成？怎么工作的？

（2）喷油器分为低阻型喷油器和高阻型喷油器，主要区别是什么？

5. 燃油箱和油箱盖

结合上述内容，查阅相关资料，回答下列问题：

（1）一般车辆的燃油箱安装在什么位置？马鞍形燃油箱结构分为主油箱和副油箱，一般只在主油箱中设置一个电动燃油泵，结合图 1-9-10 分析副油箱中的燃油是如何进行泵送的。

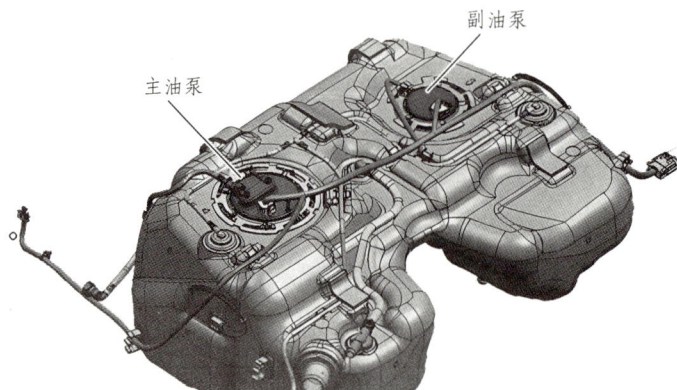

图 1-9-10　马鞍形燃油箱结构

（2）燃油箱盖上设置了空气阀和蒸气阀，说明这 2 个阀的作用是什么？如果这 2 个阀发生故障，会引起什么后果？

四、总结与思考

1. 汽油机燃油供给系统由哪几部分组成？简要介绍有回油管供油系统的燃油流动路径。

2. 燃油供给系统出现哪些故障会引起发动机不易起动？

任务二　汽车电控燃油供给系统工作原理与控制电路

任务目标

（1）了解汽车电控燃油供给系统的电气控制原理。

（2）能识读汽车电控燃油供给系统线路连接。

（3）结合维修手册分析汽车电控燃油供给系统的电路图。

（4）能主动获取有效信息，展示工作成果，进行学习总结与分享。

任务准备

（1）学习资源：教学用车维修手册、电子学习资料。

（2）学习设备：个人计算机、手机。

（3）实训设备：实训车间、多媒体教室。

任务过程

一、汽车电控燃油供给系统工作原理

1. 有回油管路燃油供给系统

在有回油管路燃油供给系统结构（如图 1-9-11）中，电动燃油泵将燃油箱内的燃油压出，经进油管、燃油滤清器送至油道，再由油压调节器根据进气歧管真空度调节压力后（使供油压力与进气歧管压力差为 250 kPa，且恒定不变），送至喷油器，最后将多余的燃油经回油管流回燃油箱。该燃油供给系统向喷油器提供随节气门开度变化而变化的供油压力。

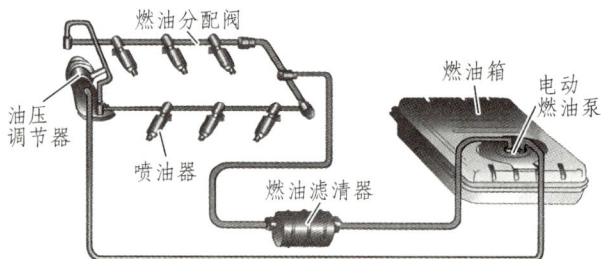

图 1-9-11　有回油管路燃油供给系统结构

2. 无回油管路燃油供给系统

无回油管路燃油供给系统是指仅有进油管、没有回油管的燃油供给系统，是现在非缸内直喷发动机广泛应用的一种燃油供给系统。该系统与双管路燃油供给系统不同之处在于无回油管、无油压调节器，而是在燃油箱内增加限压阀（也称油压调节器），使供油压力恒定在 350 kPa。

对于批量生产的喷油器，喷口的大小不变（磨损微小，可以不考虑），供油压力恒定。空气流量传感器或者进气歧管压力传感器测量喷口处压力，再把该信号送至发动机控制单元（ECU）用于修正喷油时间，从而使喷油器的喷油量仅取决于喷油器的通电时间。这种燃油供给系统使用传感器来检测喷口处的压力，再修正喷油时间，相对于双管路燃油供给系统用油压调节器反馈喷口处的压力而言，精度更高、响应性更好。

以第二代 EA888 发动机为例，该发动机的燃油供给系统由低压系统和高压系统两部分组成。低压系统主要由燃油箱、低压油泵、燃油滤清器、低压管路、燃油泵控制单元等组成，形成 6 bar（1 bar = 100 kPa）左右的燃油压力。高压系统主要由高压油泵、驱动凸轮、高压控制阀、油路、喷油器、燃油压力传感器、高压管路等组成，形成 50 ~150 bar 的燃油压力。缸内直喷燃油供给系统结构如图 1-9-12 所示。

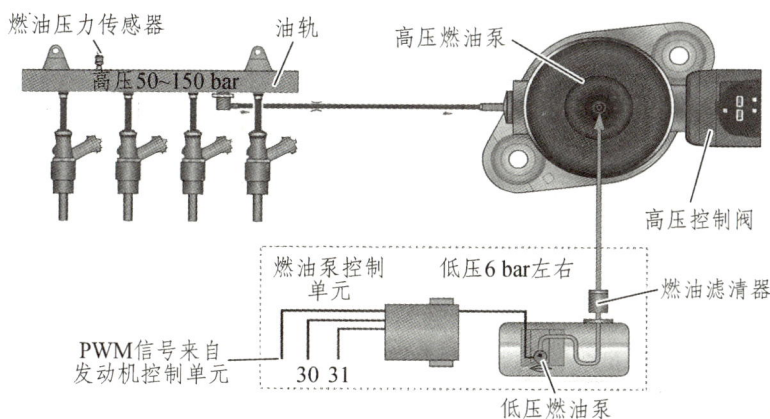

图 1-9-12　缸内直喷燃油供给系统结构

燃油由电动低压燃油泵建立 6 bar 左右的燃油压力后经燃油滤清器送至高压燃油泵，经过高压燃油泵加压至 50 ~150 bar，送至油路，再由 ECU 控制喷油器喷出。燃油压力传感器检测油路内高压燃油的压力并送至 ECU，根据特性曲线控制高压控制阀实现对燃油压力的调节，以满足不同工况下对燃油压力的需求。

缸内直喷发动机中供油压力随缸内压力而变化，不同行程下的压力不同，因此缸内直喷发动机的喷油量控制由 ECU 根据特性曲线图来设定，特性曲线图在发动机开发过程中利用试验确定，存储在 ECU 的 ROM 中。

3. 混合喷射的燃油供给系统

以第三代 EA888 发动机为例,该发动机的燃油供给系统也是由低压系统和高压系统两部分组成。低压系统主要由燃油箱、预供油燃油泵、燃油滤清器、低压管路、燃油泵控制单元、低压燃油压力传感器、油路、喷油器等组成,形成 4 ~6 bar 的燃油压力;高压系统主要由高压燃油泵、驱动凸轮、燃油计量阀、油轨、喷油器、燃油压力传感器、高压管路等组成,形成高达 200 bar 的燃油压力。混合喷射的燃油供给系统如图1-9-13 所示。

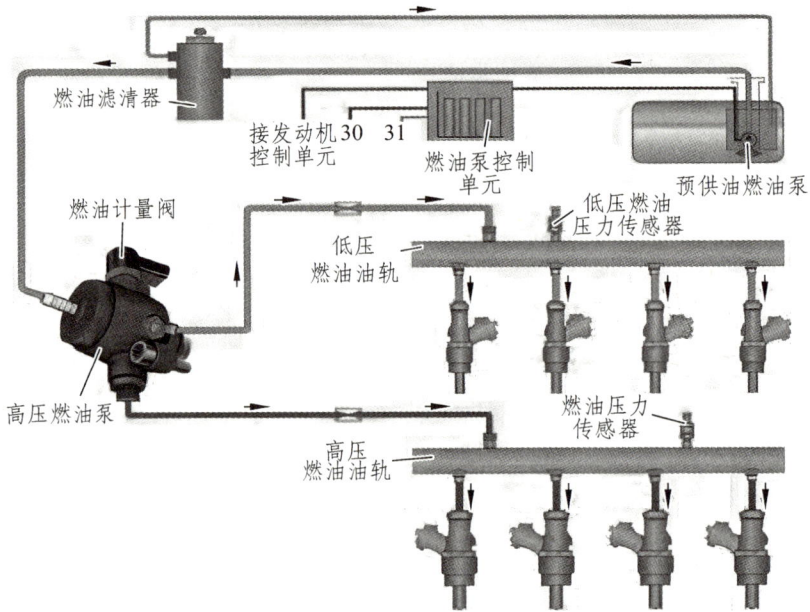

图 1-9-13 混合喷射的燃油供给系统

二、燃油泵及喷油器控制电路

1. 燃油泵控制电路

以丰田卡罗拉为例,介绍燃油泵的控制电路。燃油泵控制电路如图 1-9-14 所示。点火开关打开后,燃油泵运行几秒钟后建立起工作油压。若没有起动信号(STA 信号)传送到发动机 ECU,燃油泵停止运转。当点火开关置于"ST"位置,发动机起动时,从点火开关的 ST 端子会传递一个 STA 信号到发动机 ECU。当 STA 信号被输入到发动机 ECU 时,发动机 ECU 内部的三极管接通,接着开路继电器也接通。电流流进燃油泵,使燃油泵开始运转。

当点火开关置于"IG"位置时,EFI 继电器(油泵继电器)接通。发动机运转的同时,ECU 收到曲轴位置传感器传来的 NE 信号,三极管继续保持接通,开路继电器吸合,使燃油泵持续运转,向油路供油。

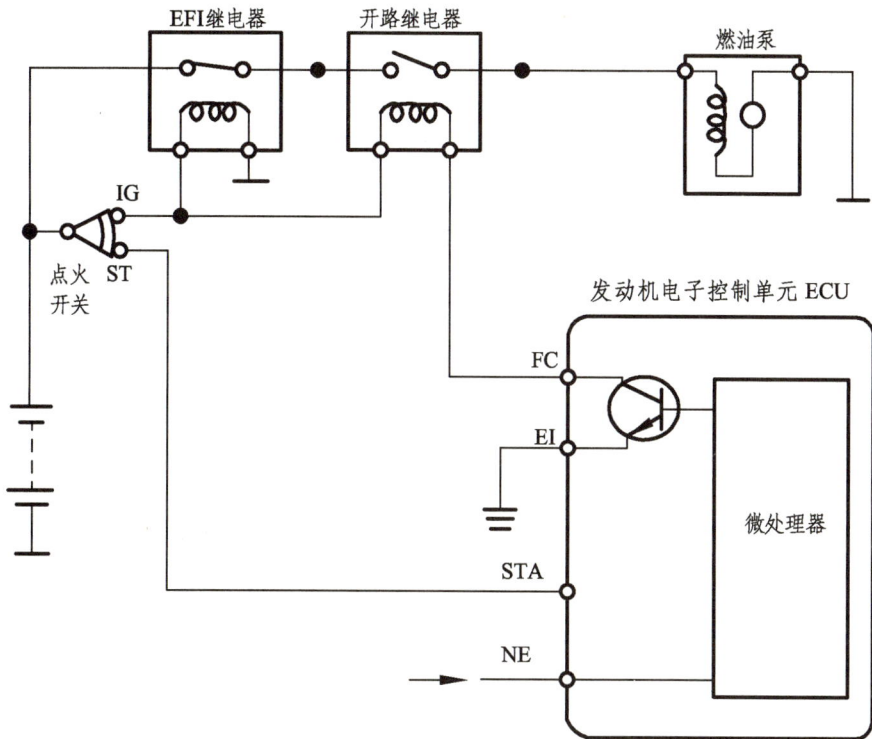

图 1-9-14　燃油泵控制电路

若发动机停止，即使点火开关仍置于"IG"位置，曲轴位置传感器的 NE 信号不再被输入发动机 ECU，ECU 会关闭三极管，开路继电器的触点断开，使燃油泵停止运转。

2. 喷油器的控制电路

有回油管路燃油供给系统基本控制电路如图 1-9-15 所示。在不考虑燃油密度的情况下，喷油器的喷油量主要取决于喷油器喷口的大小、供油压力、喷口处的压力（即进气歧管压力）及喷油器的通电时间等 4 个因素。

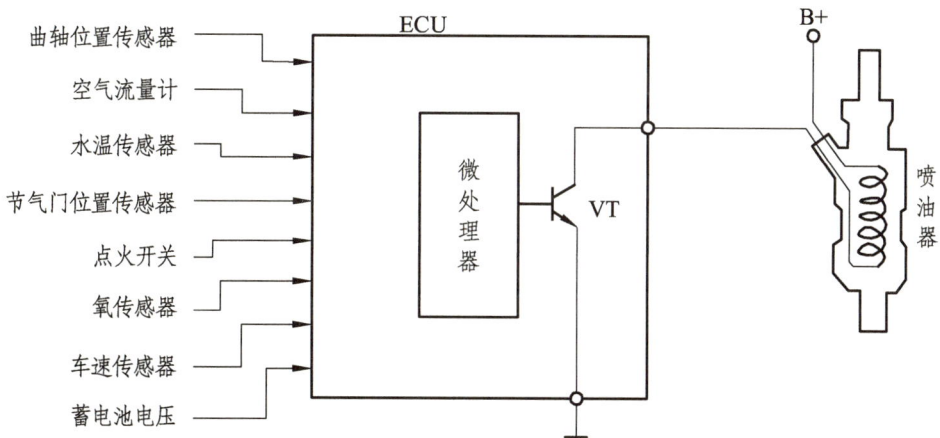

图 1-9-15　有回油管路燃油供给系统基本控制电路

喷油器控制电路如图 1-9-16 所示。当点火开关打开，电流从蓄电池正极开始经过保险丝 AM2 到点火开关总成 E4 再到集成继电器最后搭铁，继电器 IG2 闭合，电流经继电器 IG2 给 1 号～4 号喷油器总成统一供电，此时喷油器只有供电并不会喷油。当车辆起动时，ECM 接收到发动机转速信号，喷油器根据 ECM 发出的控制搭铁信号，将燃油适时地喷入气缸，喷油量由其他传感器确定。如果发动机转速信号缺失，ECM 就不会控制喷油器搭铁，喷油器就会停止喷油。

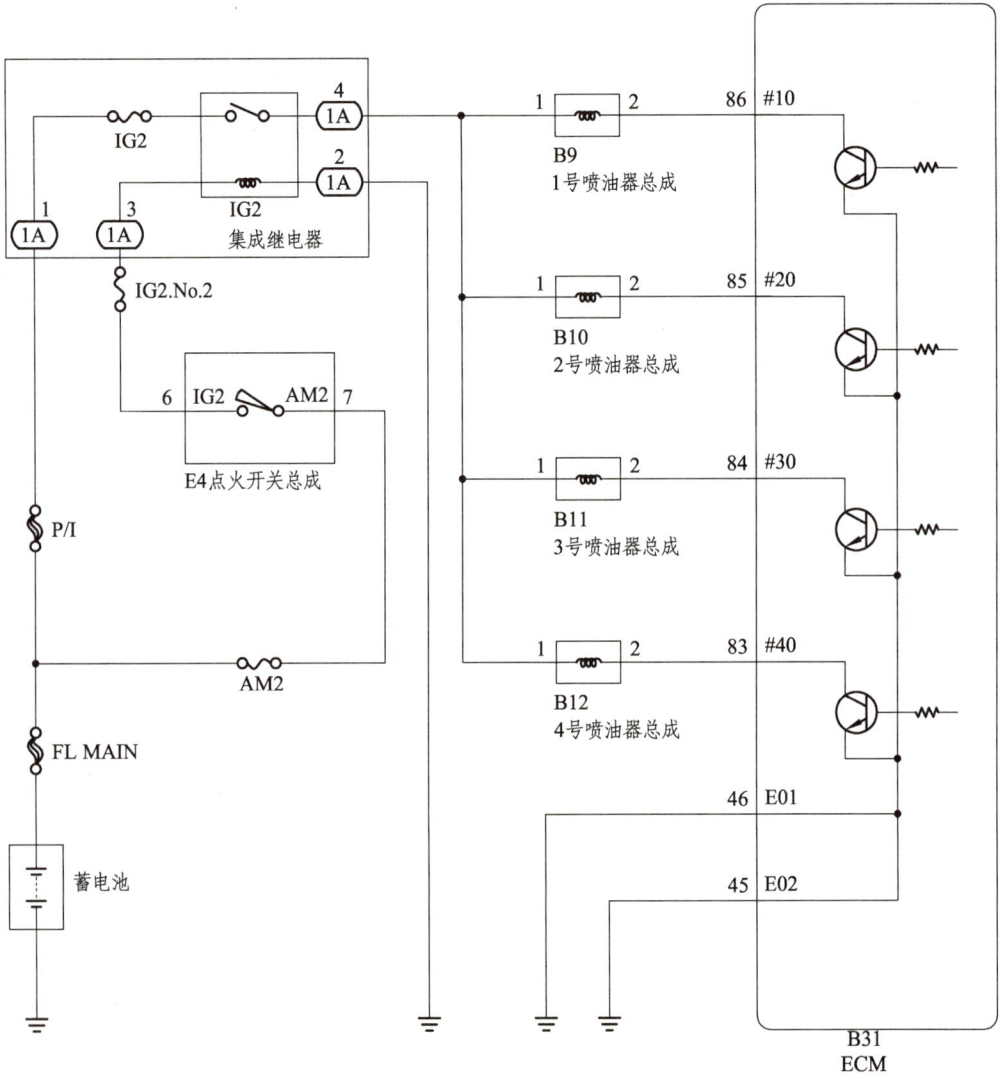

图 1-9-16　喷油器控制电路

三、识读供油系统电路图

迈腾轿车第三代发动机燃油泵控制线路图如图 1-9-17 所示，分别说出各端子的名称。

迈腾发动机燃油
泵控制线路图

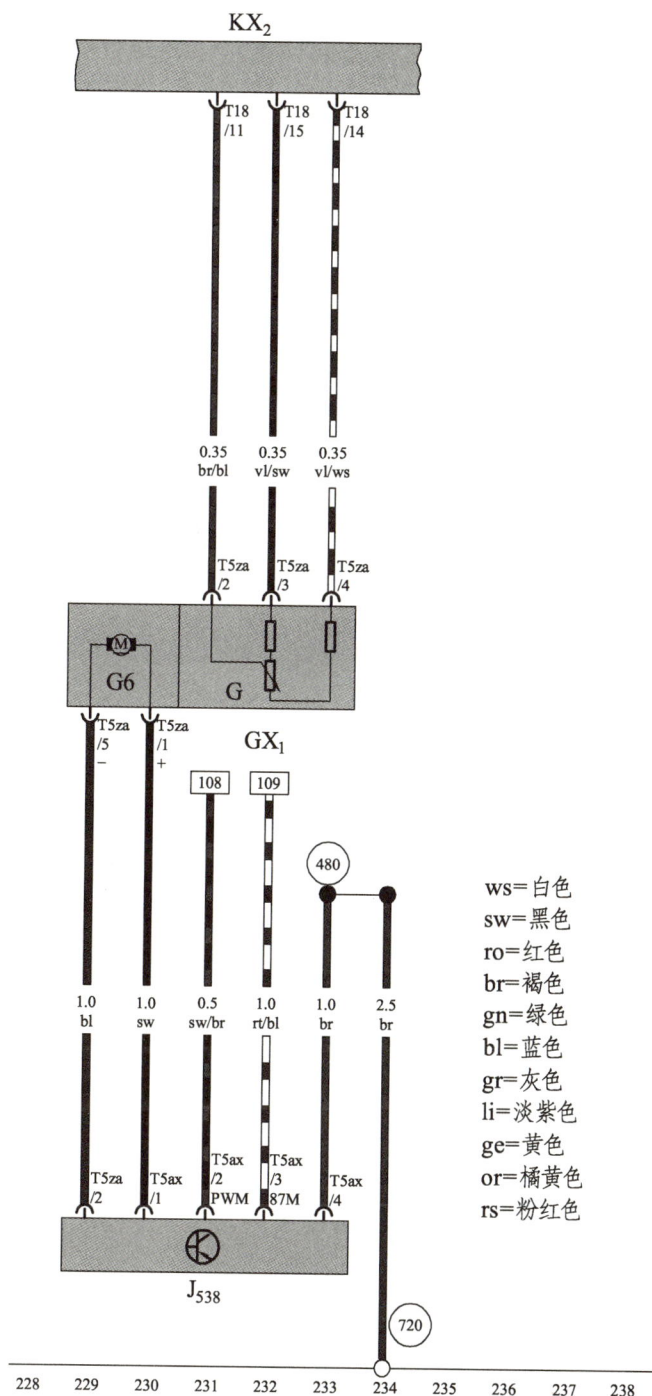

图 1-9-17 迈腾发动机燃油泵控制线路图

油泵控制单元端子名称和作用:

1.

2.

3.

4.

5.

四、总结与思考

结合上述内容，查看实训室实训车辆维修手册和电路，绘制实训发动机供油系统电路图。

任务三　汽车电控喷油系统检测与维修

任务目标

（1）了解汽车燃油供给系统燃油压力检测方法。

（2）了解汽车燃油供给系统燃油泵电路检测与故障判断。

（3）了解汽车燃油供给系统喷油器电路检测与故障判断。

（4）能识读车辆供油系统线路连接图。

（5）结合维修手册查阅燃油系统的电路图。

（6）能主动获取有效信息，展示工作成果，进行学习总结与分享。

任务准备

（1）学习资源：教学用车维修手册、电子学习资料。

（2）学习设备：个人计算机、手机。

（3）实训设备：实训车间、多媒体教室。

实训准备

（1）防护装备：工作服，工作帽，手套，劳保鞋。

（2）实训车辆：卡罗拉整车或发动机台架，桑塔纳3000整车或发动机台架。

（3）专用工具：油泵拆装专用工具，万用表。

（4）手工工具：拆装工具一套。

（5）辅助材料：翼子板布，前格栅布，三件套，抹布，手套，白板笔。

任务过程

一、供油系统目视检查

1. 登记车辆信息，描述故障现象。

车辆品牌：

车型：

VIN 码：

车辆信息：

故障现象：

2. 对供油系统进行初检并记录相关信息。

（1）燃油箱检查。

是否漏油？	是（　　）否（　　）
是否有金属生锈或腐蚀？	是（　　）否（　　）
燃油箱是否有变形？	是（　　）否（　　）
是否有螺栓松动？	是（　　）否（　　）

（2）燃油管检查。

是否有破裂、割伤、扭结？	是（　　）否（　　）
是否脏污、老化、漏油？	是（　　）否（　　）
是否有连接松动？	是（　　）否（　　）

（3）燃油滤清器检查。

是否有生锈？	是（　　）否（　　）
接头处是否泄漏？	是（　　）否（　　）

（4）燃油分配管检查：

接头处是否有泄漏？	是（　　）否（　　）
各喷油器接头是否有漏油？	是（　　）否（　　）

（5）喷油器外观检查。

喷油器外壳是否完好？	是（　　）否（　　）
喷油器出口处是否有漏油？	是（　　）否（　　）
O 形密封圈是否老化、开裂、外露？	是（　　）否（　　）
喷油器插头是否有松动？	是（　　）否（　　）
拔出喷油器插头，插座插针是否有生锈？	是（　　）否（　　）

（6）压力调节器检查。

真空软管连接是否正常？	是（　　）否（　　）

以上部件是否需要更换？请写出维修建议。

二、供油系统油压检测

1. 油压过高或过低会对发动机工作造成哪些影响？

2. 燃油系统油压类型包括静态油压、调节油压、系统最高油压、残余油压。查阅相关资料，填写表 1-9-3 相关内容。

表 1-9-3　燃油系统油压类型的作用与检测方法

油压类型	检 测 方 法	作　用
静态油压		
调节油压		
系统最高油压		
残余油压		

3. 在使用油压表检测供油系统油压时，供油管路中存在一定压力的燃油。在安装油压表之前，需要做好哪些安全和防护工作？

4. 正确选用油压表接头与配件（如图 1-9-18），安装油压表。

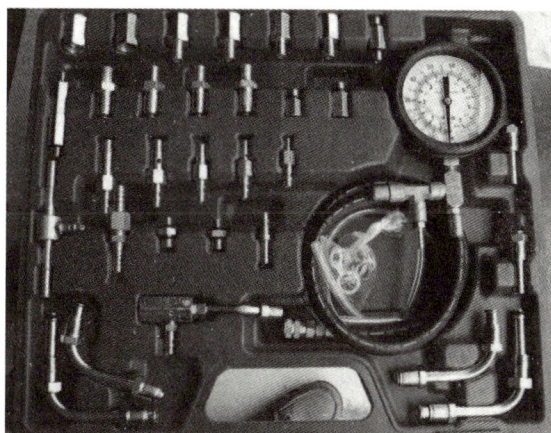

图 1-9-18　油压表接头及配件

（1）油压表安装位置：
（2）表盘度数换算：

1 MPa=_____kPa=_____psi=_____bar =_____kg/cm²

5. 结合实训车型，查阅维修手册，制订油压检测计划，填写表 1-9-4 相关内容。

表 1-9-4　油压检测

实训车辆型号		
	测量步骤及方法	注意事项
燃油压力泄压步骤		
燃油压力表安装方法		
检测项目	标准数据	是否故障
800 r/min 时燃油压力		
2 000 r/min 时燃油压力		
3 000 r/min 时燃油压力		

三、电动燃油泵控制电路检修

车辆出现无法起动的故障时，可能是燃油泵或喷油器出现故障，应对相关控制电路进行检测。

结合实训车型，制定电动燃油泵检测计划并检测、记录，填写表 1-9-5 相关内容。

表 1-9-5　电动燃油泵检测

部件名称		部件类型		几条线束	
安装位置		部件作用			
检测工具					

部件原理	

		电路图分析
电路图		线束 1：
		线束 2：
		线束 3：
		线束 4：
		线束 5：
		线束 6：
		线束 7：
		线束 8：

数据记录

检测步骤	检测项目	检测数据	标准数据	是否故障

四、喷油器及控制电路检测

结合实训车辆电路图，分析制订喷油器检测计划，填写表 1-9-6 的相关内容。

表 1-9-6　喷油器检测

部件名称		部件类型		几条线束	
安装位置		部件作用			
检测工具					
部件原理					

电路图		电路图分析	
		线束 1：	
		线束 2：	
		线束 3：	
		线束 4：	

数据记录

检测步骤	检测项目	检测数据	标准数据	是否故障

喷油波形检测

发动机转速	r/min
冷却液温度	℃（实际温度）

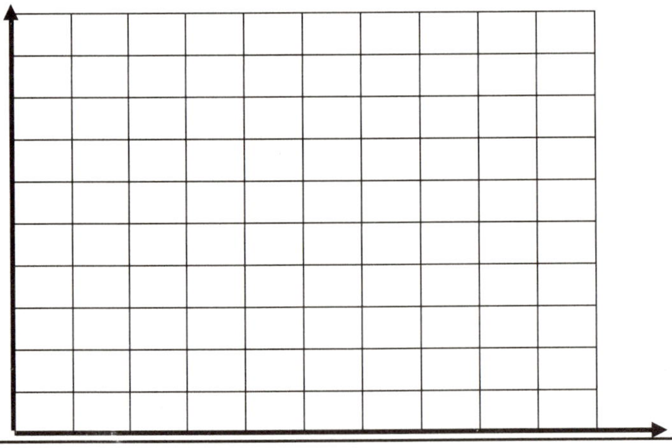

五、总结与思考

1. 低阻喷油器和高阻喷油器的测试方法是否一致？应注意哪些事项？

2. 油箱中蒸发出的汽油蒸气通过什么路径进入发动机燃烧室燃烧？

项目考核

项目名称	汽车电控燃油供给系统构造与检测		教师		日期	
评价依据	学生完成任务工作单					
序号	任务内容及要求		配分	评分标准	得分		
					自我评分 10%	小组评分 30%	教师评分 60%
1	任务实施过程中文献查阅	是否查阅信息资料	10分	缺一个要点扣1分			
		正确运用信息资料	10分	酌情赋分			
2	规定时间内的完成度	在规定时间内完成任务	10分	酌情赋分			
	任务完成的正确度	任务完成的正确性	10分	酌情赋分			
3	沟通交流能力	积极参与交流	10分	酌情赋分，但违反课堂纪律，不听从教师和组长安排、违反现场安全管理制度不得分			
	安全意识	工位安全检查、登记	5分				
	劳动教育	工位清扫整理、教室卫生值日	5分				
	标准意识	按照操作规程完成装配	10分				
	质量意识	零件检查、工序检查	10分				
	职业素养	按时出勤，遵守纪律	10分				
	责任意识	认认真真、尽职尽责	5分				
	工匠精神	精益求精、追求极致、专心致志、创新突破	5分				
小计							
总评							

项目十　汽车发动机电控点火系统构造与检测

学习目标

1. 素养目标

（1）树立安全生产意识。

（2）培养遵守规章制度意识。

2. 知识目标

（1）能描述汽车发动机点火系统的结构组成。

（2）能描述汽车发动机电控点火系统的控制原理。

3. 能力目标

（1）能够识别汽车发动机点火系统的零部件。

（2）能够找到汽车发动机点火系统主要零部件的位置。

（3）能进行点火高压火检测和更换火花塞。

项目描述

　　一辆一汽大众迈腾，EA888 发动机台架，车主需要跑长途，进厂做保养。你的主管安排你对点火系统进行检查，并更换火花塞，你能完成吗？

工作任务与流程

　　任务一　发动机电控点火系统构造与工作原理

　　任务二　发动机电控点火系统电路

　　任务三　发动机电控点火系统检测

建议学时

　　6 学时。

任务一　发动机电控点火系统构造与工作原理

任务目标

（1）了解汽车电控点火系统的发展状况。

（2）了解汽车电控点火系统的结构组成。

任务准备

（1）学习资源：微课视频、电子学习资料。

（2）学习设备：个人计算机、手机。

（3）实训设备：实训车间、多媒体教室。

任务过程

一、汽车发动机电控点火系统的发展与类型

汽车发动机的点火系统经历了 4 个发展阶段：

（1）磁电机点火系统：19 世纪末出现了汽油机的磁电机点火系。

（2）传统点火系统：1908 年，美国人首先在汽车上使用蓄电池点火装置。

（3）电子点火系统：20 世纪 60 年代，出现了电子点火系统。

（4）电控点火系统：20 世纪 70 年代末期，以微机控制点火时刻的点火系统开始在汽油机上使用。

对比各种类型点火系统的结构、组件、特点，填写表 1-10-1 相关内容。

表 1-10-1　电子点火系统

点火系统类型	结　构	组件	特点
传统点火系统			

续表

点火系统类型	结构		组件	特点
电子点火系统				
微机控制点火系统				

二、点火系统的作用与要求

1. 点火系统的功用

汽油发动机有效工作必须满足以下条件：足够的压缩比，适当的混合比，准确而强大的点火系统。点火系统是在发动机处于不同工况时，在气缸内适时、准确、可靠地产生电火花，以点燃可燃混合气，使发动机做功。

2. 点火系统的基本要求

发动机处于不同工况时，点火系统必须准确地点燃气缸内的可燃混合气。为此，点火系统应满足以下基本要求：

（1）能产生足以击穿火花塞两电极间隙的电压。

击穿火花塞两电极间隙所需要的电压，称为火花塞击穿电压。火花塞击穿电压的幅值与电极之间的距离（火花塞间隙）、气缸内的压力和温度、电极的温度、发动机的工作状况等因素有关。试验表明，发动机正常运行时，火花塞的击穿电压为 $7 \sim 8\,kV$；发动机冷起动时，火花塞的击穿电压达 $19\,kV$。为了使发动机在各种不同的工况下均能可靠地点火，一般要求火花塞击穿电压为 15 ~ 20 kV。

（2）电火花应具有足够的点火能量。

为了使混合气可靠点燃，火花塞产生的火花应具备一定的能量。发动机工作时，由于混合气压缩时的温度接近自燃温度，因此所需的火花能量较小（一般为 1 ~ 5 mJ），传统点火系统所需的火花能量为 15 ~ 50 mJ，足以点燃混合气。但在起动、怠速以及突然加速时需要较高的点火能量，起动时所需的火花能量。为保证可靠点火，一般应保证 50 ~ 80 mJ 的点火能量。起动时所需的火花能量大于 100 mJ 的点火能量。

（3）点火时刻应与发动机的工作状况相适应。

首先，发动机的点火时刻应满足发动机工作循环的要求；其次，可燃混合气在气缸内从开始点火到完全燃烧需要一定的时间（千分之几秒），所以要使发动机产生最大的功率，则要求在压缩行程终了（上止点）时适当地提前一个角度点火（即设置合理的点火提前角度），当活塞到达上止点时，混合气已经接近充分燃烧，发动机才能发出最大功率。

（4）持久耐用。

如果点火系统发生故障，发动机就会工作不良甚至停止运转。所以，点火系统工作必须非常可靠，才能经受发动机的振动和高温以及点火系统本身的高电压。

通过以上知识点学习，结合实训室发动机，完成下列问题：

（1）汽车发动机工作为什么要设置点火系统？有没有不用点火系统的发动机？

（2）四缸发动机的每个缸的点火顺序是什么？为什么要这样设置？

（3）什么是点火提前角度？如果一台发动机点火提前角度太大或太小，会对发动机造成什么影响？

三、点火系统的结构与工作原理

燃油车使用的汽油发动机中，微机控制点火系统已经完全取代传统点火系统和电子控制点火系统。微机控制点火系统主要由电源（如蓄电池和发电机）、点火开关、传感器和各种控制开关、电子控制单元、点火控制模块、点火线圈以及火花塞等部件组成，如图 1-10-1 所示。

发动机点火系统结构如图 1-10-1 所示，结合实车分析，填写表 1-10-2 相关内容。

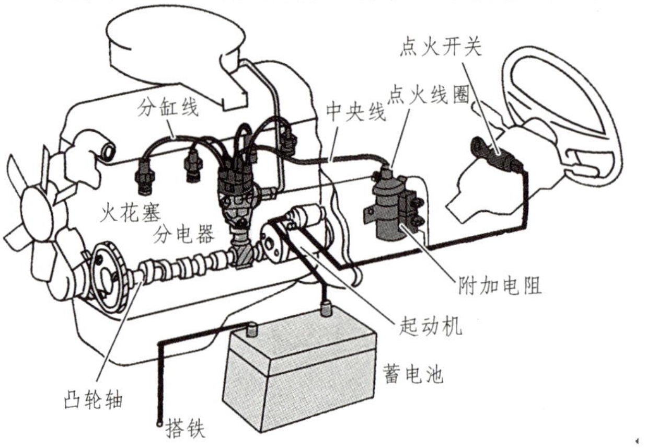

图 1-10-1　发动机点火系统结构

表 1-10-2　点火系统组成及安装位置、功用

名　称	安装位置	功　用

1. 电源

供给点火系统所需的电能，由蓄电池和发电机提供。

2. 点火开关

控制点火系统的初级电路接通/断开。

3. 各种传感器和控制开关

微机控制点火系统架构如图 1-10-2 所示，传感器主要是用来检测与点火有关的发动机工作状况信息，并将检测结果输入电子控制单元（ECU），作为计算和控制点火时刻的依据；而各种控制开关信号则用于修正点火提前角。传感器和各种控制开关主要包括空气流量计、曲轴位置传感器、冷却液温度传感器、节气门位置传感器、车速传感器、空调开关和空挡起动开关等。

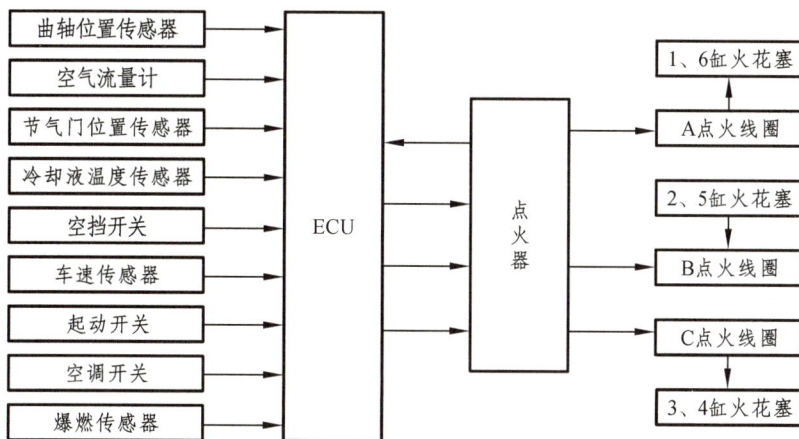

图 1-10-2　微机控制点火系统架构

4. 电子控制单元

点火系统的电子控制单元是发动机集中控制系统的一个子系统。发动机集中控制系统既是燃油喷射控制系统的核心，也是点火控制系统的核心。

在电子控制单元的只读存储器中，除存储有监控和自检等程序外，还存储有该型号发动机在各种工况下的最佳点火提前角。电子控制单元不断接收各种传感器和开关发送的信号，并按预先编制的程序进行计算和判断后向点火控制器发出控制信号，实现最佳点火提前角和点火时刻的控制。

结合上述内容，查阅相关资料，回答下列问题：

（1）点火系统的电子控制单元的作用是什么？安装在车辆的什么位置？

（2）分析点火系统哪些传感器故障会影响电控发电机的性能，哪些传感器故障会直接导致发电机不工作。

电子控制单元的主要构成部件包括点火控制模块、点火线圈、火花塞等。

（1）点火控制模块（点火器）。

点火控制模块根据结构和功能又称为点火电子组件、点火器或功率放大器，是电子控制单元控制点火系统的功率输出极，它接收电子控制单元输出的点火控制信号并进行功率放大，以便驱动点火线圈工作。根据车型不同，点火控制模块可能独立安装、集成在点火线圈内部或集成在电子控制单元内部。点火控制器外观如图 1-10-3 所示。

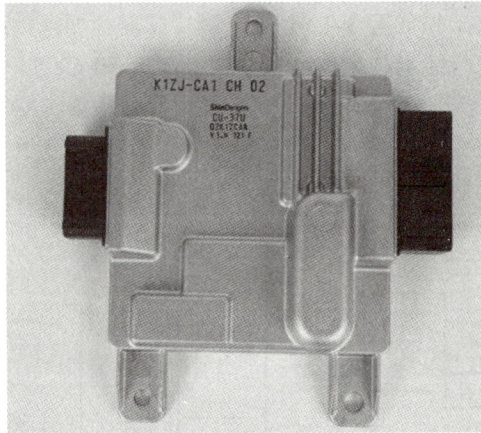

图 1-10-3　点火控制器外观

结合上述内容，查阅相关资料，回答下列问题：

点火控制器的作用是什么？安装在车辆哪个位置？

（2）点火线圈。

点火线圈将 12 V 的低压电转变成 15~20 kV 的高压电，以击穿火花塞两电极的间隙，保证发动机可靠点火。点火线圈实物如图 1-10-4 所示。

图 1-10-4　点火线圈外观

结合上述内容，查阅相关资料，回答下列问题：

点火线圈安装在车辆的哪个位置？如何产生高电压？

（3）火花塞。

点火线圈次级绕组产生的高压电在火花塞的中心电极和接地电极之间放电，产生电火花，点燃混合气。火花塞结构如图 1-10-5 所示。

结合上述内容，查阅相关资料，回答下列问题：

火花塞电极间隙的作用是什么？电极间隙过大或过小对火花塞的功能有什么影响？

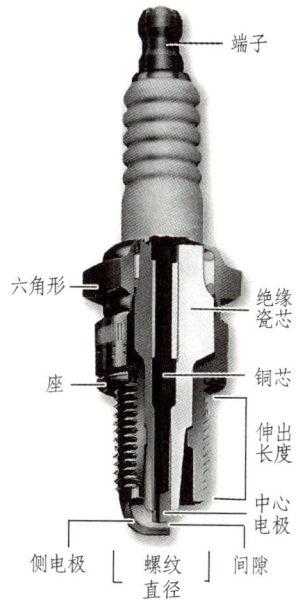

图 1-10-5　火花塞结构

四、总结与思考

1. 相对于传统点火系统，现在普遍使用的微机控制点火系统有哪些优点？

2. 点火提前角的作用及其影响因素有哪些？

任务二　发动机电控点火系统电路

任务目标

（1）了解发动机电控点火系统的电气控制原理。
（2）了解发动机电控点火系统的电路与检测方法。

任务准备

（1）学习资源：微课视频、电子学习资料、车辆维修手册。
（2）学习设备：个人计算机、手机。
（3）实训设备：实训车间、多媒体教室。

任务过程

一、汽车电控点火系统的控制电路

1. 带分电器的汽车电控点火系统的控制电路

带分电器的汽车电控点火系统的控制电路如图 1-10-6 所示。电控单元根据曲轴转速信号（Ne）、凸轮轴位置信号（G1、G2）、空气流量计信号、水温传感器信号、节气

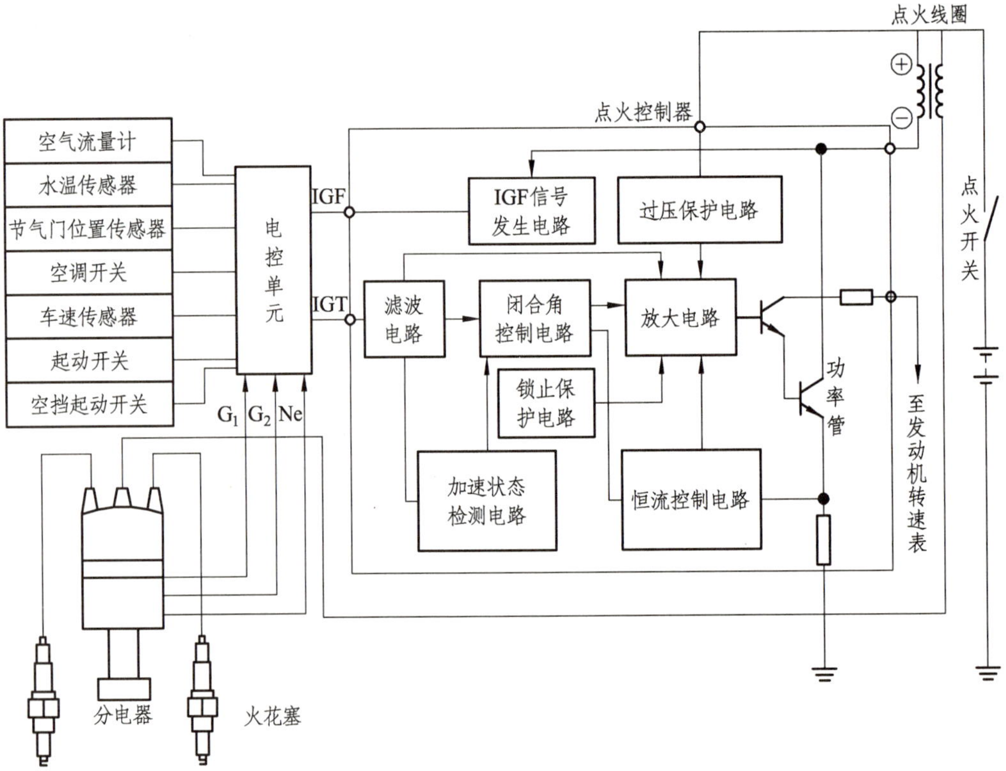

图 1-10-6　带分电器的汽车电控点火系统的控制电路

门位置传感器信号、空调开关信号、车速传感器信号、起动信号、空挡起动开关信号等计算点火信号，通过 IGT 端口向点火控制器输出点火正时信号，点火控制器根据 IGT 端口输出的点火正时信号控制点火线圈组件初级线圈搭铁通断的时刻；当点火线圈组件的初级线圈电路切断时，在点火线圈的次级线圈中产生很高的感应电动势，被送至工作气缸的火花塞，点火能量被瞬间释放，并迅速点燃气缸内的混合气，发动机完成点火做功过程；点火控制器的 IGF 端口向电控单元反馈点火确认信号，当电控单元接收不到该信号时，便切断燃油喷射，使发动机熄火。

2. 无分电器的汽车电控点火系统的控制方式

随着汽车技术的飞速发展，有分电器的汽车电控点火系统已经淘汰，目前采用无分电器的汽车电控点火系统。无分电器的汽车电控点火方式（Distributor-less Ignitor，DLI）又称为电子配电方式、全电子点火方式和直接点火方式。无分电器的点火方式可区分为双缸同时点火方式和单缸独立点火。

（1）双缸同时点火方式。

采用双缸同时点火方式，点火线圈直接与火花塞连接，点火线圈的次级绕组有两个高压输出端，次级绕组利用高压线将两个气缸的火花塞接地点串联成一个闭合回路，一个点火线圈可以同时向两个气缸的火花塞提供高压电，如图 1-10-7 所示。

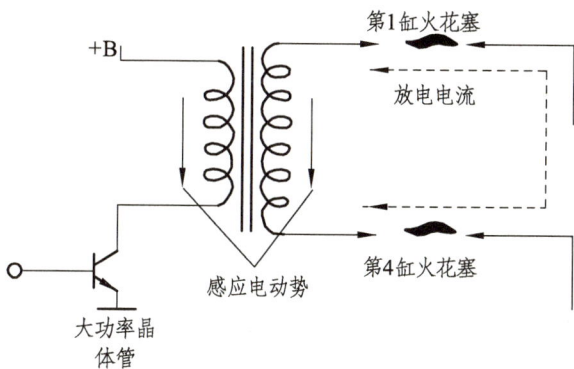

图 1-10-7　双缸同时点火电路

点火线圈对处于压缩行程上止点和排气上止点两个气缸同时点火，如对第 1、第 4 缸进行同时点火。第 1 缸处于压缩上止点时，第 4 缸则处于排气上止点，此时第 1 缸是有效点火（点燃混合气体），第 4 缸则是空火即无效点火。由于第 4 缸里的压力比第 1 缸低得多，只需很少放电能量就能保证高压电通过。曲轴转过 360° 后，情况正好相反，第 4 缸是有效点火，第 1 缸是空火。

（2）单缸独立点火方式。

单缸独立点火的点火系统中，一个火花塞上配一个点火线圈。这种点火方式也称为集成式火花塞或单火花点火线圈，其内部结构如图 1-10-8（a）所示，点火线圈位置如图 1-10-8（b）所示，控制电路如图 1-10-8（c）所示。

该点火系统中，点火线圈、火花塞及控制用的功率管数目是一致的，点火线圈产生的高压电单独地直接向每一个气缸点火。

（a）内部结构   （b）安装位置

（c）控制电路

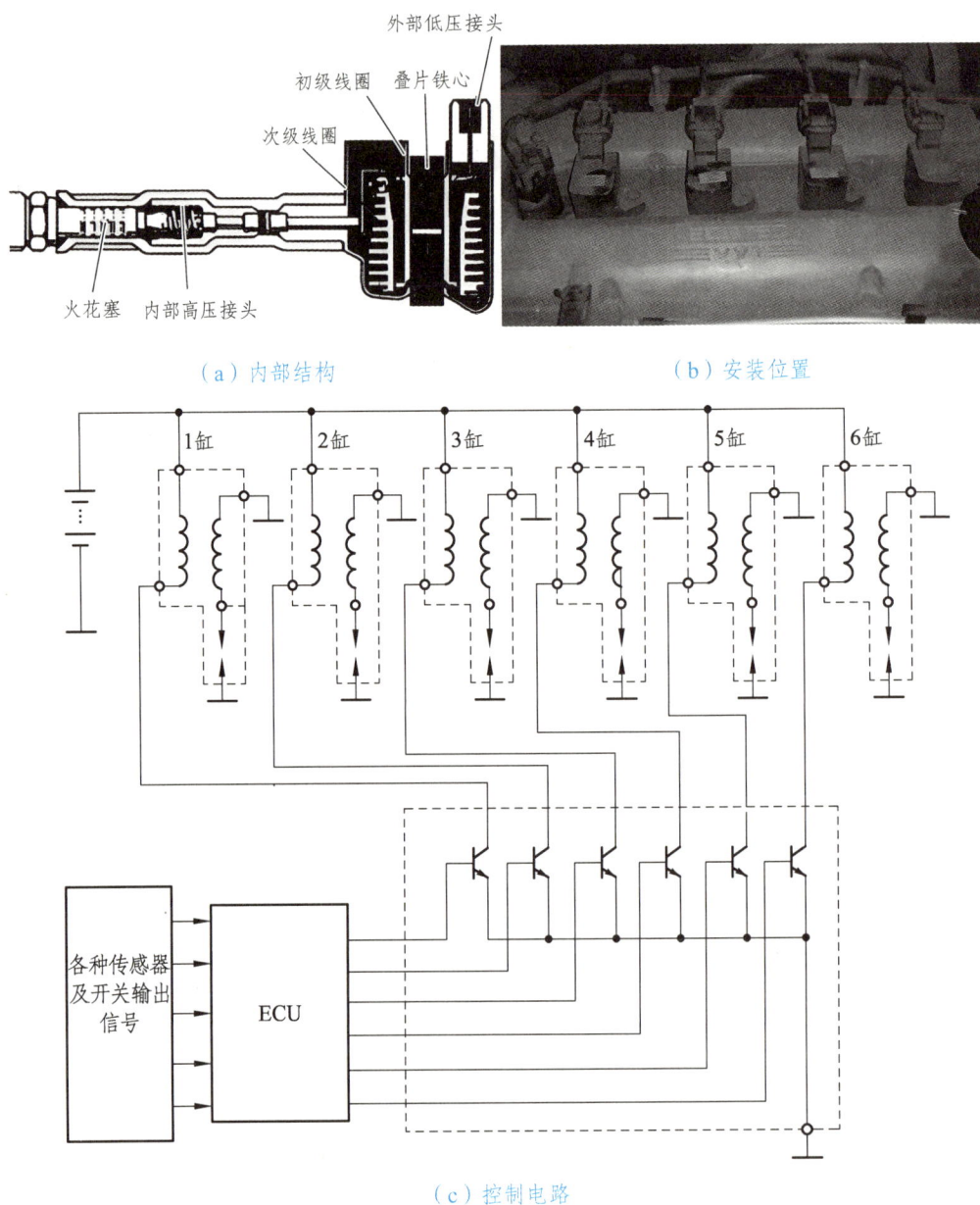

图 1-10-8　单缸独立点火系统的结构、安装位置和控制电路

3. 点火提前角

在发动机正常运行时，点火提前角的计算流程如图 1-10-9 所示，由此可得：

实际点火提前角=初始提前角+基本点火提前角+修正点火提前角（或延迟角）

（1）初始点火提前角。

在起动期间，发动机转速较低（通常在 500 r/min 以下）。由于进气歧管压力信号或进气量信号不稳定，点火时间固定在初始点火提前角。此时的控制信号主要是发动机转速信号和起动（STA）信号。

（2）基本点火提前角。

在正常工况运行时，ECU 根据进气歧管压力信号（或进气量信号）、发动机转速信号、节气门位置信号、空调开关信号、爆震信号等确定基本点火提前角。

（3）修正点火提前角。

ECU 根据发动机冷却液温度、怠速稳定性、空燃比等反馈信号确定点火提前角的修正量。

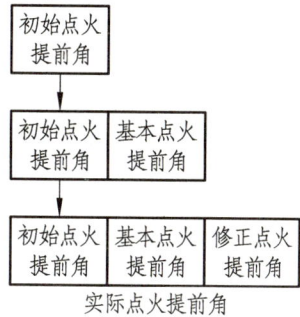

图 1-10-9　点火提前角的计算流程

4. 通电时间

图 1-10-8（c）中点火线圈的初级电路接通后，流过初级绕组的电流是按指数规律增长的。初级电路断开瞬间，初级绕组电流的峰值（即断开电流）与初级电路接通的时间长短有关，只有通电时间达到一定值时，初级绕组电流才可能达到饱和；次级绕组电压最大值与断开电流成正比。因此必须保证通电时间能使初级绕组电流达到饱和。若通电时间过长，点火线圈会发热并使电能消耗增大，因此必须控制最佳的通电时间。同时，电源的电压变化也影响初级电流。电源电压下降，在相同的通电时间里初级绕组电流所达到的峰值将会减小，因此必须对通电时间进行修正。蓄电池电压与通电时间的修正曲线如图 1-10-10 所示。

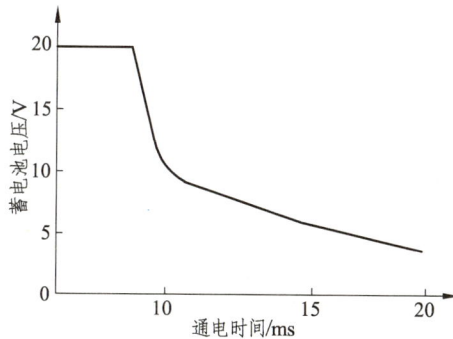

图 1-10-10　蓄电池电压与通电时间的修正曲线

5. 爆　震

爆震是汽油发动机运行中最有害的一种混合气不正常燃烧现象。若发动机持续产生爆震现象，火花塞电极或活塞可能导致如过热、熔损等严重故障，因此必须防止爆震的产生。

储存在 ECU 内的发动机不同工况下的最佳点火提前角是根据发动机台架试验结果，以及按照预定的准则对燃油消耗、扭矩、排放、爆震倾向和其他行驶性能等参数进行优化后确定的，它只能代表这种发动机的一般情况。制造加工误差、使用劣质燃油以及发动机磨损等因素都会导致发动机对点火提前角的实际要求偏离点火特性，如果仍然按照这些参数来控制点火提前角，就会使发动机因点火过早或过迟而产生爆震或造成动力下降，加速性能变差。

为了解决上述问题，可采用带有反馈控制功能的点火提前控制系统。这种控制系统是在缸体或靠近燃烧室的地方安装一个爆震传感器，它能将发动机爆震时产生的压力波转变成电信号输送给 ECU；ECU 中的点火提前角反馈控制电路根据爆震传感器信号调整点火提前角，以保证在任何工况下的点火提前角都处于接近发生爆震的最佳角度。

爆震的控制方法：爆震传感器安装在气缸体上，利用压电晶体的压电效应，把爆震传到气缸体上的机械振动转换成电信号输入 ECU，ECU 对爆震传感器输出信号进行滤波处理并判定有无爆震及爆震强度，推迟点火时间。每次调整都以一个固定的角度递减，直到爆震消失为止。而后又以一个固定的角度提前，当发动机再次出现爆震时 ECU 又使点火提前角再次推迟，调整过程如此反复进行。

二、点火系统控制电路分析

图 1-10-11 所示为捷达轿车采用单缸独立点火方式，其中发动机控制单元分别向各缸发出点火信号，各缸点火线圈、火花塞及控制用的功率管数量是一致的，点火线圈产生的高压电单独地直接向每一个气缸点火。发动机控制单元中，点火线圈 1、点火线圈 2、点火线圈 3、点火线圈 14、火花塞插头均带有功率输出级的驱动电路。

单缸独立点火方式

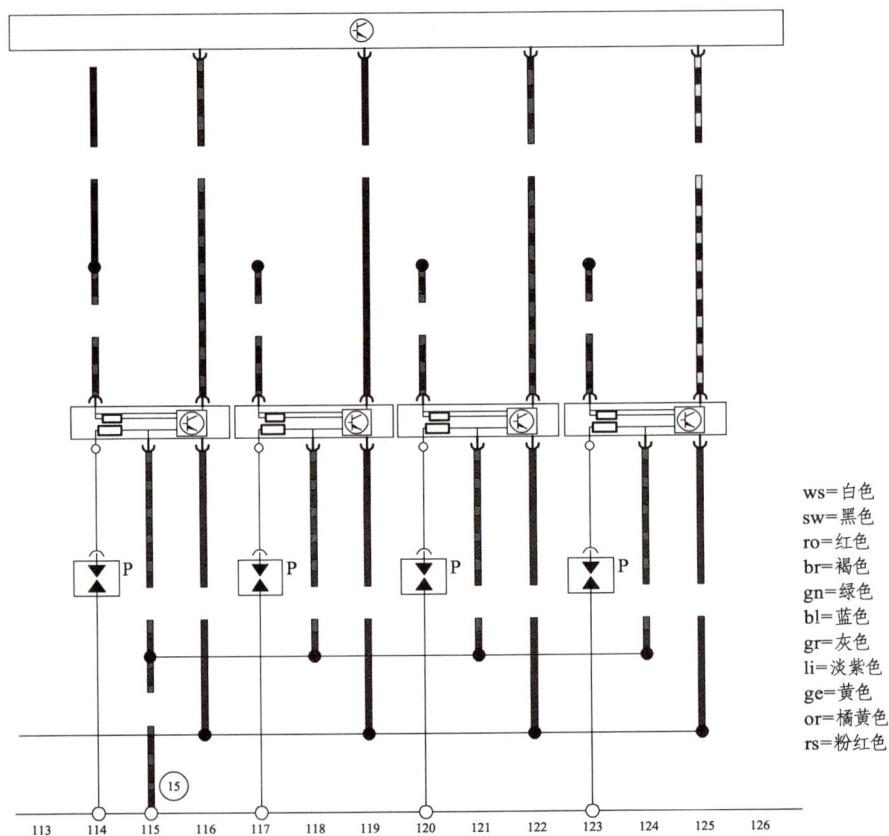

ws=白色
sw=黑色
ro=红色
br=褐色
gn=绿色
bl=蓝色
gr=灰色
li=淡紫色
ge=黄色
or=橘黄色
rs=粉红色

J623—发动机控制单元；N70—带功率输出级的点火线圈 1；N127—带功率输出级的点火线圈 2；N291—带功率输出级的点火线圈 3；N292—带功率输出级的点火线圈 4；P—火花塞插头；T121—121 芯插头连接；15—气缸盖上的接地点；85—接地连接 1，在发动机舱导线束中 281—接地连接 1，在发动机预接线导线束中；D206—连接 4（87a），在发动机预接线导线束中。

图 1-10-11　单缸独立点火方式

由图 1-10-11 可知，霍尔传感器测量凸轮轴位置；节气门传感器检测发动机处于怠速工况还是负荷工况，加速工况还是减速工况；发动机转速传感器测量发动机转速；冷却液温度传感器测量发动机缸温；进气压力传感器测量发动机进气量。这些传感器将物理信号转换为电信号传送至发电机控制单元进行分析处理，然后向各个缸发出点火指令。

结合上述内容和实训室发动机，查阅相关资料，回答完成下列问题：

（1）结合图 1-10-12 分析迈腾轿车第三代发动机局部电路，写出点火线圈各端子的名称及其测量方法。

端子名称和测量方法：

（1）

（2）

（3）

（4）

（5）

（6）

（7）

（8）

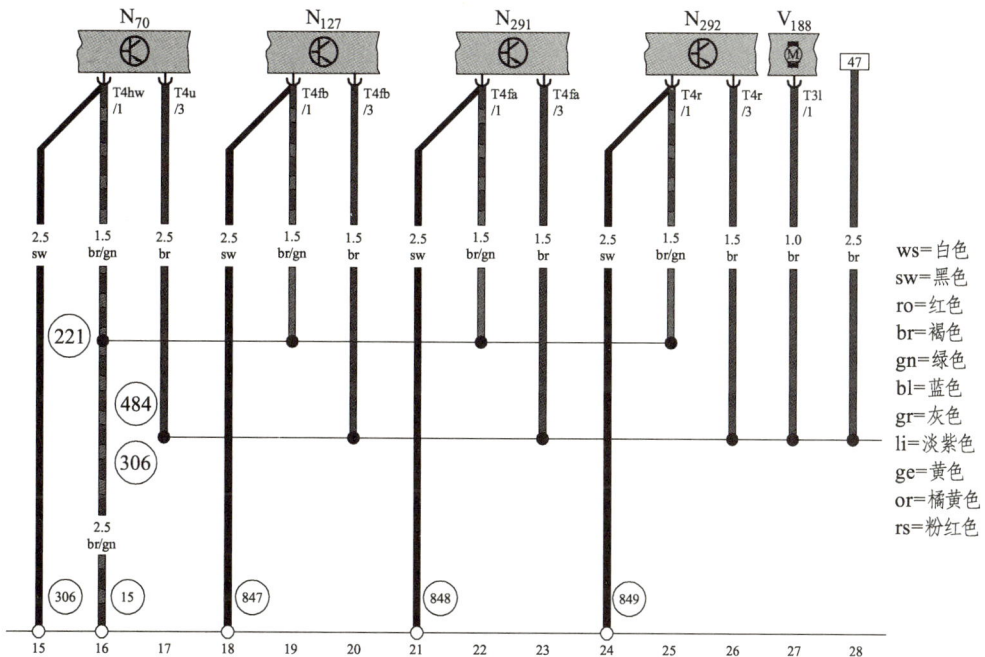

ws=白色
sw=黑色
ro=红色
br=褐色
gn=绿色
bl=蓝色
gr=灰色
li=淡紫色
ge=黄色
or=橘黄色
rs=粉红色

图 1-10-12　迈腾轿车发动机局部电路

迈腾轿车发动机局部电路

（2）结合上述内容，查看实训室实训车辆维修手册和电路，绘制各发动机点火系统电路图。

车辆信息：

电路图：

三、总结与思考

1. 如果发动机有部分缸点火失效，会对发动机的运行带来哪些影响？

2. 发动机点火时为什么要设置点火提前角度？点火角度过大或过小对发动机工作会产生哪些影响？

任务三 发动机电控点火系统检测

任务目标

（1）能根据车辆维修手册对点火系统原件进行检测。
（2）能根据不同类型点火线圈的控制方式并能对点火线圈进行故障诊断。
（3）能够检测低压元件和高压元件。
（4）能够检测点火模块（点火线圈）。

任务准备

（1）学习资源：微课视频、电子学习资料。
（2）学习设备：个人计算机、手机。
（3）实训设备：实训车间、多媒体教室。

任务过程

一、准备工作

（1）防护装备：工作服，工作帽，手套，劳保鞋。
（2）教学车辆、发动机台架。
（3）检测设备：KT600 诊断仪，万用表。
（4）手工工具：拆装工具一套。
（5）辅助材料：翼子板布，前格栅布，三件套，抹布，手套，白板笔。

二、点火系统组件初检

1. 登记车辆信息并描述故障现象

车辆品牌：

车型：

VIN 码：

车辆信息：

故障现象描述：

2. 对点火系统进行初检并记录相关数据

（1）点火控制模块外观检查。

外壳是否良好？ 是（　　）否（　　）

表面是否有油污或其他脏污？ 是（　　）否（　　）

安装是否有松动？ 是（　　）否（　　）

拔出点火模块，是否有金属锈蚀？ 是（　　）否（　　）

（2）连接导线检查。

是否有破裂、割伤、扭结？ 是（　　）否（　　）

是否脏污、老化？ 是（　　）否（　　）

插接头是否有连接松动？ 是（　　）否（　　）

是否有导线裸露？ 是（　　）否（　　）

以上元件是否需要更换？请写出维修建议。

三、点火系统元件检测

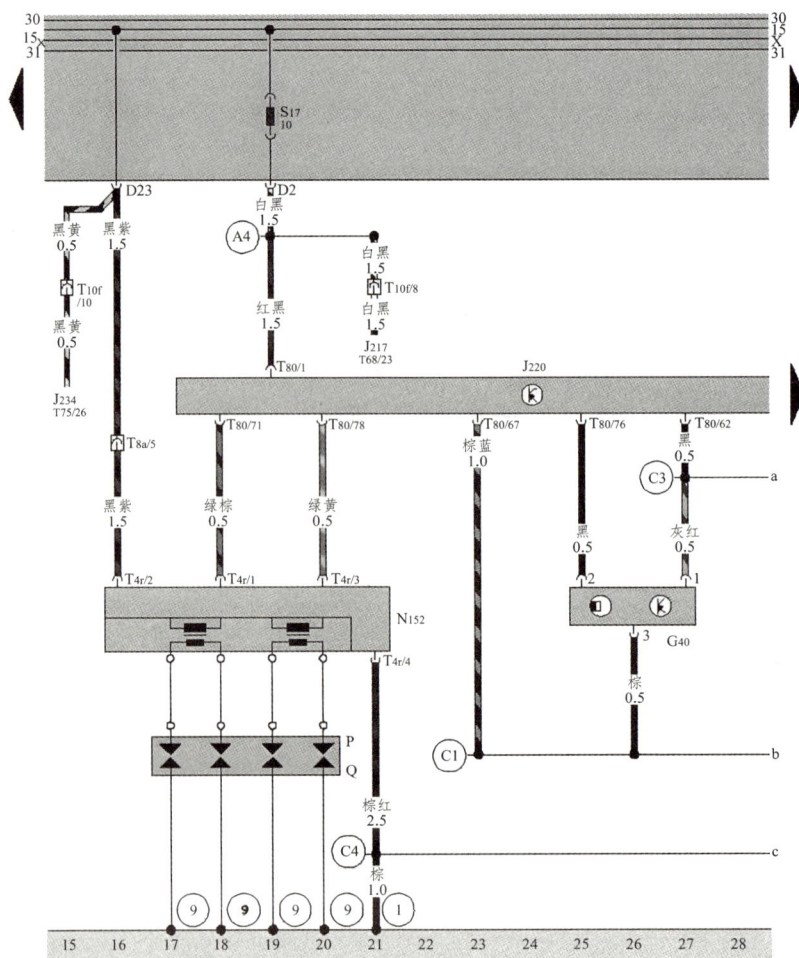

图 1-10-13　点火线圈控制电路

1. 双点火线圈检测

桑塔纳 3000 BKT 发动机的点火线圈控制电路如图 1-10-13 所示，其中 J220 为发动机控制单元，N152 为点火线圈，S206 为保险丝。

点火线圈控制电路

点火线圈接线端子示意图如图 1-10-14 所示。每一个缸高压线圈分别有 4 个端子，其中端子 2 为 ECU 控制线端子；端子 2、4 为电源线端子；端子 1、3 为搭铁线端子。

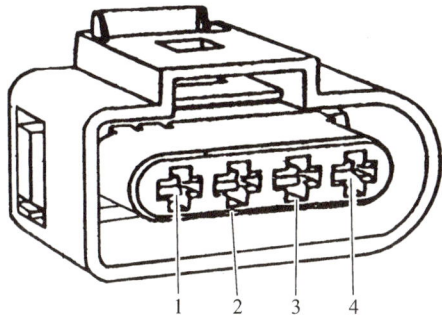

1、3—搭铁端子；2、4—电源端子

图 1-10-14 点火控制器检测端子

发动机双点火线圈的初级电阻、次级电阻检测主要包括：

（1）初级电阻检测。

检测初级电阻时，首先拔下点火线圈插头，可以看到点火线圈和点火模块连接器的 4 个端子。用万用表电阻挡测量端子 1 和端子 4（电源）之间的电阻，为 1/4 缸点火线圈初级电阻，标准阻值为 0.5 Ω 左右。

（2）供电电源检测。

供电电源检测如图 1-10-15 所示，用万用表直流电压挡测量点火线圈接线端子 4 的电压，在点火开关处于 "ON" 或发动机启动时测量值为 12 V 左右。如果检测不到电压，应检查保险丝及线路。端子 1 为搭铁线（接地）端子，电压为 0 V。

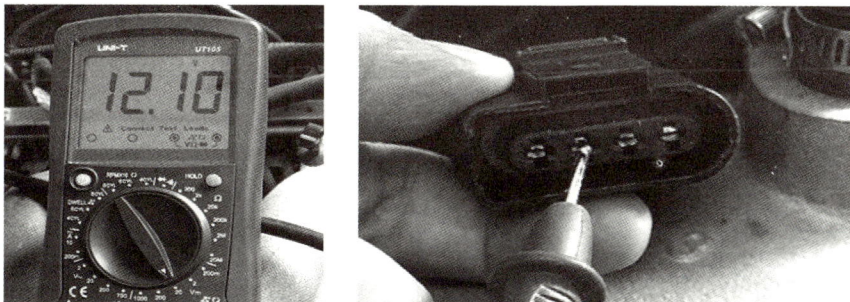

图 1-10-15 供电电源检测

（3）控制信号检测。

连接点火线圈接线端子，用万用表直流电压挡测量点火线圈接线端子 1（控制 1/4 缸）或 3（控制 2/3 缸）的电压，在发动机启动时测量值为 0.5 V 左右。如果只有 1 个端子没有电压，检查相应的线路；如果有 2 个端子没有电压，检查曲轴位置传感器 CKP 信号是否正常，如果 CKP 正常则检查控制单元及线路。

（4）点火控制信号和确认信号波形的检测。

用示波器测量 IGT 和 IGF 波形，发动机运转时 2 号端子既 IGT 端子的点火控制信号标准波形和实测波形如图 1-10-16 所示。

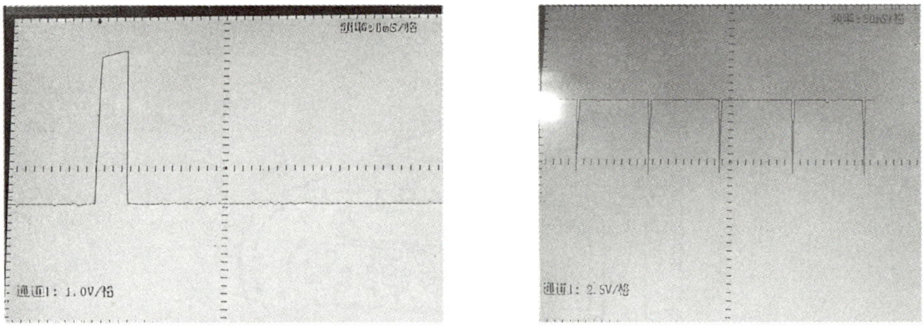

（a）标准波形　　　　　　　　　　　（b）实测波形

图 1-10-16　点火控制信号波形

（5）参考以上学习内容，结合实训用车，查阅实训车辆维修手册、电路图，完成实操任务，将检测结果记录在表 1-10-3 和表 1-10-4 中。

表 1-10-3　点火控制模块检测数据

部件名称		部件类型		几条线束		
安装位置		部件作用				
检测工具						
部件原理						
电路图			电路图分析			
			线束 1：			
			线束 2：			
			线束 3：			
			线束 4：			
数据记录						
检测步骤			检测项目	检测数据	标准数据	是否故障

表 1-10-4　点火次级波形检测

实训车型/台架名称		发动机型号		小组序号	
设备工具					
	测量步骤及方法			注意事项	
测试步骤					
示波器安装方法					
检测项目	波形分析			是否故障	
缸点火波形					
缸点火波形					
缸点火波形					
缸点火波形					

2. 火花塞检测

写出火花塞拆卸步骤，并将火花塞从车上拆下。

检查火花塞外观是否有积碳？　　　　　　　　　　　是（　　）否（　　）

检查火花塞是否变色？　　　　　　　　　　　　　　是（　　）否（　　）

检查火花塞外观是否有破裂？　　　　　　　　　　　是（　　）否（　　）

火花塞是否生锈？　　　　　　　　　　　　　　　　是（　　）否（　　）

火花塞间隙为 _____ mm，是否有故障？

四、总结与思考

点火系统的检修包括：火花塞的更换、点火高压火的测试、点火顺序的确定、点火高压线的检测，以及各种类型点火模块和点火线圈的检测方法。

结合上述内容，查阅相关资料，回答下列问题：

（1）点火顺序的确定方法是什么？

（2）尝试分析一台发动机点火不良的原因可能有哪些。

（3）火花塞上的间隙过大或过小对发动机点火性能会有什么影响？

项目考核

项目名称	汽车发动机电控点火系统构造与检测		教师：		日期：			
评价依据	学生完成各项任务工作单							
序号	任务内容及要求		配分	评分标准	得分			
					自我评分10%	小组评分30%	教师评分60%	
1	任务实施过程中文献查阅	是否查阅信息资料	10分	缺一个要点扣1分				
		正确运用信息资料	10分	酌情赋分				
2	规定时间内的完成度	在规定时间内完成任务	10分	酌情赋分				
	任务完成的正确度	任务完成的正确性	10分	酌情赋分				
3	沟通交流能力	积极参与交流	10分	酌情赋分，但违反课堂纪律，不听从教师和组长安排、违反现场安全管理制度不得分				
	安全意识	工位安全检查、登记	5分					
	劳动教育	工位清扫整理、教室卫生值日	5分					
	标准意识	按照操作规程完成装配	10分					
	质量意识	零件检查、工序检查	10分					
	职业素养	按时出勤，遵守纪律	10分					
	责任意识	认认真真、尽职尽责	5分					
	工匠精神	精益求精、追求极致、专心致志、创新突破	5分					
小计								
总评								

项目十一　汽车发动机标定

学习目标

1. 素养目标

（1）培养遵守规章制度意识。

（2）提升团结协作、与人沟通能力。

（3）培养劳动精神。

（4）提升精益求精的职业道德素养。

2. 知识目标

（1）掌握汽车发动机标定的含义。

（2）了解汽车发动机标定的意义。

（3）了解汽车发动机标定的内容。

（4）了解汽车发动机标定的参数。

3. 能力目标

能主动获取有效信息，展示工作成果，进行学习总结与分享。

建议学时

1 学时。

任务准备

1. 学习资源：微课视频、电子学习资料。

2. 学习设备：笔记本电脑、手机。

3. 学习条件：实训车间、多媒体教室。

任务过程

一、空燃比 i

空燃比 i 为可燃混合气中空气质量与燃油质量之比，可表示为 $i = A/F$，其中 A 表示空气质量，F 表示燃料质量。空燃比是发动机运转时的一个重要参数，对尾气排放、发动机的动力性和经济性都有很大的影响。理论空燃比是指每克燃料完全燃烧所需的最小的空气量。各种燃料的理论空燃比是不相同的，如汽油的理论空燃比为 14.7，柴油的理论空燃比为 14.3。空燃比大于理论值的混合气叫作稀混合气体，空燃比小于理论值的混合气叫作浓混合气体。

发动机工作时根据不同工况要求来确定空燃比值，再通过空气流量传感器与供油系统确定空气量与燃料量，完成空燃比的配置以满足不同工况对发动机输出的要求。

结合上述内容，查阅相关资料，回答下列问题：

（1）稀混合气体燃烧时有什么特点？

（2）浓混合气体燃烧时有什么特点？

（3）发动机根据汽车油门的位置确定工况，在不同工况时发动机需要匹配一定的空燃比。查阅相关资料，填写表 1-11-1 相关内容。

表 1-11-1 汽车发动机工况特点

工 况	节气门开度	工作特点	空燃比
起动工况			
暖机工况			
怠速工况			
小负荷工况			
中负荷工况			
大负荷工况			
全负荷工况			

二、发动机标定的概念

发动机的工作过程包含了动力学、运动学、流体力学、化学动力学等。发动机运行时，需要实现各种性能，如良好的动力性、优秀的燃油经济性和较高的稳定性，并且还要满足排放标准。那么在电控系统软件中就需要设置各种可调整的参数，并且不断地优化这些参数，这个过程称之为标定。通过标定，为不同工况下各执行器赋予最合适的参数，使发动机各项性能指标达到国家标准要求，并且最优化、最大限度地发挥发动机的潜力。

三、发动机标定的主要内容

标定是为了确定电控系统各执行器的最优控制参数，涉及的内容与发动机电控系统需要完成的工作有关。从控制角度来看，发动机电控系统就是一个动态、多变量、非线性变化、响应滞后的实时可变工作系统。

为了充分发挥发动机的潜力，使功率、油耗、排放和汽车操纵性等方面的性能达到综合最佳状态，发动机电控系统需要根据工况实际情况实现多目标控制，如起动控制、怠速控制、调速控制等。要实现这些控制，需要对多个参数进行监测，如发动机的负荷与转速、冷却液的温度、进气温度、燃油温度、机油温度、增压压力等，发动机电控系统通过传感器采集这些数据，并经由微处理器处理，通过各种执行器对影响发动机工作状态的各种因素作出相应调整。发动机电控系统在保持发动机性能最优的同时，还必须适应复杂的外部环境变化，如季节和海拔的变化。

发动机标定工作，首先是通过大量的试验，获得不同工况下发动机动力性、燃油经济性、排放性等指标的试验数据，再按照一定的优化规则和相关法律法规要求，选择一定的算法进行数据优化，最终获得一套适用于不同工况和外部环境的最优控制参数和修正参数，并将这套最优控制参数和修正参数存储在发动机电控单元中。当发动机运行时，电控单元将采集到的数据与存储数据进行简单的逻辑分析和判断，计算出发送给执行单元的控制量（如喷油量、喷油正时、点火正时等），以信号的方式控制各执行单元动作，从而达到对发动机进行控制的目的。

发动机的标定工作主要发生在发动机的设计研发阶段和生产制造阶段。设计研发阶段的标定工作是通过试验确定最优控制参数和修正参数，生产制造阶段的标定工作是将这些参数烧录到发动机电控单元的存储芯片中。

四、电喷系统标定实施策略

电喷系统由 3 部分组成，即传感器、控制器和执行器。传感器将检测到的电喷系统各部件状态信号传输给控制器，控制器对这些信号进行分析处理后，输出控制信号给各执行器，执行器动作完毕后，发动机调整工作状态，进而又会引起新的一系列变化。新的变化又引起传感器检测信号的变化，从而形成一个完整的闭环控制系统。发动机电喷系统闭环控制框架如图 1-11-1 所示。

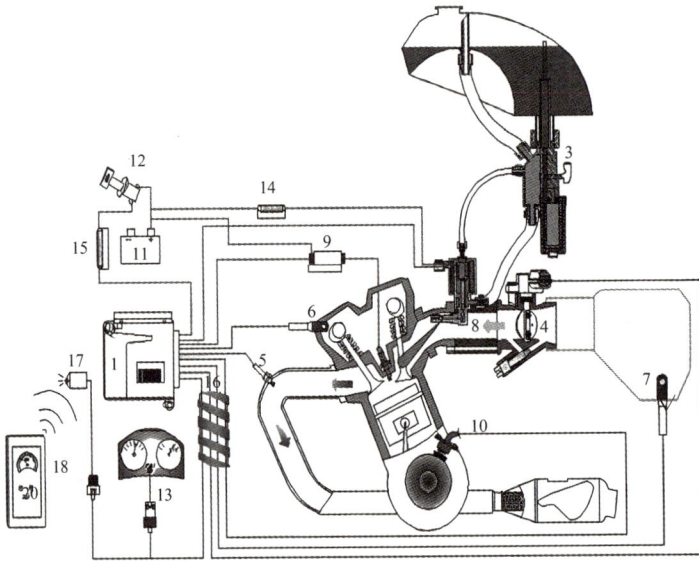

1—ECU；2—喷油器总成；3—燃油过滤器总成；4—节气门体总成；5—氧传感器；6—缸盖温度传感器；7—进气温度传感器；8—发动机进气管；9—点火线圈（高压包）；10—转速（角标）传感器；11—蓄电池；12—钥匙开关；13—仪表故障指示灯；14—系统保险丝（5A）；15—整车主保险丝；16—系统副线缆；17—蓝牙工具；18—安卓智能手机。

图 1-11-1　发动机电喷系统闭环控制框架

五、电喷系统标定案例

图 1-11-2 中传感器包括节气门体位置传感器、角标传感器、进气温度传感器、缸头温度传感器、氧传感器和压力传感器。这些传感器将检测信号输入电子控制单元ECU，然后 ECU 控制执行器高压线圈完成火花塞点火，燃油喷射单元进行喷油，OBD指示灯完成故障显示。标定的最终内容就是通过确定控制参数，实现油、气、火的执行及其他附属功能。

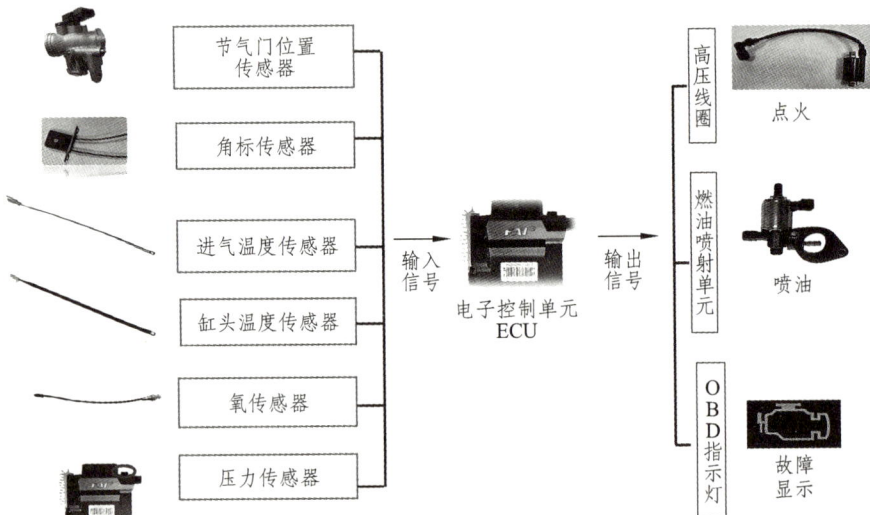

图 1-11-2　电喷系统标定结构

六、发动机标定基本参数

1. 油膜

油膜是发动机标定的基本参数之一。汽油机系统通过燃油喷射单元（喷油器）将燃油喷射在进气歧管内，通过进气将燃油吸入气缸，这样就有部分燃油会附着在进气管壁上形成油膜。油膜量会根据进气压力的变化而变化。

2. 氧传感器以及油量修正的 PID 控制

氧传感器是调整发动机喷油量的重要部件，其输出信号随排气管中的氧浓度变化而产生变化，排气管中的氧浓度变化直接反映缸内燃烧情况的变化。

过量空气系数 λ 是指实际供给燃料燃烧的空气量与理论空气量之比，其取值区间一般为 0.4~1.4。当 $\lambda < 1$ 时混合气称为浓混合气，当 $\lambda > 1$ 时混合气称为稀混合气；当 $\lambda = 0.4$ 时称为火焰传播上限，混合气太浓不能燃烧；当 $\lambda = 1.4$ 时称为火焰传播下限，混合气太稀不能燃烧。当混合气较浓时，氧传感器输出的高电压为 800~900 mV；当混合气较稀时，氧传感器输出的低电压为 100 mV。

发动机根据氧传感器的信号来确定和调节喷油量，氧传感器输出高电压（此时混合气较浓，以下简称为"浓信号"）时，需要减小喷油量；氧传感器输出低电压（此时混合气较稀，以下简称为"稀信号"）时，需要增加喷油量。燃油的增减量是多少？如何快速、精确地控制燃油量的增减？可以利用 PID 算法解决这些问题。图 1-11-3 为 PID 控制曲线图，当氧传感器保持浓信号时，需要持续减小燃油量到某个值，直到氧信号从浓信号变为稀信号，然后开始增加 a 单位的燃油。如果氧传感器仍然稀信号，则继续执行增加 a 单位燃油的操作，重复执行 K 次，直到氧信号再次变化为浓信号，此时开始执行减少燃油量的操作，每次减少 b 单位的燃油，重复执行 K 次，直到氧信号再次变化为稀信号。如此循环，保持氧传感器信号一直在浓与稀之间变化，从而使混合气浓度保持在理论值附近。这过程中的燃油变化量 a、K_a、b、K_b 就是 PID 控制的各控制项。

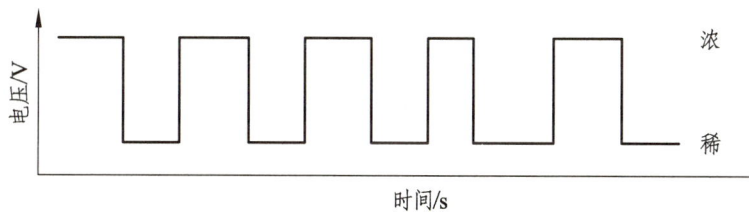

（a）氧传感器信号 λ

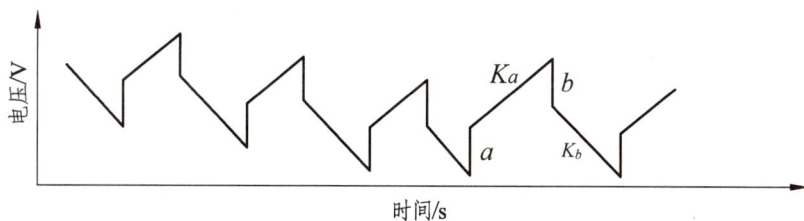

（b）喷油反馈调节量信号

图 1-11-3　PID 控制曲线图

3. 喷油量的标定

在了解油膜、氧传感器和 PID 闭环控制系统等概念后，就可以标定基础油量。基础油量是指在标准工况下的稳态油量，比如发动机转速稳定在 3 000 r/min 时，油门开度会在 10%稳定运行；发动机转速稳定在 4 000 r/min 时，油门开度会在 40% 稳定运行。在发动机稳定运行时，发动机的负荷和进气量是一定的，因此油膜量达到一个动态平衡，增加的油膜和减少的油膜相同，这种工况下电喷系统喷油量就是所需的稳态基本油量。通过调节油量，再利用氧传感器 PID 闭环控制系统进行调整，就可以完成所有工况点的基础油量标定。喷油量的标定原理如图 1-11-4 所示。

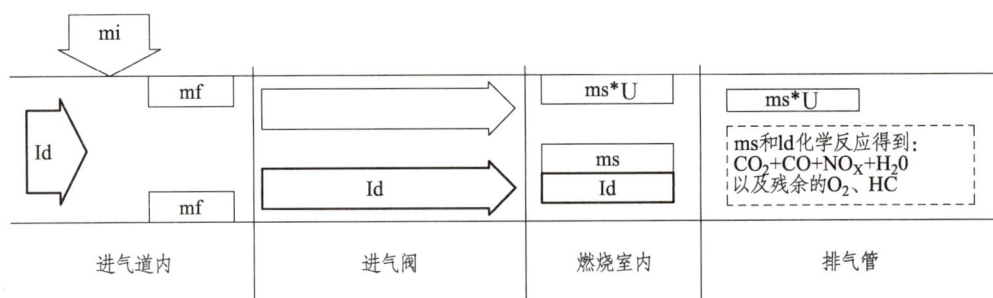

mi—燃油喷射单元喷射的油量，即 ECU 需要直接控制的参数之一；

Id—发动机负荷，即计量发动机实际进气 O_2 含量的参数；mf—进气道内的油膜总量；

ms—参与引 d 燃烧的部分（相对当量比而言，偏稀时，ld 部分的 O_2 有富余；偏浓时，ms 中的 HC 有富余）；ms*U—由于湿壁等原因，无法参与燃烧部分油量。

图 1-11-4　喷油量标定原理

4. 起动的燃油加浓

确定基础油量后，在一些特殊工况下会存在燃油加浓要求，如起动工况。静置较长时间的发动机进气歧管以及进气管道的壁面上油膜挥发殆尽，并且进气管道温度比较低，此时喷油器喷射的燃油会有很大一部分沉积到壁面上形成油膜，同时由于发动机温度较低，挥发出来形成可燃混合气的燃油蒸气量也会极大减小，形成混合气的蒸气量小。因此，在起动阶段、暖机阶段都需要对燃油进行加浓处理，但是加浓的量会随着温度上升慢慢减少，到热机时，燃油加浓量就减小为 0。起动后燃油加浓控制曲线如图 1-11-5 所示。

5. 过渡的燃油加浓

过渡的燃油加浓，即发动机工况从一个稳态过渡到另一个稳态，也称作过渡工况。在过渡工况时，由于进气管道的压力变化，油膜的量也在变化，所以需要进行过渡期的油量修正。

6. λ 修正

λ 修正也称为空燃比修正，是发动机 ECU 根据空燃比传感器信号对修正喷油量进行调整，其调整幅值称加入修正值。修正值为 "+" 时混合气变浓，修正值为 "–" 时混合气变稀。在部分工况下，如加速或者油门全开过程，为了得到更好的动力输出，需要进行一个λ值的喷油加浓修正。

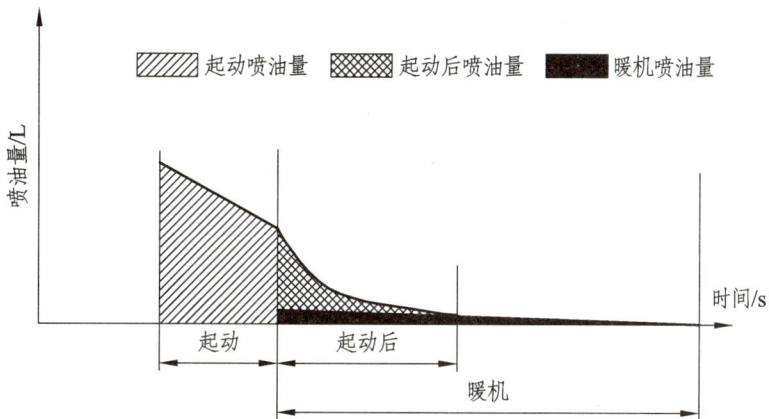

（a）喷油量—时间关系曲线

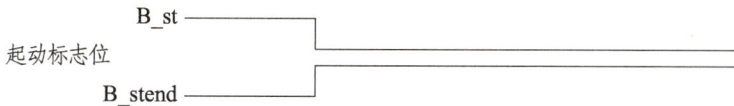

（b）起动标志位信号

图 1-11-5　起动后燃油加浓控制曲线

7. 进气量标定

进气量标定的内容主要包括：

（1）温度修正。

随着发动机温度的上升，进气管内的气体温度越来越高，体积也会增加，因此需要对进气量进行修正；

（2）海拔修正。

随着海拔升高，气体的密度也会随之变小，需要对进气量进行；

（3）启动时的进气量修正。

由于启动时发动机本身阻力以及机油的黏性较大，造成发动机运转阻力偏大，需要提高进气量，来提高发动机的输出扭矩，从而能更好地起动发动机。

8. 点火提前角标定

点火提前角标定是发动机标定的一个重要参数。点火提前角是影响发动机输出扭矩的一个重要指标，通常对点火提前角的标定是为了获得更高的扭矩输出、更低的油耗。在点火提前角与输出扭矩的试验数据中，相同工况时随着点火提前角的上升，输出扭矩也上升，上升到一定值后稳定，超过一定值后输出扭矩随点火角上升而下降。通过点火提前角与发动机输出扭矩实测曲线（如图 1-11-6）来完成各工况的点火提前角度标定。

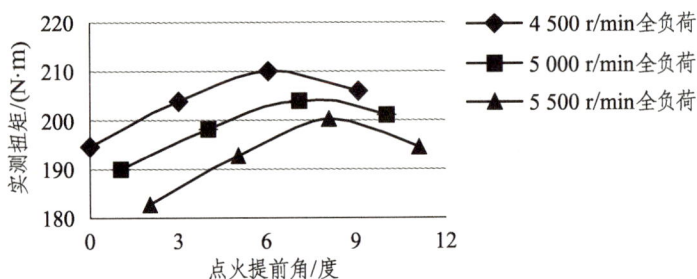

图 1-11-6　点火提前角与发动机输出扭矩实测曲线

9. 怠速标定

怠速标定是发动机标定的一个重要参数。怠速工况是发动机的常用工况，如果怠速没调整好，易出现怠速熄火的问题。怠速工况也是一个动态调节过程，它与转速、点火提前角、进气量/喷油量都是相关的。假定发动机目标怠速为 1 500 r/min，当发动机转速大于 1 500 r/min 时，ECU 通过调小点火角和进气量的方式来减小输出扭矩，从而使发动机转速降低；当发动机转速低于 1 500 r/min 时，ECU 通过增大点火角和进气量的方式来增加输出扭矩，从而使发动机转速升高，达到动态平衡的效果。

七、发动机 ECU 调校

发动机标定工作是发动机生产研发阶段的工作内容，在汽车使用阶段也有一项涉及发动机标定工作即发动机 ECU 调校。

ECU 调校工作不如发动机研发标定阶段复杂，它是指以汽车发动机的生产、装配工艺公差、各项实验数据等为基础，通过设置程序参数的方法，将汽车发动机供油、点火等的曲线在原厂数据的基础上进行更加精细的调整和优化，并提升 ECU 电脑运行效率，来达到增加发动机输出功率、提升扭矩、降低额外的燃油消耗等的目的。

ECU 调校是车辆动力改装的一种方式。随着人们生活水平的日益提高，对车辆个性化的要求也在提升，发动机 ECU 调校是现在车辆改装中逐渐流行起来的一种方式。目前市场上对 ECU 调校一般有三个阶段，每个阶段都最大化提升发动机动力性能，但是改变原厂程序提升某方面的性能，必然以牺牲其他方面的性能为代价。经过动力改装的车辆会失去原厂返修的权益，并且对发动机寿命以及废气排放也会存在一定的隐患。

八、总结与思考

发动机标定的作用和意义是什么？

项目考核

项目名称	汽车发动机标定		教师		日期	
评价依据	学生完成任务工作单					
序号	任务内容及要求		配分	评分标准	得分 自我评分 10%	小组评分 30%	教师评分 60%
1	任务实施过程中文献查阅	是否查阅信息资料	10分	缺一个要点扣1分			
		正确运用信息资料	10分	酌情赋分			
2	规定时间内的完成度	在规定时间内完成任务	10分	酌情赋分			
	任务完成的正确度	任务完成的正确性	10分	酌情赋分			
3	沟通交流能力	积极参与交流	10分	酌情赋分，但违反课堂纪律，不听从教师和组长安排、违反现场安全管理制度不得分			
	安全意识	工位安全检查、登记	5分				
	劳动教育	工位清扫整理、教室卫生值日	5分				
	标准意识	按照操作规程完成装配	10分				
	质量意识	零件检查、工序检查	10分				
	职业素养	按时出勤，遵守纪律	10分				
	责任意识	认认真真、尽职尽责	5分				
	工匠精神	精益求精、追求极致、专心致志、创新突破	5分				
小计							
总评							

模块二
汽车发动机生产技术

项目一　汽车发动机典型零件加工技术

学习目标

1. 素养目标

（1）树立安全意识。

（2）树立质量意识。

（3）树立标准意识。

（4）培养遵守规章制度意识。

（5）提升团结协作、与人沟通能力。

（6）乐于钻研，精益求精。

2. 知识目标

（1）了解汽车发动机零件材料特点。

（2）了解汽车发动机主要零件毛坯制造工艺。

（3）了解金属切削原理基础知识。

（4）了解发动机气缸体生产加工流程。

（5）了解发动机气缸盖生产加工流程。

（6）了解发动机曲轴生产加工流程。

3. 能力目标

（1）了解发动机制造企业机械加工生产线岗位设置。

（2）了解发动机主要机械零件生产过程。

（3）简要绘制汽车发动机缸体机械加工工艺流程图。

（4）简要绘制汽车发动机曲轴机械加工工艺流程图。

（5）按照"5S"管理要求，对实训室、工作岗位进行管理。

（6）主动获取有效信息，展示工作成果，进行学习总结与分享。

项目描述

　　某发动机制造厂商根据国内汽车市场需求，准备推出自主品牌的发动机，从成本、技术、管理三方面综合考虑与分析，决定设置机械加工生产线与发动机装配生产线，负责对发动机主要零件进行自主生产，以及发动机整机装配与检测两大模块工作。零件加工生产线世界先进的生产设备与管理技术，保证产品质量，提升市场竞争力。

工作任务与流程

任务一　发动机主要零件机械加工
任务二　发动机曲轴加工工艺
任务三　发动机缸体加工工艺
任务四　发动机缸盖加工工艺

建议学时

4 学时。

任务一　发动机主要零件机械加工

任务目标

（1）了解汽车发动机零件材料特点。
（2）了解汽车发动机主要零件毛坯制造工艺。
（3）了解金属切削原理基础知识。
（4）能主动获取有效信息，展示工作成果，进行学习总结与分享。

任务准备

（1）学习资源：微课视频、电子学习资料。
（2）学习设备：笔记本电脑、手机。
（3）学习条件：实训车间、多媒体教室。

任务过程

汽车发动机作为汽车核心部件，由各种不同零部件组装而成。各种零部件在生产过程中，通过金属切削加工得到满足形状、尺寸、结构和工艺性能要求的零部件产品。零部件的加工制造流程：毛坯→金属切削加工→半成品→金属切削加工→成品。

金属毛坯是未加工的金属材料，汽车发动机主要毛坯件包括缸体毛坯、缸盖毛坯、曲轴毛坯、活塞毛坯、连杆毛坯等。半成品是指经过一定生产过程并已检验合格，尚未最终制造成为产成品的中间产品，包括自制半成品和外购半成品两种。自制半成品为企业自主生产加工并已经检验合格，交付半成品仓库并须继续加工的半成品；外购半成品为从外部购入的半成品，作为原材料处理。成品是指完成规定的生产和检验流程，并已完成入库手续等待销售的产品。

一、汽车发动机材料与金属毛坯件制造方法

1. 汽车发动机生产材料

汽车发动机生产材料包含制作发动机所有零部件所需的各类金属材料、非金属材料以及各类复合型材料。

（1）金属材料。

金属材料是汽车制造领域与汽车发动机制造领域应用最广泛的材料，工业上把金属材料分为黑色金属和有色金属两大类型。黑色金属指钢铁材料，有色金属指除钢铁材料以外的其他金属材料，比如铝、铜、镁及其各类合金。

汽车所用的钢铁材料占汽车总质量的 2/3，其最大的特点是价格低廉、强度高、便于生产加工，发动机的零部件如曲轴、缸体、凸轮轴、外壳、齿轮等一般采用钢铁材料。

汽车发动机常见材料包括铸铁、钢件、铝合金材料、橡胶、橡胶与塑料等。有色金属具有质量轻、导电性好的特性，在汽车的用量逐渐上升，如铝合金具有密度低、强度大、耐腐性好的特性，因此在汽车发动机的应用比重大幅度提升，占发动机总重的 20%~50%，发动机缸盖、凸轮轴盖、进气管等组件大量采用铝、镁、钛等轻质金属替代钢铁材料以减轻汽车自重，可以实现汽车轻量化与降低噪声的效果。

（2）非金属材料。

非金属材料主要分为高分子材料和陶瓷材料两大类。高分子材料为有机合成材料，包括天然高分子材料与人工合成高分子材料两大类，后者具有较高的强度、良好的塑形和耐腐蚀性、良好的绝缘性和质量轻的特点，成为工业中应用最广泛的一类材料，如塑料、合成纤维、橡胶、黏结剂、涂料等材料。

汽车零件采用的塑料一般为工程塑料，具有一定强度、良好的韧性和耐磨性的特点，汽车的构件如保险架、内饰件、仪表面板、安全玻璃等均采用工程塑料制造。另外，工程塑料具有价格低廉、耐腐蚀、降噪、美观、质轻的特点，相比金属材料更具安全性，同时成本低，有效地改善汽车的安全性、舒适性、经济性。

其他高分子材料，如橡胶、合成纤维、黏结剂等在汽车上也有广泛的应用，如轮胎、冷却水管、软管、密封圈、传动皮带等均使用高分子材料；胶黏剂起到黏接、密封等作用，可以有效地改善发动机、变速箱等部件的制造工艺。

陶瓷材料属于无机非金属材料，具有耐高温、硬度高、脆性大等特点，典型的工业陶瓷材料包括普通陶瓷、玻璃陶瓷和特种陶瓷三种。普通陶瓷主要成分是硅、铝氧化物组成的硅酸盐材料，最早用于制作汽车发动机火花塞，现在用于制作各类传感器如氧传感器、爆震传感器以及温度传感器等。有些发动机利用陶瓷材料替代金属材料制作发动机的热交换零件，如发动机部件或整体、气体涡轮等部件，可以起到提高交换热效率、降低能耗、减轻自重的目的。

（3）复合材料。

复合材料是指由两种或两种以上金属材料或非金属材料组合而成的材料，在性能上不仅保留了组成材料各自的特点，并且具有比单一材料更优异的强度、刚度、耐腐性能等。复合材料可以分为金属基复合材料和非金属基复合材料两大类。

金属基复合材料是以金属或合金为基体，比如铝基、铜基、镁基、钛基、高温合金基、难熔金属复合基等材料。高复合材料具有较高的耐磨性、热传导性、耐热性，可以有效减少热膨胀，常用于汽车发动机结构中活塞顶部、连杆、缸体等。

非金属基复合材料主要是以聚合物、陶瓷、石墨、混凝土作为基体的复合材料，以纤维增强聚合物基复合材料和陶瓷复合材料最为常见。其中纤维增强聚合物基复合材料常用于汽车车顶导流板、风窗玻璃框架等车身外装板件制造，具备质量轻、耐冲击、便于加工成异形曲面、美观等特点。

结合上述内容，查阅相关资料，参照实训室发动机类型与结构，填写表 2-1-1 相关内容。

表 2-1-1　实训室发动机零件选用材料表

发动机型号		排量	
部件名称		材料类型	
金属材料			
非金属材料			
复合材料			
橡胶塑料			

2. 汽车发动机金属毛坯的生产方法

毛坯是根据零件的形状结构、工艺尺寸形成的坯料，为下一步生产制造做准备。常见的发动机金属毛坯件包括型材、铸件、锻件、冲压件、焊接件等。发动机金属毛坯的制造方法一般包括铸造、锻造、冲压等。

（1）铸造。

铸造是指将经过熔化的液态金属浇注到与零件形状、尺寸相适应的铸型（模具）中，冷却凝固后获得毛坯或零件的一种工艺方法。铸造的方法包括砂型铸造和特种铸造两种。

铸造的特点包括：

①成型方便，适应性强。利用液态成形，适应各种尺寸和不同材料的铸件；

②生产成本低，较为经济。节省金属，材料来源广泛，设备简单；

③铸件组织性能差，铸件晶粒粗大，力学性能差。

汽车发动机零件的常用铸件包括缸体铸件、缸盖铸件、凸轮轴盖铸件及各种端盖，如图 2-1-1 所示。

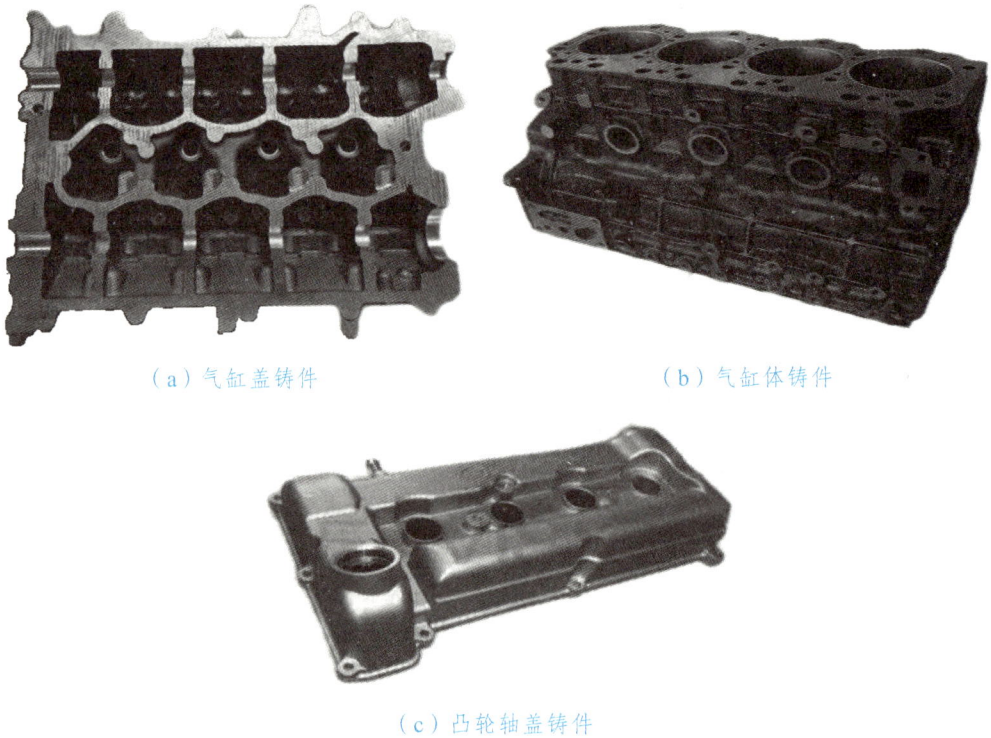

（a）气缸盖铸件　　　　　　　　（b）气缸体铸件

（c）凸轮轴盖铸件

图 2-1-1　发动机零件的常用铸件

（2）锻压。

锻压是指锻造与板料冲压的合称，是采用金属压力加工的一种方式。压力加工包含锻造、板料冲压、轧制、挤压、拉拔。

锻压加工的特点：

① 改善组织，细化晶粒，消除缺陷，提高力学性能。

② 减少加工损耗，省材省工，生产效率高。

③ 加工零件的体积和质量适应范围大。

④ 不能获得外形和内腔形状复杂的工件。

⑤ 只能加工塑性材料如钢和有色金属等，不能加工脆性材料如铸铁等。

锻造是一种利用锻压机械对金属坯料施加压力，使其产生塑性变形以获得具有一定机械性能、一定形状和尺寸锻件的加工方法。通过锻造能消除金属在冶炼过程中产生的铸态疏松等缺陷，优化微观组织结构，同时由于保存了完整的金属流线，锻件的机械性能一般优于同样材料的铸件。相关机械中负载高、工作条件严峻的重要零件，除形状较简单的可用轧制的板材、型材或焊接件外，多采用锻件。

锻造主要控制零件材料变形温度。根据锻造温度不同，锻造可以分为热锻、温锻和冷锻，在汽车制造领域多采用温锻和冷锻。制造领域中，高于800℃的锻造称为热锻；300℃~800℃的锻造称为温锻或半热锻；室温下进行锻造的称为冷锻。根据成形机理，锻造可分为自由锻、模锻、碾环、特殊锻造。

① 自由锻是指利用简单的通用性工具，在锻造设备的上、下砧铁之间直接对坯料施加外力，使坯料产生变形而获得所需的几何形状以及保证锻件内部质量的一种加工方法。采用自由锻方法生产的锻件称为自由锻件。自由锻都是以生产批量不大的锻件为主，采用锻锤、液压机等锻造设备对坯料进行成形加工，获得合格锻件。自由锻的基本工序包括镦粗、拔长、冲孔、切割、弯曲、扭转、错移及锻接等。自由锻采取热锻方式。

② 模锻又分为开式模锻和闭式模锻。金属坯料在具有一定形状的锻模膛内受压变形而获得锻件，模型锻造的生产率高，锻件形状准确，可获得形状复杂的锻件。模锻的切削加工余量小，一般用于生产重量不大、批量较大的零件。

③ 碾环。碾环是指通过专用设备碾环机生产不同直径的环形零件，也用来生产汽车轮毂、火车车轮等轮形零件。

④ 特种锻造包括辊锻、楔横轧、径向锻造、液态模锻等锻造方式，适用于生产某些特殊形状的零件。

（3）板料冲压工艺。

板料冲压是利用冲模使薄板料分离或变形的一种加工方法。板料冲压一般在冷态下进行，故称冷冲压。当板料厚度超过 8～10 mm 时，可采用热冲压。

板料冲压的优点：

① 可压出形状复杂的零件，废料少，利用率高。

② 冲压尺寸精度高，表面光洁，无须再加工。

③ 可直接获得强度高、削度好、质量轻的零件。

④ 操作简单，便于机械化和自动化生产，生产效率高。

材料冲压的缺点是冲模成本高，通常适用于金属制品的大批量生产。

汽车发动机零件制造中，曲轴，凸轮轴、连杆，气门杆等主要采用锻压制造。

结合上述内容，查阅相关资料，根据图 2-1-2 所示的发动机零件，回答下列问题：

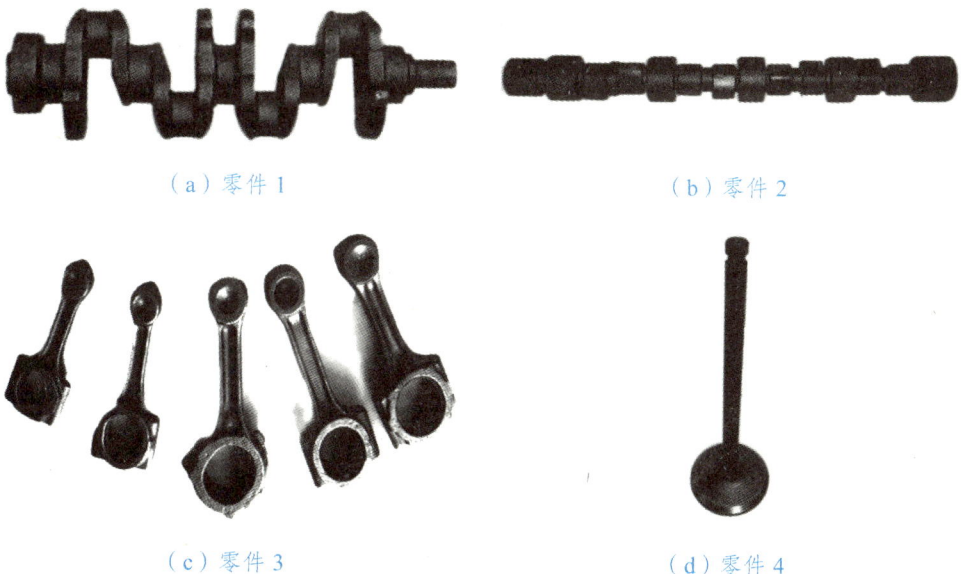

（a）零件 1　　　　　　　　　　　　　　　　（b）零件 2

（c）零件 3　　　　　　　　　　　　　　　　（d）零件 4

图 2-1-2　发动机零件

图 2-1-2 所示的各零件名称以及毛坯制造方法是什么？

二、金属切削加工

机械零件通过铸造、锻造等方式得到零件毛坯，通过切削加工获得相应形状、尺寸和性能的产品。金属切削加工是指利用刀具从工件上切除多余材料，从而获得形状、尺寸、精度、表面质量等符合要求的零件加工过程。金属切削加工形式虽然多种多样，但都有着共同的现象和规律，这些现象和规律是学习各种切削加工方法的共同基础。

在机械加工领域，普遍存在 7 种基础加工方法，即车削加工、铣削加工、刨削加工、磨削加工、复杂曲面加工、钻削加工、其他加工。

在机械加工行业，各种加工方法可以利用单一的加工设备实现，如车削加工可以采用普通车床与数控车床实现对普通外圆表面加工，铣削加工利用铣床实现对零件平面加工等。随着机械加工技术的不断革新，加工领域逐渐进入多轴数字控制加工时代，数控系统及相关的自动化产品主要是为数控机床配套。以数控系统为代表的新技术在传统机械制造领域的广泛应用，形成了众多的机电一体化产品（如数控系统装备的机床），极大提高了零件加工的精度、速度和效率。

根据上述内容，查阅相关资料，填写表 2-1-2 相关内容。

表 2-1-2　常用机械切削加工方法分析

加工方法	使用设备	加工特点	使用范围
车削加工			
铣削加工			
磨削加工			
钻削加工			

1. 数控切削加工顺序

加工顺序通常包括切削加工工序、热处理工序和辅助工序等，工序安排的科学性将直接影响到零件的加工质量、生产效率和加工成本。数控切削加工工序应遵守以下原则：

（1）先粗后精原则。当加工零件精度要求较高时都要经过粗加工、半精加工、精加工阶段，如果精度要求更高，还包括光整加工等几个阶段。

（2）基准面先行原则。用作精基准的表面应先加工。任何零件的加工过程总是先对定位基准进行粗加工和精加工，如轴类零件总是先加工中心孔，再以中心孔为精基准加工外圆和端面；箱体类零件总是先加工定位用的平面及两个定位孔，再以平面和定位孔为精基准加工孔系和其他平面。

（3）先面后孔原则。对于箱体、支架等零件，平面尺寸轮廓较大，用平面定位比较稳定，而且孔的深度尺寸又是以平面为基准的，故应先加工平面，然后加工孔。

（4）先主后次原则。即先加工主要表面，然后加工次要表面。

2. 机械加工生产技术特点

现代机械加工生产技术的特点可概括为先进性、实用性和前沿性。

（1）先进性。

机械加工生产技术的先进性主要表现在优质、高效、低耗、洁净、灵活（柔性）五个方面：

① 优质：利用现代制造技术，使加工制造出的零部件或整机质量高，性能好；零部件尺寸精确，表面光洁，内部组织致密，无缺陷及杂质，使用性能好；整机的结构合理、色彩美观宜人，可靠性高。

② 高效：新的制造技术主要表现在生产过程中将极大地提高生产效率和降低操作者的劳动强度，在产品开发过程中将极大地提高产品开发效率和质量、缩短生产准备时间。

③ 低耗：采用新的制造技术，可以降低整个生产过程中的原材料及能源消耗。

④ 洁净：生产过程不污染环境，使有害废弃物零排放或少排放。

⑤ 灵活：能快速对市场变化及产品设计的更改作出反应，适应多品种柔性生产。

（2）实用性。

现代制造技术是面向工业生产的实用技术，它具有量大面广和讲究实效的特点。因为现代制造技术内涵极其丰富，同时又是动态发展的，它具有多种不同的模式和层次，可以应用于各种类型的机械工厂。

（3）前沿性。

现代制造技术是信息技术和其他高新技术与传统制造技术相结合的产物，是制造技术研究最为活跃的前沿领域。目前，某些先进制造工艺和装备还未得到广泛应用，但是代表了一定的发展方向，将来会得到越来越广泛的应用。

三、总结与思考

1. 在机械生产过程中，从原材料到成品需要经过哪些流程？

2. 需要采用机械切削加工的汽车发动机零件包括哪些？

任务二　发动机曲轴加工工艺

任务目标

（1）能分析曲轴的结构特点。
（2）能简要绘制汽车发动机曲轴机械加工工艺流程图。
（3）能按照"5S"管理要求，对实训室、工作岗位进行管理。
（4）能主动获取有效信息，展示工作成果，进行学习总结与分享。

任务准备

（1）学习资源：微课视频、电子学习资料。
（2）学习设备：个人计算机、手机。
（3）实训设备：实训车间、多媒体教室。

任务过程

一、曲轴加工工艺的主要难点

曲轴结构复杂，连杆颈和主轴颈不在同一轴线，连杆颈加工困难。曲轴加工工艺的主要难点表现为：

（1）曲轴工艺流程复杂。主要包含钻削、面铣、车削、内/外铣、深孔钻、热处理、滚压、磨削、铰孔、攻丝、随动磨削、动平衡修正、抛光、清洗、测量、压装等工艺，属于发动机零件生产工艺最复杂的零件之一。

（2）曲轴加工精度高。主要包括外圆尺寸公差要求和形位公差要求都很高，曲轴的加工精度直接影响到发动机的寿命、油耗等重要参数。

（3）曲轴检测困难。淬火层深度和滚压强度、滚压伸长量检测困难。

二、曲轴材料与毛坯

1. 曲轴材料的选用

曲轴在工作过程中要承受较大的扭矩与交变的弯曲应力，曲轴的失效形式主要表现为_____、_____。

曲轴材料必须满足的要求主要包括：

（1）优良的综合机械性能，有高的强度和韧性。
（2）较高的抗疲劳能力，防止疲劳断裂，提高寿命。
（3）良好的耐磨性。

曲轴常用材料包括球墨铸铁、调质钢、非调质钢，汽油机曲轴毛坯一般采用球墨铸铁，如QT600-2、QT700-2、QT800-2、QT800-6、QT900-6等温淬火球铁；柴油机曲轴毛坯一般采用调质钢或非调质钢，如45、40Cr或42CrMo等调质钢，48MnV、C38N2、

38MnS6 等非调质钢。

2. 曲轴毛坯的制造

曲轴毛坯的制造方法根据批量大小、尺寸、结构及材料品种来确定。较大批量的小型曲轴一般采用_____；单件小批的中大型曲轴一般采用_____；球墨铸铁一般采用_____。

目前，国产曲轴加工主要流程为：毛坯分中→主轴颈车削→连杆颈粗加工→斜油孔加工→淬火前清洗→淬火→滚压校直→前后孔系加工→止推面精加工→连杆颈磨削→主轴颈磨削→小头磨削→法兰磨削→铣键槽→动平衡修正→抛光→最终清洗→测量打刻→压装。

结合上述内容，查阅相关资料，根据图 2-1-3 所示的曲轴毛坯，回答下列问题：

（1）分析图 2-1-3 所示曲轴毛坯的结构。

图 2-1-3　曲轴毛坯

（2）曲轴正火处理的作用是什么？

（3）图 2-1-3 所示曲轴毛坯的粗加工流程有哪些？

（4）表面淬火和回火的作用是什么？

三、曲轴机械加工工艺

1. 曲轴零件图

曲轴零件图是一种用于描述曲轴各个零部件详细信息的图纸，通常包括曲轴的主体结构、各个轴颈、圆角、油孔、螺纹、键槽等部位的尺寸、形状、位置等信息，以及与其他零部件的配合关系等。曲轴的零件图纸对于生产制造、质量控制、维修保养等过程都非常重要。

结合上述内容，查阅相关资料，根据图 2-1-4 所示的单拐曲轴零件图，回答下列问题：

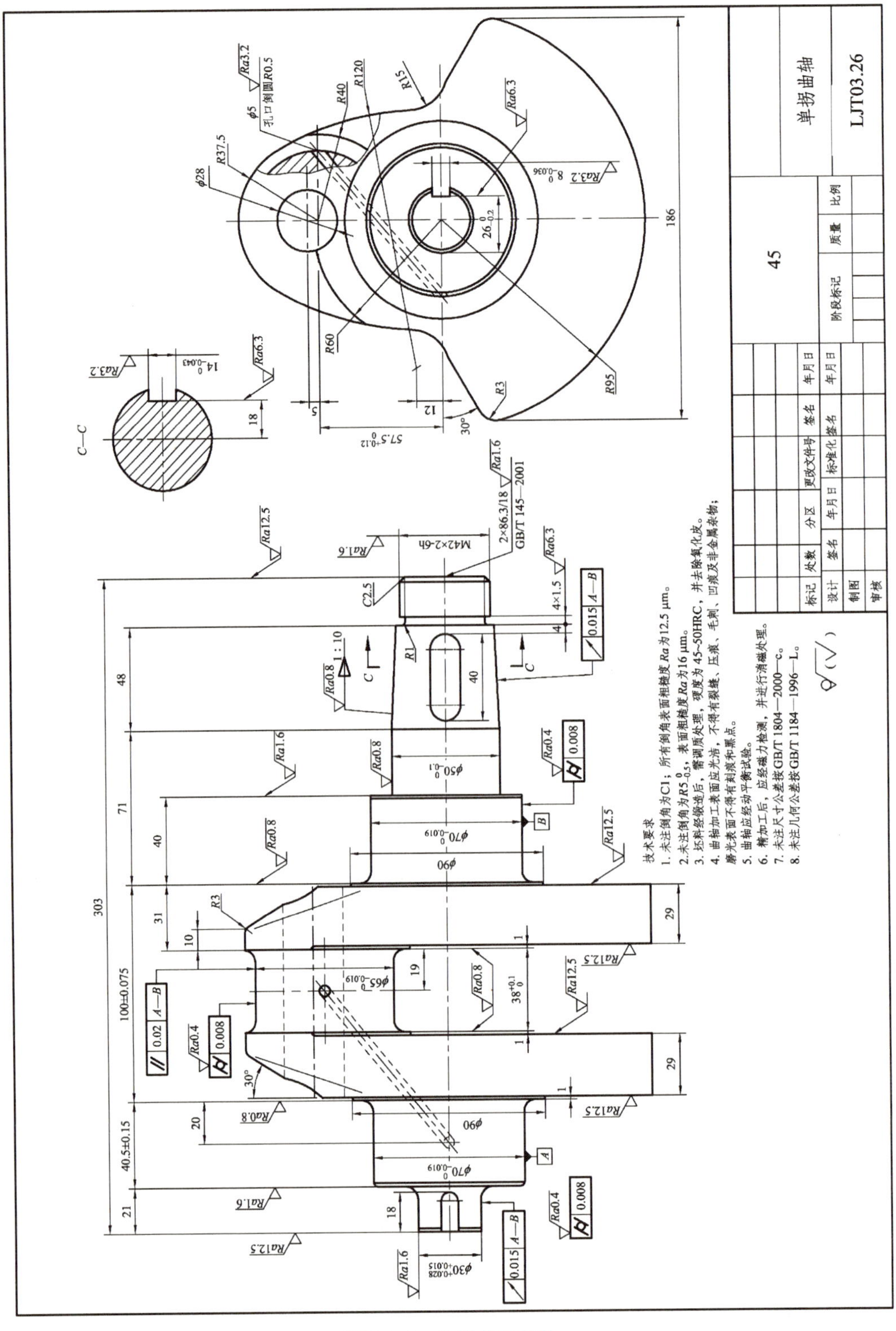

图 2-1-4　单拐曲轴零件

（1）图 2-1-4 所示单拐曲轴的主要加工面有哪些？并分析各个主要加工面的尺寸。

（2）图 2-1-4 所示单拐曲轴的主要加工面精度要求是什么？

2. 曲轴加工的定位基准选择原则

曲轴加工的定位基准主要包括径向基准、轴向基准和角向基准。曲轴加工的定位基准选择原则主要包括：

（1）径向基准：一般选用两端的主轴颈（两边主轴颈中心连线；两端面中心孔连线）。

（2）轴向基准：曲轴为了防止轴向力作用而发生轴向窜动，采用止推结构，加工的轴向基准一般选择止推面。

（3）角基准：粗加工连杆前，在曲柄上铣角向定位面或定位凸台作为角基准。

3. 曲轴加工工艺路线

曲轴加工工艺路线的编制原则包括：先粗加工后精经加工；先加工基准后加工其他部位；先加工面后加工孔；先加工主要面后加工次要面。

曲轴的主要加工面包括主轴颈、连杆轴颈、前后端外圆、前后断面、连接键槽、油道等。曲轴的主要加工工序包括工作面加工、检验、清洗和去毛刺。

结合上述内容，查阅相关资料，填写表 2-1-3 相关内容。

表 2-1-3　曲轴主要工作面加工流程

工作面	工序名称	定位基准	加工设备

工作面	工序 名称	定位 基准	加工 设备

4. 曲轴加工质量控制方法

某发动机曲轴线有多个结构类型曲轴加工项目,包括 15 道加工工序,工序间的零件转移由机械手完成,整条生产线配备了二维码追踪系统对零件进行 100%的追踪,每个工序采取多台机床并行加工方式。轴颈形状的精度要求控制在 0.005 mm,连杆颈与主轴颈的平行度要求为 0.005 mm,直径的公差为 0.012 mm,主轴颈的跳动要求为 0.03 mm,端面跳动要求为 0.02 mm,轴颈表面粗糙度要求为 $Ra0.32$ um。

轴颈的加工精度要求如表 2-1-4 所示,曲轴线加工的质量指标要求为:一次下线合格率(FTQ)≥98%,报废率≤0.3%。

表 2-1-4　某种型号的曲轴加工技术要求

检测位置	检测项目	6100	6102	6105	6B	6C	DCI11	491
主轴颈	尺寸	$\phi75^{0}_{-0.019}$	$\phi80^{0}_{-0.019}$	$\phi80^{0}_{-0.019}$	$\phi83^{+0.013}_{-0.013}$	$\phi98^{+0.013}_{-0.013}$	$\phi102^{-0.012}_{-0.034}$	$\phi56.98^{+0.01}_{-0.01}$
	表面粗糙度 ✓✓✓	$Ra0.32$	$Ra0.32$	$Ra0.32$	$Ra0.4$	$Ra0.4$	$R1.25\approx$ $Ra0.25$	$Ra0.3$
	圆度 ◯	0.005	0.005	0.005	0.006 4	0.0064	0.007	0.01 0.005(1/4)
	圆柱度 ◯	0.005	0.005	0.008	0.013	0.013	0.008	0.008/25.4
	中间轴颈对两端轴颈的跳动 ✓✓	0.05	0.05	0.12	0.152	0.152	0.14	0.05
	对相邻轴颈的跳动 ✓	—	—	—	0.051	0.051	0.05	—
连杆轴颈	尺寸	$\phi62^{0}_{-0.019}$	$\phi64^{0}_{-0.019}$	$\phi69^{0}_{-0.019}$	$\phi69^{+0.013}_{-0.013}$	$\phi76^{+0.013}_{-0.013}$	$\phi102^{-0.012}_{-0.034}$	$\phi51.99^{+0.01}_{-0.01}$
	表面粗糙度 ✓✓✓	$Ra0.32$	$Ra0.32$	$Ra0.32$	$Ra0.4$	$Ra0.4$	$R1.25\approx$ $Ra0.25$	$Ra0.3$
	圆度 ◯	0.005	0.005	0.005	0.006 4	0.006 4	0.007	0.01 0.005(1/4)
	圆柱度 ◯	0.005	0.005	0.006	0.013	0.013	0.008	0.008/25.4
	对主轴颈平行度 ∥	0.015	0.015	0.015	0.03	0.03	$\phi0.015$	$\phi0.015$
	相位角	120°±30′	120°±11′	120°±11′	120°± 0.203′	120°± 0.203′	±20′	±0.2′
	曲轴半径	57.5 ±0.1	57.5 ±0.08	60 ±0.10	60 ±0.076	67.5 ±0.076	78±0.04	38.475 ±0.05
止推轴颈	对主轴颈跳动 ✓	0.05	0.05	0.05	0.05	0.05	—	0.025
	垂直度 ⊥	—	—	—	0.017	0.023	0.03	平面度 (+0.005) (−0.01)
	宽度	$44^{+0.08}_{0}$	$44^{+0.08}_{0}$	$44^{+0.08}_{0}$	$37.5^{+0.076}_{-0.025}$	$43^{+0.076}_{-0.025}$	$42.4^{+0.039}_{0}$	$32.025^{+0.025}_{-0.025}$
	表面粗糙度 ✓✓✓	$Ra0.5$	$Ra0.5$	$Ra0.5$	$Ra0.4$	$Ra0.4$	$R1.6\approx$ $Ra0.32$	L: $Ra0.8$ R: $Ra0.6$

在加工完曲轴主要加工面后，应对每个表面进行质量检测，请对照实训室曲轴和连杆元件检测结果，填写表 2-1-5 相关内容。

表 2-1-5　曲轴检测

发动机型号：

检测项目	检测值	规格要求	检测工具	存在问题
主轴颈 1 尺寸				
主轴颈 2 尺寸				
主轴颈 3 尺寸				
主轴颈 3 尺寸				
主轴颈 1 圆度				
主轴颈 2 圆度				
主轴颈 3 圆度				
主轴颈 4 圆度				
主轴颈圆柱度				
连杆轴颈 1 尺寸				
连杆轴颈 2 尺寸				
连杆轴颈 3 尺寸				
连杆轴颈 1 圆度				
连杆轴颈 1 圆度				
连杆轴颈 1 圆度				
连杆轴颈圆柱度				
曲柄尺半径				
止推轴颈尺寸				
止推轴颈宽度				

四、总结与思考

1. 在曲轴加工过程中，造成主轴颈直径超差的主要原因有哪些？

2. 在曲轴加工过程中，保障曲轴加工质量的措施有哪些？

任务三 发动机缸体加工工艺

任务目标

（1）了解缸体的结构特点。

（2）能简要绘制汽车发动机缸体机械加工工艺流程图。

（3）能按照"5S"管理要求，对实训室、工作岗位进行管理。

（4）能主动获取有效信息，展示工作成果，进行学习总结与分享。

任务准备

（1）学习资源：微课视频、电子学习资料。

（2）学习设备：个人计算机、手机。

（3）实训设备：实训车间、多媒体教室。

任务过程

一、缸体结构面分析

气缸体又称为发动机机体，是发动机的"骨架"，是发动机上各机构和系统的装配基础，其内、外安装了发动机所有的主要零部件及附件，承受各种载荷。因此，缸体必须有足够的强度和刚度。安装在缸体上的主要零件有缸盖、曲轴、油底壳、活塞连杆总成等，连接在缸体上的主要附件有水泵、油泵、发电机和起动机等。缸体也是发动机冷却液和机油的主要通道载体。

结合上述内容，查阅相关资料，填写图 2-1-5 中缸体结构面的名称。

图 2-1-5 缸体结构面分析

二、缸体的材料与毛坯

发动机气缸体一般采用灰铸铁铸造，如图 2-1-6 所示。灰铸铁气缸体具有足够的韧性，以及良好的耐磨性、耐热性、减振性、铸造性能和可切削性，并且价格便宜。近年来，为了达到减轻整车整备质量目的，发动机缸体大量采用合金材料，其中应用最广泛的合金材料就是铝合金。铝合金气缸体如图 2-1-7 所示，气缸的材料并不是铝合金，而仍然是铸铁，这主要是为了降低成本。虽然全铝合金缸体的重量要轻一些，但由于气缸壁摩擦系数大，如果使用铝合金气缸孔，则需要使用硅铝合金和气缸内壁金属离子喷涂等昂贵的材料和工艺，这样会极大增加发动机缸体的成本。因此，在铝合金缸体中，气缸孔一般镶嵌铸铁气缸套，确保了缸孔的耐磨性，同时也减轻了缸体的重量。

图 2-1-6　灰铸铁气缸体　　　　　图 2-1-7　铝合金气缸体

气缸体的毛坯采用砂型铸造，缸体毛坯对非加工面不允许有裂纹、冷隔、疏松、气孔、砂眼、缺肉等铸造缺陷。

三、气缸体加工质量要求

1. 缸体上结合平面

缸体上结合平面又称燃烧室面，如图 2-1-7 所示。这个面用于安装发动机缸盖，与缸盖一起形成燃烧室，高温、高压的混合气体在里面燃烧。因此，缸体顶平面的质量要求非常高，如一般缸体顶平面的平面度精度要求达到 0.05 mm，表面粗糙度除了有 Rz 要求外，还有表面波纹度 W_t 的要求。

2. 缸体-气缸孔

以直列 4 缸发动机为例，缸体有 4 个气缸孔。发动机工作时，活塞会在气缸孔内作上下往复运动，因此气缸孔的孔径大小、表面粗糙度、垂直度、圆度、圆柱度等参数非常重要，将直接影响到发动机的使用性能。

3. 缸体-曲轴孔

曲轴孔是缸体中最重要的孔系之一，由上、下两个半圆孔组成的。上半圆孔在上缸体中；下半圆孔的结构随产品的不同而有所差异，有的在下缸体中，有的在轴承盖上。无论下半圆孔在下缸体还是轴盖上，都通过螺栓固定在上缸体上，从而使上下半圆孔形成一个完整的曲轴孔。

曲轴孔的关键质量参数包括直径、曲轴孔之间的同轴度以及曲轴孔的表面粗糙度等。其中，曲轴孔的直径公差一般控制在 0.01 mm 以内，同轴度公差一般控制在 0.05 mm 以内，表面粗糙度 Ra 要求小于 1.6 μm。

4. 缸体-前端面

缸体-前端面一般要安装水泵和机油泵总成（含曲轴前油封）等发动机重要附件，因此该面的平面度、垂直度和表面粗糙度等质量参数都非常重要。如缸体前端面平面度公差小于 0.1 mm，垂直度公差小于 0.15 mm，表面粗糙度除了有 Rz 要求外，还有 W_t 要求。

5. 缸体-后端面

缸体-后端面通常要安装飞轮或变速器，因此，与缸体的前端面一样，该面要求控制平面度、垂直度和表面粗糙度等参数，精度与前端面的要求基本一致。

四、缸体加工工艺流程

1. 工艺流程的一般原则

缸体加工工艺流程的一般原则主要包括：
（1）先基准后其他：如先加工一面两销，再加工其他。
（2）先面后孔：先加工平面，切去表面的硬质层，可避免因表面凸瘤、毛刺及硬质点的作用而引起的钻偏和打刀现象，提高孔的加工精度。
（3）粗、精分开：有利于消除粗加工时产生的热变形和内应力，提高精加工的精度。有利于及时发现废品，避免工时和生产成本浪费。
（4）工序集中：为了减少工序、机加工设备，降低成本，应最大限度地集中在一起加工，提高生产效益和加工精度。相关孔集中在一台机床上加工还可以减少重复定位产生的定位误差，尤其是位置精度。

2. 缸体加工工艺流程

某发动机生产厂的气缸体加工工艺过程如图 2-1-8 所示。在加工工艺流程中，以缸体内腔两壁上定位品台和前后端面出砂孔为定位基准，加工缸体上凸台、工艺导向面、机冷器面等部位。用过渡基准定位加工缸体龙门面、对口面、底面、顶平面等部位。

3. 发动机气缸体质量控制

发动机气缸体的质量检测是确保气缸体性能和质量的重要环节，包括原材料的质量检测、加工过程中的质量检测、成品的质量检测等方面。在发动机气缸体的质量检测过程中，应采用精确的检测设备和测量方法，对气缸体的各项性能指标进行检测和测试，以确保其符合设计要求和相关标准。在检测过程中，应遵循严格的质量标准和检测程序，确保检测结果的准确性和可靠性。

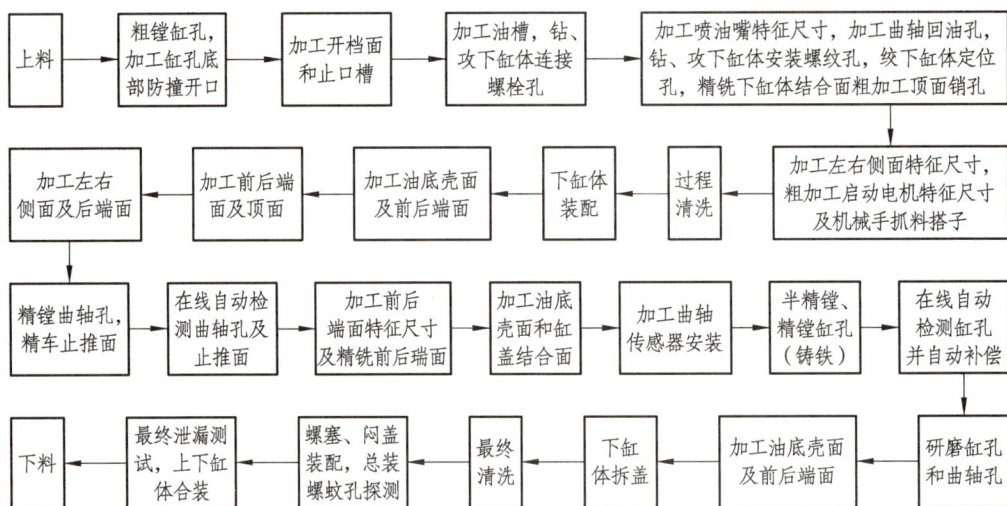

```
┌────────┐   ┌──────────────┐   ┌──────────────┐   ┌──────────────┐   ┌──────────────────────────────┐
│  上料  │──→│粗镗缸孔，     │──→│加工开档面     │──→│加工油槽，钻、 │──→│加工喷油嘴特征尺寸，加工曲轴回油孔，│
│        │   │加工缸孔底     │   │和止口槽       │   │攻下缸体连接   │   │钻、攻下缸体安装螺纹孔，绞下缸体定位│
│        │   │部防撞开口     │   │              │   │螺栓孔         │   │孔，精铣下缸体结合面粗加工顶面销孔│
└────────┘   └──────────────┘   └──────────────┘   └──────────────┘   └──────────────────────────────┘
                                                                                       │
┌────────────┐  ┌──────────────┐  ┌──────────────┐  ┌────────┐  ┌────────┐  ┌──────────────────────────┐
│加工左右     │←─│加工前后端     │←─│加工油底壳面   │←─│下缸体   │←─│ 过程   │←─│加工左右侧面特征尺寸，     │
│侧面及后端面 │  │面及顶面       │  │及前后端面     │  │装配     │  │ 清洗   │  │粗加工启动电机特征尺寸     │
│            │  │              │  │              │  │        │  │        │  │及机械手抓料搭子           │
└────────────┘  └──────────────┘  └──────────────┘  └────────┘  └────────┘  └──────────────────────────┘
      │
┌────────────┐  ┌──────────────┐  ┌──────────────┐  ┌──────────────┐  ┌──────────────┐  ┌──────────────┐  ┌──────────────┐
│精镗曲轴孔，  │→ │在线自动检     │→ │加工前后       │→ │加工油底       │→ │加工曲轴       │→ │半精镗、       │→ │在线自动       │
│精车止推面   │  │测曲轴孔及     │  │端面特征尺寸   │  │壳面和缸       │  │传感器安装     │  │精镗缸孔       │  │检测缸孔       │
│            │  │止推面         │  │及精铣前后端面 │  │盖结合面       │  │              │  │（铸铁）       │  │并自动补偿     │
└────────────┘  └──────────────┘  └──────────────┘  └──────────────┘  └──────────────┘  └──────────────┘  └──────────────┘
                                                                                                                  │
┌────────┐  ┌──────────────┐  ┌──────────────┐  ┌────────┐  ┌────────┐  ┌──────────────┐  ┌──────────────┐
│  下料  │←─│最终泄漏测     │←─│螺塞、闷盖     │←─│ 最终   │←─│下缸体   │←─│加工油底壳面   │←─│研磨缸孔       │
│        │  │试，上下缸     │  │装配，总装     │  │ 清洗   │  │拆盖     │  │及前后端面     │  │和曲轴孔       │
│        │  │体合装         │  │螺蚊孔探测     │  │        │  │        │  │              │  │              │
└────────┘  └──────────────┘  └──────────────┘  └────────┘  └────────┘  └──────────────┘  └──────────────┘
```

图 2-1-8　发动机汽缸体工序流程

（1）气缸体加工精度控制。

发动机气缸体的加工精度对其性能和寿命具有重要影响。加工精度包括尺寸精度、形状精度和表面粗糙度等。为确保加工精度，应采用精确的加工设备和工艺方法，如数控机床、加工中心等。在加工过程中，应进行在线检测和控制，确保每个工序的精度符合要求。

（2）表面质量控制。

发动机气缸体的表面质量对其性能和寿命具有重要影响。表面质量包括表面粗糙度、微观结构和宏观缺陷等。为确保表面质量，应采用精加工方法和合适的切削液，以减少切削力和切削热。在加工完成后，应对表面进行清洗和抛光，去除残留的切削液和毛刺等缺陷。

请以实训发动机机型为例，结合图 2-1-9 所示的气缸孔加工点图，填写表 2-1-6 相关内容。

图 2-1-9　气缸孔加工点图

表 2-1-6　气缸体缸孔质量检测参数表

检验项目	规格	检验工具

五、总结与思考

请根据发动机气缸体加工工艺编制原则，编制一份实训发动机的气缸体工艺流程。

任务四　发动机缸盖加工工艺

任务目标

（1）了解缸盖的结构特点。
（2）能简要绘制汽车发动机缸盖机械加工工艺流程图。
（3）能按照"5S"管理要求，对实训室、工作岗位进行管理。
（4）能主动获取有效信息，展示工作成果，进行学习总结与分享。

任务准备

（1）学习资源：微课视频、电子学习资料。
（2）学习设备：个人计算机、手机。
（3）实训设备：实训车间、多媒体教室。

任务过程

一、发动机气缸盖结构分析

气缸盖安装在缸体的上方，从上部密封缸体，气缸盖下端面与缸盖上部形成燃烧室，经常与高温高压燃气相接触，因此承受很大的热负荷和机械负荷。水冷式发动机气缸盖内预制有水套与水管接口，水套与缸体上冷却水孔相通，形成冷却水循环对燃烧进行冷却。在气缸盖上布置火花塞孔与进油孔，作为点火系统和供油系统执行元件的安装机体。发动机气缸盖的结构如图 2-1-10 所示。

1—前后面；2—上端面；3—下端面；4—凸轮轴支撑孔；5—凸轮轴孔；6—气门座；
7—气门导管孔；8—基准孔。

图 2-1-10　气缸盖结构

气缸盖一般为六面体，系多孔薄壁件，其上有气门座、气门导管孔、各种光孔及螺纹孔、凸轮轴孔等。汽油机缸盖有火花塞孔，柴油机缸盖有喷油器孔。

根据发动机缸盖的数量，气缸盖可分为整体式缸盖和分体式缸盖等。只覆盖一个气缸的称为单体气缸盖，覆盖两个以上气缸的称为块状气缸盖（通常为两缸一盖，三缸一盖），覆盖全部气缸的称为整体气缸盖（通常为四缸一盖，六缸一盖）。

二、汽缸盖的材料与毛坯制造

1. 汽缸盖材料

汽缸盖材料一般采用灰铸铁或合金铸铁，现在发动机广泛采用铝合金材料，铝合金有着良好的导热性能，相较于铸铁其质量更轻，有利于汽车车身轻量化。但是铝合金缸盖的刚度差，使用过程中容易变形。

以前使用的气门座的材料一般采用耐热合金铸铁，气门导管一般采用铸铁。现在，粉末冶金在气门阀座和导管的应用越来越多，很多复杂的形状也能铸造成型，不需要再加工，但耐磨性不如铸铁。

2. 汽缸盖毛坯要求

缸盖毛坯一般采用铸造成型。在大批量生产过程中，采用金属机器造型，并能实现机械化流水作业。现在在产品设计和开发初期阶段，缸盖毛坯或样件一般采用快速成型的方法获得。

缸盖毛坯的技术要求：毛坯不应该有裂纹、冷隔、浇不足、表面疏松（密集性针眼）、气孔、砂眼、沾砂等，并且保证定位基面（粗基准）、夹紧点和粗传送点光滑，一致性好。

三、汽缸盖加工工艺

1. 平面加工工艺

缸盖的顶面、底面和进、排气面都是大面积平面，精度要求高（平面度为 0.04 mm，垂直度为 0.05 mm，位置度为 0.10 mm），并且平面一般作为其他工艺过程的加工基础，对机床的几何精度和刀具的调整精度要求比较高。缸盖的平面加工一般采用机夹密齿铣刀进行铣削加工，在缸盖大平面加工时，采用硬质合金刀片加工，并配一个金刚石修光刃。目前在毛坯情况好的前提下，可以全部采用金刚石刀片进行加工，提高加工后的表面粗糙度。

2. 高精度孔加工

气缸盖上的气门阀座、导管孔、挺杆孔和凸轮轴孔等孔系，有配合关系。其尺寸精度、位置精度和表面粗糙度要求极为严格，所以这些高精度孔系的加工工序是缸盖工艺中的核心工序。孔系一般采用摇臂钻床、组合机、加工中心等进行钻、扩、铰方式加工；导管及阀座采用冷冻或常温压装方式进行压装，常温压装过程中一般采用位移-压力控制法对装配过程进行控制。

3. 缸盖加工过程中毛刺的处理

在铝合金缸盖加工中，由于是塑性材料，加工过程中不可避免地产生毛刺。对于加工过程中的毛刺，除了要合理地选用加工参数、刀具参数外，还可以提高工件材料的硬度，也可以弱化加工过程中毛刺的产生。

加工过程中去除加工毛刺的方式主要包括：

（1）尼龙毛刷去毛刺，多用于大的加工表面和大的孔隙去毛刺。

（2）高压水去毛刺，多用于深油孔去毛刺，也有利用旋转水柱去大面或大孔的毛刺。

（3）表面喷丸或表面抛丸：多用于铸件表面的毛刺、飞边处理，影响工件的清洁度。

（4）电火花去毛刺：用于比较难去除的毛刺如合金钢的毛刺，对于不规则的毛刺，去除比较困难。

（5）氢氧爆破去毛刺：利用氢氧燃烧产生的压力和高温气流，消除附于工件表面的毛刺。但是对于要求比较高的工件毛坯，补焊、裂纹、冷隔都有可能导致工件报废。

4. 缸盖的清洗

缸盖清洗工序是缸盖的主要辅助工序之一。因为发动机对缸盖的清洁度要求非常严格，而缸盖又是一个多孔型腔组成的复杂铸造箱体，如清洗不彻底而使砂子和铝屑等进入发动机的润滑系统或汽缸中，则会直接影响发动机的工作和使用寿命。所以，应该充分重视缸盖的清洗工序。

对于缸盖清洗机而言，现在一般都带有射流清洗工位，相当于预清洗工位，工件在水箱中翻转，清洗喷嘴带有压缩空气的水流，从而达到工件初步清洗的效果。

对于有装配需求或不易清洗干净之处，清洗机上一般配备有定点定位清洗工位，就可以将规定部位清洗干净了。但会导致机床长度增加、喷嘴布置不方便等，而且还无法满足柔性清洗的需求。对于缸盖水道的清洗，因为受到毛坯铸造质量的影响比较大，所以也是一个清洗难点。

三、典型气缸盖加工工艺流程

某发动机制造厂缸盖的加工工艺流程如图 2-1-11 所示。图中所示的工艺流程，运用了加工中心制造技术、敏捷制造技术等较为先进的生产线制造技术。另外，为了更好地进行多品种共线生产，缸盖的设计、工艺基准都在向排气侧转化，以便更好地进行共线生产。

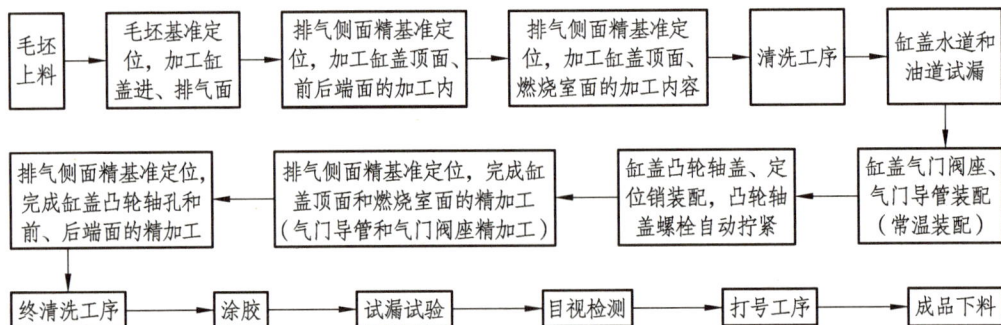

图 2-1-11　典型气缸盖工艺流程

四、缸盖加工的注意事项

缸盖加工的注意事项主要包括：

（1）缸盖尺寸较大时，由于内应力重新分布而产生变形，会严重影响缸盖的加工精度。一般的原则就是先面后孔，粗加工和精加工尽量分散，以保证加工应力的释放。

（2）为了避免缸盖结合面划伤，一般将结合面精加工尽量放在后续工序。

（3）振动清理内腔铁屑杂物工序，应安排在与水腔有关的加工工序以后最为适宜。免得震动清理后，又加工与水腔有关的部位，又有铁屑掉进去，以后还需要进行清洗。

（4）加工过程中，特别是自动化大批量加工过程中，最好带有夹具喷漆检测和刀具折断检测，以减少加工过程中，不必要的损失。

五、总结与思考

1. 结合上述内容，查阅相关资料，填写表 2-1-7 相关内容。

表 2-1-7　气缸盖各表面结构及加工面分析

结　　构	加工面分析
上端面	
下端面	
进气面	

结 构	加工面分析
排气面	
左侧面	
右侧面	

2. 查阅相关资料，编写表 2-1-7 中的缸盖零件的加工工艺流程。

项目考核

项目名称	汽车发动机典型零件加工技术		教师：		日期：	
评价依据	学生完成所有工单、实操作业					

序号	任务内容及要求		配分	评分标准	得分		
					自我评分 10%	小组评分 30%	教师评分 60%
1	任务实施过程中文献查阅	是否查阅信息资料	10分	缺一个要点扣1分			
		正确运用信息资料	10分	酌情赋分			
2	规定时间内的完成度	在规定时间内完成任务	10分	酌情赋分			
	任务完成的正确度	任务完成的正确性	10分	酌情赋分			
3	沟通交流能力	积极参与交流	10分	酌情赋分，但违反课堂纪律，不听从教师和组长安排、违反现场安全管理制度不得分			
	安全意识	工位安全检查、登记	5分				
	劳动教育	工位清扫整理、教室卫生值日	5分				
	标准意识	按照操作规程完成装配	10分				
	质量意识	零件检查、工序检查	10分				
	职业素养	按时出勤，遵守纪律	10分				
	责任意识	认认真真、尽职尽责	5分				
	工匠精神	精益求精、追求极致、专心致志、创新突破	5分				
小计							
总评							

项目二 汽车发动机总装工艺

学习目标

1. 素养目标

（1）树立安全意识。

（2）树立质量意识。

（3）树立标准意识。

（4）培养遵守规章制度意识。

（5）提升团结协作、与人沟通能力。

（6）乐于钻研，精益求精。

2. 知识目标

（1）掌握汽车发动机装配工艺基础知识。

（2）掌握汽车发动机内装工艺流程。

（3）掌握汽车发动机外装工艺流程。

3. 能力目标

（1）能认知发动机总装工艺流程。

（2）能按照装配手册完成发动机内部零件装配。

（3）能按照装配手册完成发动机外部零件装配。

（4）能按照"5S"管理要求，对实训室、工作岗位进行管理。

（5）能主动获取有效信息，展示工作成果，进行学习总结与分享。

项目描述

　　某发动机制造厂商的四缸汽油发动机年产量为 36 万台，年生产时间为 300 天。为了按时完成生产任务，企业总装生产部门制定了针对该四缸发动机机型的装配制造工艺，确定了采用三班倒生产制度，发动机生产线采用了内装生产布局和外装生产布局。

工作任务与流程

　　任务一　发动机装配工艺

　　任务二　发动机内装工艺

　　任务三　发动机外装工艺

建议学时

　　12 学时。

任务一　发动机装配工艺

发动机装配工艺（上）

任务目标

（1）了解汽车发动机装配工艺主要内容。

（2）了解发动机总装生产的先进工艺性。

（3）能解决生产实践中简单的装配工艺技术问题。

（4）能主动获取有效信息，展示工作成果，进行学习总结与分享。

任务准备

（1）学习资源：微课视频、电子学习资料。

（2）学习设备：个人计算机、手机。

（3）学习条件：实训车间、多媒体教室。

任务过程

在发动机制造过程中，发动机零部件通过机械切削加工完成后，按照发动机零部件的组装工艺要求，将零部件组装成结构、功能、性能完整的汽车发动机产品。在发动机总装结束后，对发动机进行调试与磨合，使发动机最终达到动力性、经济性、安全性、稳定性、排放要求等产品指标。每种不同品牌和型号的发动机都会根据自身结构特点以及企业的技术水平制定规范的装配技术工艺，在发动机装配中主要工艺包括拧紧、压装、涂胶和试验。

一、拧紧工艺

任何机体都是由多种零件连接（即组装）而成，机械零件常用的连接方式包括螺纹连接、铆钉连接、黏接、焊接等，螺纹连接是最常用的一种。对零件进行螺纹连接时，需要拧紧螺栓或螺钉。"拧紧"是机械装配工作中应用极为广泛的概念。

1. 螺栓连接

（1）螺栓连接的概念。

螺纹连接是采用螺钉、螺栓或螺柱将两种型材或零部件连接成一个复杂机体的过程，因此可分为螺钉连接、螺栓连接、螺柱连接，如图 2-2-1 所示。螺栓连接具有结构简单、拆装方便，对连接孔的加工要求低，操作时便于机械化、自动化产线布置等优点，在机械装配中应用广泛。

（2）螺栓的风险等级。

螺栓在使用中，根据零件的组装要求选择合理的螺栓等级以及螺栓拧紧方式，如表 2-2-1 所示。

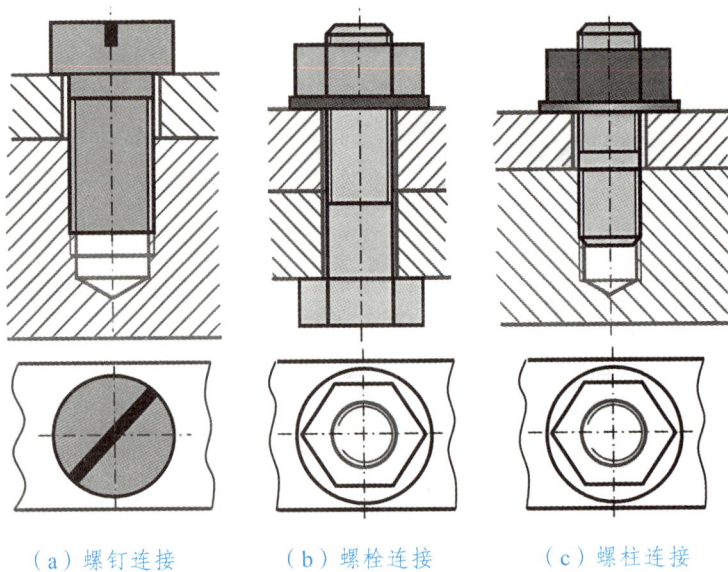

（a）螺钉连接　　　（b）螺栓连接　　　（c）螺柱连接

图 2-2-1　螺纹连接方式

表 2-2-1　螺柱的风险等级及要求

螺栓等级	分级要求	使用范围	拧紧设备最低要求
A 级	螺栓失效会危及生命安全	主要用于构件精度高，连接可靠性要求高的位置，一般用于机械结构内部安装	控制变量（拧紧扭矩）和监测变量（拧紧角度），必须存储螺栓连接数据，以进一步分析
B 级	螺栓失效会导致主要功能不正常		控制变量（拧紧扭矩）和监测变量（拧紧角度）
C 级	螺栓失效会影响机体完整性，导致客户抱怨	A. 抗拉连接 B. 承受静力载荷作用 C. 可拆卸连接 D. 外部安装连接	控制变量（拧紧扭矩）

2. 螺栓拧紧的基本原理

在螺栓连接时，首先要保证零部件能有效连接起来，螺栓正常情况下螺栓不松动；在拆卸构件时，螺栓要容易被拆卸。零部件组装时要保障后期密封性，以及长时间受振动或挤压时螺栓不松动。在螺栓拧紧时需要对构件施加高而且稳定的夹紧力（轴向预紧力），保证零件的夹紧效果。

（1）螺栓拧紧时受力分析。

螺栓在被拧紧的过程中，螺栓受拉，连接件受压，螺栓产生的张拉力将连接件夹紧，产生零件的紧固效果。在拧紧过程中，螺栓上会受到扭矩、压紧力、摩擦力作用。螺栓拧紧过程中的受力情况如图 2-2-2 所示。

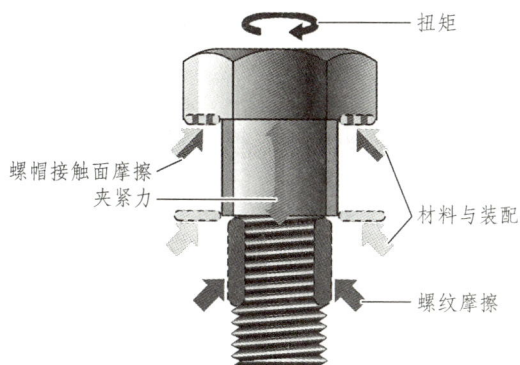

图 2-2-2   螺栓拧紧受力

螺栓受力后所经过的变形阶段：初始拧紧阶段、快速旋紧阶段、最终拧紧阶段、螺栓断裂。螺栓拧紧过程的扭矩-角度（T-A）曲线图如图 2-2-3 所示。

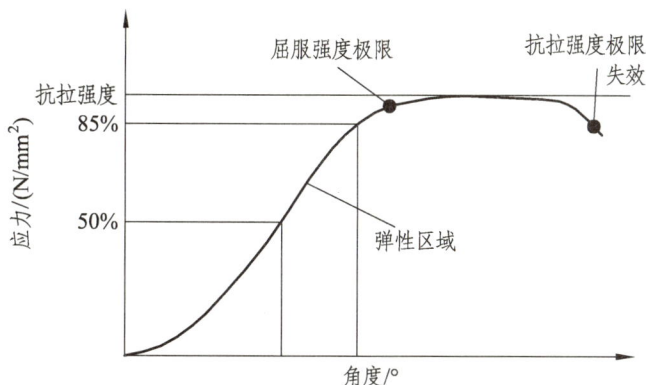

图 2-2-3   扭矩—角度（T-A）曲线图

螺栓拧紧阶段主要包括：

① 螺栓初始拧紧阶段，螺栓座未与连接接触时，螺栓与连接件之间只有材料装配面上摩擦力与螺纹摩擦力，夹紧力为 0 N，螺栓扭矩较小。

② 当螺栓落座后，拧紧正式开始，随着螺栓旋转角度增大，夹紧力逐渐增大，螺栓扭矩大幅度增大，螺帽接触面摩擦力增大。

③ 螺栓受拉力达到屈服点时，开始产生塑形变形，螺栓转角增大，扭矩与夹紧力增加变小，直至不变。

④ 螺栓被继续拧紧时，扭矩与夹紧力逐渐减小，直至螺栓断裂。

（2）夹紧力的影响因素。

螺栓与连接件之间的夹紧力是保证工件紧固可靠的工作力，它的大小直接影响零件功能。螺栓拧紧过程中产生的拧紧扭矩大部分被各接触面之间的摩擦力消耗，转化为夹紧力的大约只有 10%。螺栓连接中夹紧力的要求一般要大于外部载荷的最大值，并且具备一定安全余量。因此在拧紧过程中，一定要确保施加的扭矩能达到最小施加扭矩，但不能超过螺栓使用极限。螺栓夹紧力分析和标识分别如图 2-2-4（a）、（b）所示。

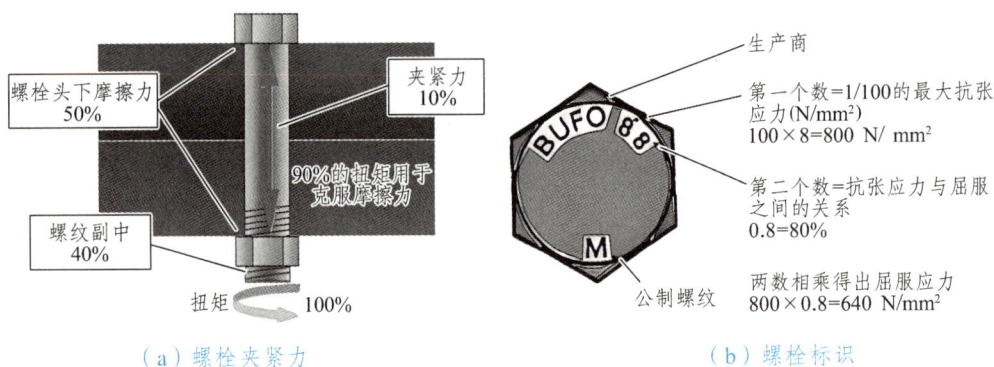

（a）螺栓夹紧力　　　　　　　　　　　（b）螺栓标识

图 2-2-4　螺栓夹紧力分析及标识

在机械零件加工和装配过程中，存在较多影响夹紧的因素。首先是零件的摩擦力影响，工件表面粗糙、螺纹质量差，工件不符合要求会导致摩擦力增大；其次是装配技术落后导致夹紧力下降，工件精度低、工具精度低或使用不合理、装配方法不合理；再次是其他影响因素影响，如设计不合理、温度因素影响、拧紧系统参数错误（拧紧力设置不合理）等因素也会导致螺栓夹紧力被削弱。

3. 常见拧紧方法

螺栓拧紧主要是保证两个连接件之间具备足够的压紧力，但在实际工作过程中不容易检测压紧力，因此在螺栓拧紧过程中选择合理的方法对压紧力进行控制。拧紧控制方法主要包括扭矩控制法、扭矩-转角控制法、屈服点控制法、落座点-转角控制法、螺栓伸长控制法，其中扭矩控制法、扭矩-转角控制法最为常用。

（1）扭矩控制法。

扭矩控制法是最简单的控制方法，即当扭矩达到某一设定值时立即停止拧紧动作的控制方法。扭矩控制法的时间-扭矩关系曲线如图 2-2-5 所示。

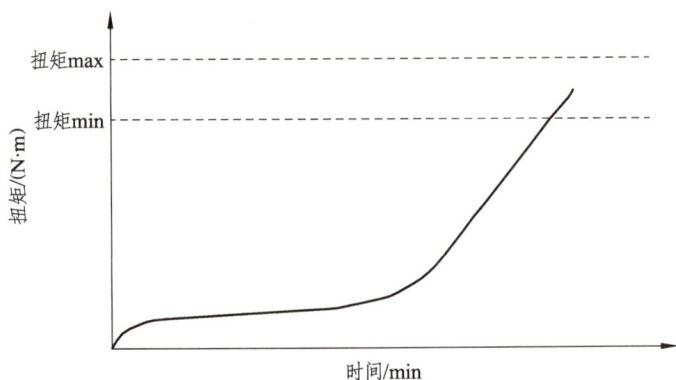

图 2-2-5　时间-扭矩关系曲线

螺栓向下的轴向拉力（即螺栓预紧力）F 与拧紧时所施加的拧紧扭矩 T 成正比的关系，即

$$T = K \times F$$

其中，K 为扭矩系数，其值主要由接触面之间、螺纹牙之间的摩擦系数来决定。

在螺栓拧紧过程中，90%以上的力矩用于克服摩擦力，因此摩擦系数直接影响螺栓预紧力 F。

扭矩控制法的优点：控制系统简单，可以利用扭矩传感器或高精度扭矩扳手来检查拧紧质量。扭矩控制法的缺点：螺栓轴向预紧力的控制精度不高，不能充分利用材料的潜力。

（2）扭矩-转角控制法。

扭矩-转角控制法是在扭矩控制法的基础上转化而来，它是在将螺栓拧到规定力矩范围后再将螺栓旋转一个规定角度的一种控制方法。相较于转矩控制法，转矩-角度控制法的精度更高，将目标扭矩设置在零件屈服点扭矩之后，可以获得螺栓轴向预紧力，提升材料潜力。扭矩-转角控制法的转角-扭矩关系曲线如图 2-2-6 所示。

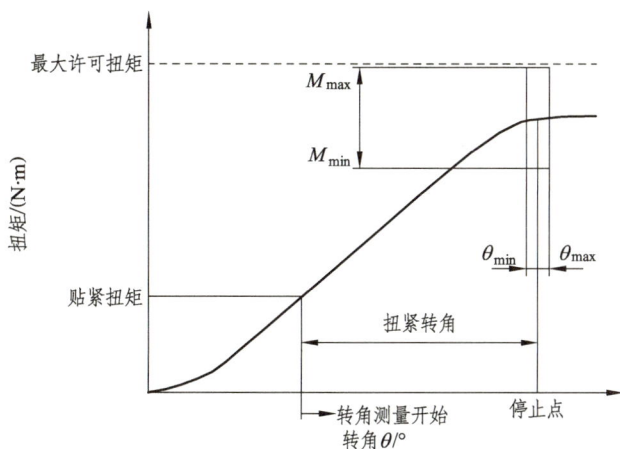

图 2-2-6　扭矩-角度控制法的转角-扭矩关系曲线

扭矩-转角控制法的缺点是控制系统复杂，需要同时控制扭矩和转角两个参数，才能保证拧紧质量。

（3）屈服点拧紧控制法。

屈服点拧紧控制法是由扭矩斜率演变而来，可以说是扭矩斜率控制的一种特殊形式。屈服点拧紧控制法利用材料从弹性变形区向塑性变形区过渡时的特性，但是屈服点同样要进行严格的试验或检测，以防止螺栓和螺纹损坏或断裂。

（4）落座点-转角控制法。

落座点-转角控制法是由扭矩-转角控制法发展而来的。扭矩-转角控制法是以某一预定的转矩值作为转角的起点，落座点-转角控制法是以螺栓实际落座点来计算转角的起点。针对不同摩擦系数的螺栓连接中，选择的预定转角值有所不同，但螺栓落座点位置差异不大。因此当施加不同的预定扭矩时，螺栓轴向拉伸力会产生较大误差，通过采用落座点-转角控制法计算出更为合理的转角落座点，能有效地克服拧紧扭矩产生的误差，进一步提高拧紧精度。

落座点-转角控制法相较于扭矩-转角控制法，是在螺栓拧紧系统中采用动态控制参数的方法，因此控制难度更大，对生产线质量检测与监控要求更高。

（5）螺栓伸长法。

螺栓伸长法是通过测量螺栓的伸长量来确定是否达到屈服点的一种控制方法，虽然每一个螺栓的屈服强度不一致，也会给拧紧带来误差，但其误差一般都非常小。

采用螺栓伸长法测量螺栓的伸长量时，一般利用超声波来测量。超声波的回声频率随螺栓的伸长而加大，一定的回声频率就代表了一定的伸长量。在手动拧紧或拧松螺栓时，用超声仪所测得的回声频率随螺栓的拧紧（增加伸长量）或拧松（减小伸长量）而发生变化的曲线并不重合，同一螺栓轴向预紧力的上升频率低于下降频率，因此在测量螺栓的屈服点时应予以重视。

4. 拧紧质量控制

发动机总装工艺中有大量的拧紧工序，拧紧工序的目的是获得正确的螺栓预紧力矩。因此，在完成所有拧紧工序操作后，必须对拧紧力矩、目标力矩、拧紧角度等参数进行检测与核对，确保每一道拧紧工序参数都是符合发动机装配标准。拧紧参数是发动机生产质量管理的重要依据，也是发动机产品销售与使用的重要指标，每台发动机的各项参数都应有独立的质检体系。拧紧参数检测一般通过质量管理系统中专业的检测仪器进行抽检，或在操作过程中通过拧紧设备直接采集拧紧数据并储存。拧紧参数的检测方法需要根据零件之间不同连接方式进行选择。

1）螺栓连接方式

螺栓连接方式根据材料类型与使用场所可分为硬连接与软连接，如图 2-2-7 所示。

（1）硬连接。

硬连接常用于连接件硬度大，刚性、贴合面光滑且贴合度高的金属零件连接。在拧紧过程中，螺栓到达贴合点后，继续拧紧角度小于 30° 后达到目标扭矩，如发动机缸体内的螺栓连接属于硬连接。

（2）软连接。

软连接常用于较软材质或连接件中有橡胶等弹性材料的螺纹零件连接。在拧紧过程中时，螺栓到达贴合点后，目标转矩从 10% 上升至 100% 时，拧紧角度不小于 323°，如汽车底盘上部分带有橡胶垫的连接就属于软连接。

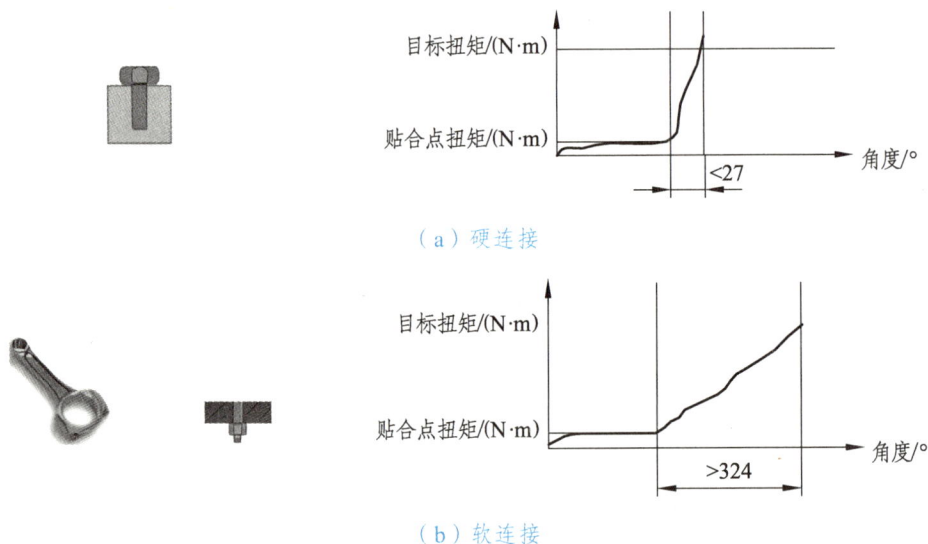

（a）硬连接

（b）软连接

图 2-2-7　螺栓连接方式

2）扭矩测试方法

常用的扭矩测试法有静态扭矩测试法与动态扭矩测试法。

（1）静态扭矩检测。

静态扭矩是指一个紧固件被紧固后，继续沿着拧紧方向旋转所需要克服静态摩擦的扭矩。一般使用指针式手动扳手（如扭力扳手）测量的扭矩峰值就是静态扭矩。

静态扭矩检测是在拧紧过程结束后才完成的检测，检测方式有 3 种：

① 松开法：将拧紧的螺栓用扭矩扳手松开，读取松开瞬时的数值。采用这种检测方法，由于螺纹升角的关系，松开时的扭矩比拧紧时的扭矩要小 3%。这种检测方法的误差较大，除特殊情况外很少采用。

② 紧固法：用扭矩扳手沿已经拧紧螺栓的拧紧方向再施加一个逐渐增大的扭矩，直至螺栓再一次产生拧紧运动，读取拧紧瞬间的数值。采用这种检测方法，扭矩偏差为实际扭矩的-5%~+25%。偏差产生的原因：在旋动螺栓的瞬间所产生的摩擦阻力不同于拧紧过程中的摩擦阻力，因为两种情况下的摩擦系数不同（前者为静摩擦，后者为动摩擦），并且因为操作人员的掌握程度、用力大小、感觉偏差等因素，均会造成不同程度的偏差。紧固法适用于检测拧紧后不超过 30 min 的螺栓扭矩。

③ 标记法：即对已经拧紧螺栓的拧紧位置做一个标记，将螺栓拧松之后再拧紧到原来位置的一种检测方差。该方法的扭矩偏差为实际扭矩的-12%~+5%。标记法的测试相较于前两种检测方法，扭矩精度都高，但在实际应用中有些螺栓不允许重复拧紧，所以限制了这种方法的广泛应用。

（2）动态扭矩检测。

在螺栓的拧紧过程中获得的扭矩值（如发动机装配时采用的自动拧紧枪上显示的扭矩值）为动态扭矩。动态扭矩检测方法是在螺栓拧紧过程中进行检测的方法，俗称过程法。这种方法在检测过程中需要专门的扭矩传感器。动态扭矩检测方法主要包括：

①直接法。

利用直接法检测过程中，把扭矩传感器直接串接于拧紧头与被拧紧的螺栓之间，拧紧时可以直接读出示数。这种检测方法所使用的扭矩传感器可以临时安装，但会造成一定的测量误差。如若采用专门的连接部件，精度还是可以保证的。

②固定传感器法。

固定传感器法与直接法的区别在于扭矩传感器不是临时安装的，而是固定在拧紧头的输出轴上。这种检测方法虽然可以避免直接法的检测误差，但每个拧紧头的输出轴上均要安装一个专门用于检测的扭矩传感器，成本较高。

③传感器替换法。

传感器替换法仅应用于拧紧头的输出轴上原来就装有扭矩传感器的设备。在原拧紧头安装扭矩传感器的部位上装一根装卸尺寸与扭矩传感器完全相同的可以快速拆卸的活动轴，在检测时可以快速拆卸活动轴（即原扭矩传感器随之卸下），换上检测用的扭矩传感器。这种检测方法只需一个扭矩传感器，故比固定传感器法的成本低。这个传感器仅在需要检测时才装在拧紧头上，平时还可用于同类拧紧头的检测，也方便了自身精度的检定。

静态检测方法比较简便，易于实施，因而在生产和质检部门中得到广泛应用，但静态检测误差较大。动态检测方法是在拧紧过程中进行检测的，故其误差较小，但需要另外安装扭矩传感器，故增加了检测成本和工作量，因此在生产、生活中应用较少，主要应用于拧紧工具（即拧紧机）的检定。

5. 拧紧设备

拧紧设备是最常见的装配工具之一，按使用功能可分为拧紧工具和检测工具两类；按设备的自动化程度可分为手持式拧紧设备、多轴自动拧紧机，主要内容包括：

（1）手持式拧紧设备。

日常生活中常见的拧紧工具繁多，汽车制造领域和维修领域的拧紧工具更是常见的基本工具。根据制造类企业与维修类企业的岗位内容不同，从企业管理和成本角度考虑，所配置的拧紧设备也有所差异。维修工种多采用操作简单、机动性好的扳手类拧紧工具，制造企业生产线常采用手持式拧紧枪。

螺栓拧紧工具种类多，工具分类形式没有统一规范。按照工具输出扭矩是否可以调整，螺栓拧紧工具可分为普通拧紧工具和定扭矩拧紧工具；按照工具动力源以及是否为定扭矩，螺栓拧紧工具可分为电动拧紧机、电池拧紧扳手、液压拧紧机、气动定扭风枪、气动普通风枪，如图 2-2-8 所示，这种分类方法比较普遍。

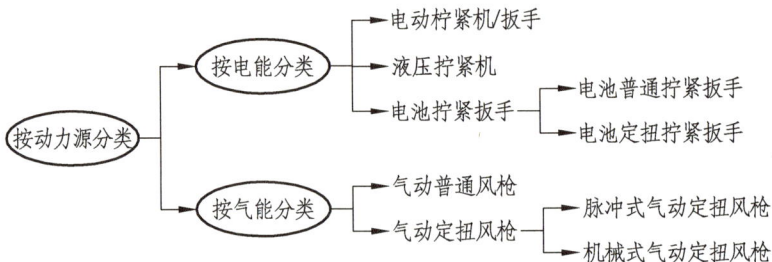

图 2-2-8　拧紧设备分类

（2）多轴自动拧紧机。

多轴拧紧技术是指采用多个拧紧头或拧紧器同时协同工作，进行联合拧紧的技术。通过多个拧紧头或拧紧器分别负责不同部位的拧紧力矩，在整个拧紧过程中相互协作、互相补偿，从而实现拧紧的精度和效率的提高。

多轴自动拧紧机通过集成先进的传感器和控制系统，利用多个拧紧轴同时处理多个螺栓拧紧任务，实现精确和可靠的拧紧操作，工作特点如下：

（1）多轴设计。

设备具有多个拧紧轴，可同时拧紧多个螺，大大提高生产效率。

（2）高精度控制。

采用先进控制系统来精确控制拧紧力矩，确保每个螺栓都达到理想的紧固效果。

（3）自动化程度高。

减少人力依赖，降低人力成本，提高生产线的自动化水平。

二、压装工艺

汽车发动机装配过程中，为了实现各个部件的功能，需要采用不同的方式将多个零件进行组装。除了螺栓连接这种最常见的方式外，在装配时两个零件可以采用压装工艺。在发动机装配生产中，活塞连杆组件、气门组件、定位销都采用压装工艺。

普通零件进行压装时，主要采用压装机。在组装生产线时，要设置压装工位与压装检测工位，以保证零件压装质量。在发动机装配过程中，活塞组件安装工序采用先进的活塞环专业压装设备，设备具有多个自动压装工位，1个自动检查工位。

压装设备是压装工艺的核心，主要包括压装机、压头、压装模具等。根据不同的压装需求，选择合适的压装设备至关重要。在选择压装机时，需要考虑到其工作压力、行程、精度等参数是否符合生产要求。

1. 压装过程

（1）压装准备。

在进行压装前，需要进行充分的准备工作。首先，需要检查压装设备是否正常，如压头是否磨损、液压系统是否漏油等。其次，需要检查待压装零件的尺寸、材料等是否符合质量要求。

（2）零件定位。

在压装过程中，零件的定位是非常重要的。通过使用定位装置，可以确保零件在压装过程中保持正确的位置和姿态。常见的定位方法包括销定位、孔定位、平面定位等。根据不同的生产需求，选择合适的定位方法可以大大提高生产效率和产品质量。

在进行压装时，需要遵循一定的操作流程和规范。在将压装零件定位后，调整压装机压头位置，对压头进行加压，保证零件与模具紧密贴合。在压装过程中，需要注意压力变化与零件状态，避免出现过载或压坏零件的情况。

2. 压装质量检测

在压装完成后，需要对零件进行质量检测。检测项目可以根据实际生产需求进行定制，一般包括尺寸检测、外观检测、性能检测等。如果发现不合格的零件，需要进行返修或报废处理，以确保产品质量。

为了方便后续的生产管理和质量追溯，需要对压装过程进行记录。记录内容包括零件信息、压装设备、操作人员、时间等。通过保存这些数据，可以方便后续查询和分析。

3. 现场管理要求与维护

在压装过程中，需要注意安全防护措施。操作人员需要经过专业培训，熟悉压装机和模具的使用方法。在操作过程中，需要佩戴相应的防护用具，如防护眼镜、手套等。此外，还需要确保工作区域整洁有序，避免出现杂物或人员走动等情况影响生产安全。

为了延长压装机和模具的使用寿命和提高生产效率，需要进行定期的维护保养。一般包括清洗设备表面灰尘、油污等杂质；检查液压系统是否漏油；检查定位装置和工具是否损坏等。此外，还需要定期更换液压油和润滑油等消耗品，以保证设备正常运行。

三、涂胶工艺

1. 发动机涂胶的作用

在发动机制造过程中，涂胶是一个重要的环节。胶水可以用于黏合、密封、填补缝隙、提供保护等。发动机装配涂胶的作用主要包含以下几个方面：

（1）增加黏结强度：涂胶可以使各部件之间产生黏结力，增加其牢固程度，从而提高发动机的可靠性。

（2）填补间隙：在发动机装配过程中，各部件之间难免存在一些间隙，涂胶可以填补这些间隙，提高发动机的密封性能。

（3）保护发动机：涂胶可以对发动机进行保护，防止灰尘、水分等杂质进入发动机内部，从而延长发动机的使用寿命。

（4）提高振动、噪声性能：涂胶可以改善发动机的振动、噪声性能，提高驾驶舒适性。

2. 涂胶材料

在机器生产的涂胶工艺中，使用的涂胶材料通常包括天然橡胶、合成橡胶、聚氨酯、环氧树脂、丙烯酸酯等。这些材料具有不同的特性，如弹性、黏附性、耐候性、耐高温性和耐低温性等，可以根据产品的需要选择适合的材料。

下面将介绍五种常见的发动机涂胶材料类型及其特点。

（1）环氧树脂胶。

环氧树脂胶是一种高强度、耐腐蚀的胶水，常用于发动机的金属黏合和填补缝隙。它具有快速固化、高黏附性、耐高温等特点。环氧树脂胶在固化过程中不会产生气体，因此不会对发动机内部的零件造成损害。此外，环氧树脂胶还具有优良的电气性能和化学稳定性，可用于黏合不同材料。

（2）聚氨酯胶。

聚氨酯胶是一种具有高弹性的胶水，常用于发动机的软质材料黏合和填补缝隙。它具有优良的耐磨性、抗冲击性和耐化学性，适用于各种不同类型的材料。聚氨酯胶在固化过程中会产生少量气体，因此需要确保发动机内部的零件不被阻塞。此外，聚氨酯胶的硬度较高，可能会对某些软质材料产生影响。

（3）丙烯酸酯胶。

丙烯酸酯胶是一种快速固化、高黏附性的胶水，常用于发动机的玻璃钢材料黏合和填补缝隙。丙烯酸酯胶具有优良的耐候性、耐腐蚀性和电绝缘性，适用于各种不同类型的材料。丙烯酸酯胶在固化过程中不会产生气体，因此不会对发动机内部的零件造成损害。此外，丙烯酸酯胶还具有优良的柔韧性和耐冲击性，可以有效地保护发动机内部的零件。

（4）硅酮胶。

硅酮胶是一种透明或半透明的胶水，常用于发动机的玻璃钢材料黏合和填补缝隙。硅酮胶具有优良的耐候性、耐腐蚀性和电绝缘性，适用于各种不同类型的材料。硅酮胶在固化过程中不会产生气体，因此不会对发动机内部的零件造成损害。此外，硅酮胶还具有优良的耐高温性和耐低温性，可以在极端环境下保持稳定的性能。

（5）酚醛树脂胶。

酚醛树脂胶是一种具有优良耐候性和耐腐蚀性的胶水，常用于发动机的金属黏合和填补缝隙。酚醛树脂胶具有良好的机械性能和电绝缘性能，适用于各种不同类型的材料。酚醛树脂胶在固化过程中会产生少量气体，因此需要确保发动机内部的零件不被阻塞。此外，酚醛树脂胶的硬度较高，可能会对某些软质材料产生影响。但是其优良的性能使得酚醛树脂胶在发动机制造中仍具有广泛的应用。

3. 涂胶设备

机器人涂胶系统是一种高效、高精度的涂胶设备，主要应用于汽车制造、电子产品组装等行业。该系统主要由机器人本体、运动控制系统、涂胶控制器、胶枪等组成，可实现自动化涂胶，提高生产效率和产品质量。

机器人涂胶系统的工作原理主要是基于机器人运动控制系统和涂胶控制器的协同工作。运动控制系统负责控制机器人的运动轨迹和速度，涂胶控制器则负责控制胶枪的涂胶量和涂胶速度。在系统中，涂胶控制器通过与机器人的通信，获取机器人的位置信息，从而控制胶枪在适当的位置和时间进行涂胶。

机器人涂胶工艺主要包括以下步骤：

（1）机器人根据产品要求，从预设路径或在线编程路径获取涂胶信息；

（2）涂胶控制器根据机器人传递的位置信息，控制胶枪进行涂胶；

（3）机器人根据预设路径或在线编程路径移动到下一个涂胶点；

（4）重复步骤（2）和（3），直到完成所有涂胶任务。

4. 涂胶工艺参数

涂胶工艺参数是影响涂胶质量的关键因素之一。涂胶工艺参数包括涂胶量、涂胶速度、涂胶温度、固化时间等。在生产过程中，需要根据产品要求和材料特性来调整这些参数，以确保涂胶质量。

5. 涂胶质量控制

为了确保涂胶质量，需要对生产过程中的各个环节进行质量控制。例如：需要对原材料进行检查和分析，确保材料的质量符合要求；在生产过程中需要进行抽检和全面检查，以确保产品的质量；在生产结束后需要对产品进行检测和测试，以确保其符合客户要求。

四、发动机试验

1. 发动机试验的作用与意义

（1）评估性能。

发动机试验是评估发动机性能的重要手段。通过试验，可以了解发动机的输出功率、燃油消耗率、排放性能等关键指标，以及发动机在不同工况下的运行状况。这些数据可以用于比较不同型号发动机的性能，选择适合特定应用场景的发动机，并为发动机的优化设计和改进提供依据。

（2）检查可靠性。

发动机试验是检查发动机可靠性的有效方法。在试验中，可以通过模拟实际运行条件，对发动机进行长时间、高强度的运行，以检测发动机的耐用性和稳定性。通过检查发动机在极端条件下的运行状况，可以发现潜在的设计和制造缺陷，并及时进行修正，提高发动机的可靠性。

（3）验证设计。

发动机试验是验证发动机设计的重要环节。通过试验，可以检查发动机的设计是否符合预期的性能指标，以及是否能够在不同的环境和工况下正常运行。试验结果可以为设计优化和改进提供反馈信息，使设计更加完善，从而提高发动机的可靠性和性能。

（4）保障安全性。

发动机试验是保障发动机安全性的重要步骤。在试验中，可以对发动机进行严格的测试，检查发动机在异常工况下的运行状况，以便及时发现潜在的安全隐患。通过试验结果的分析和评估，可以采取相应的措施，提高发动机的安全性能，保障用户的安全。

（5）验证合规性。

发动机试验是验证发动机合规性的必要手段。根据国家和国际标准，发动机需要满足一系列的排放、噪声、燃油消耗等指标。通过试验，可以检查发动机是否符合相关的法规和标准，确保产品的合规性。

（6）优化维护。

发动机试验可以为发动机的优化维护提供支持。通过试验，可以了解发动机的实际运行状况和性能特点，为制定合理的维护计划提供依据。此外，试验过程中可以收集大量的运行数据，为故障诊断和预测提供支持，提高维护的针对性和效率。

（7）改进生产。

发动机试验结果可以为生产过程的改进提供指导。通过对大量试验数据的分析，可以了解生产过程中可能存在的问题和瓶颈，如零件的加工质量、装配过程等。这些信息可以帮助生产厂家优化生产流程，提高生产效率和产品质量。

（8）评估经济性。

发动机试验可以为发动机的经济性评估提供支持。通过试验数据，可以了解发动机的燃油消耗、维护成本、寿命周期等关键指标，从而评估不同型号和品牌发动机的经济性。这些信息可以帮助客户在购买时做出更加明智的决策，同时也为生产厂家提供改进和优化的方向，提高产品的市场竞争力。

在发动机总装生产过程中，常用的试验方法有试漏、冷机测试、热机测试三种。

2. 发动机试漏

发动机试漏工艺是一种检测发动机密封性能的方法，通过向发动机内充气并测量泄漏量来判断其密封性能。该工艺主要包括以下步骤：

（1）准备工作：准备所需工具和设备，确定试漏的发动机型号和规格，了解其结构和工作原理，确保试验场地安全，采取必要的防护措施，准备好相关维修手册和操作指南。

清洗：去除发动机表面的油污、灰尘和杂质，以提高试漏的准确性和可靠性。

安装：将发动机固定在试验台上，将压力表、充气泵等设备连接到发动机上，确认所有连接处密封良好，没有泄漏现象。

（2）充气：打开充气泵，将空气或其他气体充入发动机内，逐渐增加压力，并观察压力表的数值变化，在达到所需测试压力时，停止充气。

（3）稳定：在充气后，等待一段时间，以确保发动机内部压力稳定，提高测量结果的准确性。

（4）测量：使用测量工具对发动机的泄漏量进行测量，记录泄漏量的数值，分析测量结果，判断发动机的密封性能。

（5）结果分析：根据测量结果，对发动机的密封性能进行评估。如果泄漏量超过允许范围，可能需要进一步检查和维修。如果泄漏量在允许范围内，则可以继续使用。

（6）清理：在试漏完成后，将发动机表面清洁干净，并拆卸连接的设备和工具。同时，对试验场地进行清理和检查，确保没有留下任何废弃物或安全隐患。

3. 发动机冷机测试

发动机冷机测试是一种在发动机不点火的前提下进行测试的方法。通过冷试台架的电机拖动发动机的飞轮或曲轴到达测试转速，然后通过冷试台架内的各个传感器对发动机进行全方位的量化测量，并将测试结果与标准数值进行对比，输出测试结果。

在具体操作过程中，被测试的发动机进入测试台，通过气缸或液压缸带动夹具夹紧发动机的进气口、排气口和电气适配接口，然后测试台的伺服电机驱动发动机以不同的速度旋转。与此同时，测试系统通过数据采集卡同时从发动机进气口、排气口、夹紧机构的扭矩传感器以及主油道出口的压力传感器上采集数据，采集到的测试数据通过测试台专用软件进行分析，然后将分析结果与测试台已设定好的极限值进行比较，从而确定发动机是否被正确装配。

发动机冷机测试的项目主要包括：

（1）线束的连接导通性（在安装连接线束时测定）。

（2）传感器验证、执行元件检查。

（3）机油流量测试、机油泵性能测试（在安装供油系统和添加机油时测定）。

（4）进气真空度测量。

（5）点火火花测试。

（6）油道泄漏测试。

（7）喷油器的功能检查。

（8）起动扭矩、运转扭矩。

（9）进气门正时、密封测试。

（10）排气门正时、密封测试。

（11）凸轮轴/曲轴信号测试。

（12）可变气门测试。

（13）振动、噪声故障检查。

（14）发动机电控系统测试，电控单元通信测试。

发动机冷机测试包括自动测试系统和半自动测试系统。自动测试系统是在发动机冷机试验开始前，设备自动将各种测试管路连接到发动机上；半自动测试系统是在发动机冷试开始前，由人工将各种管路连接到发动机上。

五、总结与思考

1. 自动拧紧设备与手动拧紧设备的区别包括哪些内容？

2. 一台发动机在装配时，缸盖螺栓的拧紧力矩要求为 40 N·m+90°时，可以采用哪种扭矩控制方法？装配时能否低于或高于这个数值？为什么？

任务二　发动机内装工艺

发动机装配工艺（下）

任务目标

（1）了解发动机内装工艺流程。
（2）能按照发动机装配工艺流程图完成发动机内装。
（3）学会使用发动机装配工具。
（4）掌握发动机内装质量检测要点。
（5）能主动获取有效信息，展示工作成果，进行学习总结与分享。

任务准备

（1）学习资源：微课视频、电子学习资料
（2）学习设备：个人计算机、手机
（3）学习条件：实训车间、多媒体教室

任务过程

一、汽车发动机内装生产线基础知识

发动机内装指将发动机内部零件，如曲柄连杆机构、配气机构、润滑系统、冷却系统等组件安装在发动机机体组中，并对组装部件进行泄漏测试和运转测试，保证所有零件在装配结束后达到产品的功能和性能要求。

汽车发动机内装生产线的作用主要是生产出合格的发动机，生产环节主要包括以下几个阶段：

（1）准备阶段：包括人员、设备、材料和环境的准备，确保生产顺利进行。

（2）装配阶段：将各种零部件按照一定的顺序和标准安装在发动机内部，形成完整的发动机。

（3）检测阶段：对装配完成的发动机进行一系列的检测工作，如尺寸检测、平衡检测、压力检测、泄漏检测和功能检测等，以确保其性能和质量符合要求。

（4）调试阶段：对检测合格的发动机进行调试工作，以进一步调整和优化其性能。

（5）完成阶段：将合格的发动机进行包装和入库工作，对不合格的发动机进行维修和返工工作，同时对整个内装线的工作进行总结和分析，以便不断改进和提高生产效率和产品质量。

在汽车动力部件的生产过程中，引入先进生产设备和质量管理体系，确保动力部件的各项性能和质量，提高汽车的整体质量和竞争力。

二、汽车发动机内装工艺流程

某发动机生产企业年生产任务如表 2-2-2 所示。

表 2-2-2　某企业年生产任务

产品型号	年产量/（万台）	节拍/s	工作天数/d	生产班数/班
强国牌发动机	36	50	300	3

结合上述内容，查阅相关资料，根据表 2-2-2 所示的年生产任务，回答下列问题：

（1）什么是"生产节拍"？

（2）提高发动机生产效率可以采取哪些方面的措施？

（3）随着我国工业 4.0 时代的到来，请分析现代制造行业有哪些特点。

（4）结合汽车发动机结构特点，请分析完成表 2-2-2 所示年生产任务的发动机内装生产线需要设置几条分装生产线。绘制每条分装生产线的工序流程图。

三、发动机内装质量控制

请查阅发动机内部零件装配流程图或实训指导用书，填写表 2-2-3 相关内容。

表 2-2-3　发动机内装工艺流程与质量检测要点

工序名称	装配工艺流程	质量检测要点
安装曲轴		
安装活塞连杆组件		
安装气门组件		
安装气门传动组件、凸轮轴盖		

四、发动机内部零件装配

根据发动机内部零件装配的实际情况，制定一份内装工序计划表，填写表 2-2-4 相关内容。

表 2-2-4 发动机工序计划表

发动机型号	
装配时间	
生产岗位分工	
工序流程图	
工位布局图	
收获总结	
改进计划	

五、总结与思考

每种不同型号的发动机都存在构造差异，它们的内装工艺流程是相同的吗？请谈谈你的想法。

任务三　发动机外装工艺

发动机装配工艺（中）

任务目标

（1）了解发动机外装工艺流程。

（2）能按照发动机装配工艺流程图完成发动机外装。

（3）学会使用发动机装配工具。

（4）掌握发动机内装质量检测要点。

（5）能主动获取有效信息，展示工作成果，进行学习总结与分享。

任务准备

（1）学习资源：微课视频、电子学习资料。

（2）学习设备：个人计算机、手机。

（3）学习条件：实训车间、多媒体教室。

任务过程

一、汽车发动机外装零件的装配

发动机外装生产线是对发动机机体组外部组件与系统的安装，如冷却系统、进气系统、排气系统、涡轮增压系统、点火系统、供油系统、发动机电控单元、传感器、线束等组件的安装。发动机外装工序结束后，进入性能试验工序，主要有冷试验工序和热试验工序。

1. 结合上述内容，查阅相关资料，回答下列问题：

（1）什么是冷试验技术？冷试验技术的目的是什么？

（2）冷试验一般分为哪些测试阶段？

（3）冷试验的测试指标有哪些？

（4）什么是发动机的热试验？热试验的作用是什么？

2. 查阅实训室发动机外部零件装配流程图或实训指导用书，填写表 2-2-5 相关内容。

表 2-2-5　发动机外部零件组成

工序名称	零件名称	安装流程	质量检测要点
安装涡轮增压系统			
安装进气系统			
安装排气系统			
安装冷却管道			
安装供油系统			
安装点火系统、传感器、线束			

二、制订发动机零件外装工序计划

根据发动机外部零件安装工序和流程，编写一份外部零件装配工序计划，填写表 2-2-6 相关内容，并按照计划表完成实训操作验证。

表 2-2-6　发动机外部零件装配工序计划表

发动机型号	
装配时间	
生产岗位分工	
工序流程图	
工位布局图	
收获总结	
改进计划	

项目考核

项目名称	汽车发动机总装工艺		教师		日期			
评价依据	学生完成项目所有工单、实操作业							
序号	任务内容及要求		配分	评分标准	得分			
					自我评分10%	小组评分30%	教师评分60%	
1	任务实施过程中文献查阅	是否查阅信息资料	10分	缺一个要点扣1分				
		正确运用信息资料	10分	酌情赋分				
2	规定时间内的完成度	在规定时间内完成任务	10分	酌情赋分				
	任务完成的正确度	任务完成的正确性	10分	酌情赋分				
3	沟通交流能力	积极参与交流	10分	酌情赋分，但违反课堂纪律，不听从教师和组长安排、违反现场安全管理制度不得分				
	安全意识	工位安全检查、登记	5分					
	劳动教育	工位清扫整理、教室卫生值日	5分					
	标准意识	按照操作规程完成装配	10分					
	质量意识	零件检查、工序检查	10分					
	职业素养	按时出勤，遵守纪律	10分					
	责任意识	认认真真、尽职尽责	5分					
	工匠精神	精益求精、追求极致、专心致志、创新突破	5分					
小计								
总评								

项目三　汽车发动机生产管理

学习目标

1. 素养目标

（1）树立安全、质量、现场管理意识。

（2）培养遵守规章制度意识。

（3）提升团结协作、与人沟通能力。

2. 知识目标

（1）了解汽车发动机生产管理的作用与意义。

（2）了解汽车发动机生产安全管理基础知识。

（3）了解汽车发动机生产设备管理基础知识。

（4）了解汽车发动机生产质量管理基础知识。

（5）了解汽车发动机生产物流管理基础知识。

3. 能力目标

（1）能认知发动机生产企业中各类生产管理岗位主要工作内容。

（2）能认识生产工作环境内的安全标识。

（3）能正确穿戴防护用品。

（4）能按照"5S"管理要求，对实训室、工作岗位进行管理。

（5）能制定简单的管理方案。

（6）能主动获取有效信息，展示工作成果，进行学习总结与分享。

项目描述

　　某发动机制造厂商新招聘了一批员工，为了让新员工尽快了解企业工作环境、组织结构、岗位职责和各项规章制度，对新员工进行为期一个月的入职培训，学习公司三级安全内容，养成正确穿戴劳动防护用品的良好习惯，提高企业安全管理认知，为将要承担的工作岗位奠定良好的基础。

工作任务与流程

　　任务一　发动机生产安全管理

　　任务二　发动机生产设备管理

　　任务三　发动机生产质量管理

　　任务四　发动机生产物流管理

建议学时

　　8 学时。

任务一　发动机生产安全管理

任务目标

（1）了解生产安全管理的目的。

（2）能识别工作环境的危险源。

（3）能认识生产工作环境内的安全标识。

（4）能主动获取有效信息，展示工作成果，进行学习总结与分享。

任务准备

（1）学习资源：微课视频、电子学习资料。

（2）学习设备：个人计算机、手机。

（3）实训设备：实训车间、多媒体教室。

任务过程

一、企业生产安全管理范畴

1. 安全制度建立

企业应建立完善的安全管理制度，明确各项安全工作的要求和标准。安全制度应包括安全生产责任制、安全培训教育制度、安全检查与隐患排查制度、应急预案制定与实施制度、职业健康管理制度、设备设施安全管理制度、危险品与环境安全管理制度、安全生产考核与奖惩制度等。应根据企业的实际情况和国家法律法规的要求制定各项制度，明确各级管理人员和员工的安全职责和义务。

2. 安全培训与教育

企业应定期开展安全培训与教育，提高员工的安全意识和安全技能。培训内容应包括基本安全知识、危险识别与防范、应急处置方法、消防器材使用等。对于特种作业人员，必须经过专门的培训和考核，获得相应的资格证书后方可上岗。同时，企业应制定安全考核制度，对员工的安全知识和技能进行评估，以确保员工具备必要的安全素质。

3. 安全检查与隐患排查

企业应定期进行安全检查与隐患排查，及时发现和解决存在的安全隐患。安全检查应包括设备设施的安全状况、员工的安全操作、危险品的管理、环境的安全因素等。隐患排查应建立相应的排查机制，对发现的问题及时处理并整改。同时，企业应建立安全隐患档案，记录存在的安全隐患和整改情况，为后续的安全管理工作提供参考。

4. 应急预案制定与实施

企业应制定符合自身实际情况的应急预案，以应对可能发生的突发事件。应急预案应包括应急组织机构、应急流程、应急资源、应急演练和应急处置等。企业应定期组织应急演练和评估，检查应急预案的可行性和有效性，并及时调整和完善应急预案，确保其在紧急情况下能够发挥应有的作用。同时，企业应建立应急救援队伍，配备必要的应急救援设备和物资，确保应急救援工作的顺利开展。

5. 职业健康管理

企业应建立完善的职业健康管理制度，保障员工的身体健康和工作安全。职业健康管理应包括职业病危害因素检测与评价、职业健康监护、职业卫生宣传教育等。企业应采取有效的防护措施，减少员工接触职业病危害因素的机会。同时，企业应为员工提供健康检查和健康咨询服务，及时发现和治疗职业病患者，保证员工的身体健康。

6. 设备设施安全管理

企业应建立设备设施安全管理制度，确保设备设施的安全运行和正常工作。设备设施安全管理工作应包括设备的维护保养、设备的定期检查、设备操作规程的制定和执行等。同时，对于特种设备和高危设备，企业应加强安全管理力度，确保其安全性能符合国家相关标准和要求。

7. 危险品与环境安全管理

企业应建立危险品与环境安全管理制度，确保危险品和环境的安全性。危险品管理应包括危险品的采购、储存、使用和废弃等环节的管理要求；环境安全管理应包括环境保护措施的制定和执行、环境监测与评估等方面。同时，企业应采取有效的措施减少环境污染和资源浪费，实现可持续发展。

8. 安全生产考核与奖惩

企业应建立安全生产考核与奖惩制度，对各级管理人员和员工的安全工作进行评估和考核。安全生产考核应包括安全管理工作的成效、安全培训和教育的情况、安全检查与隐患排查的落实情况等方面。对于安全生产表现优秀的单位和个人，企业应给予相应的奖励；对于安全生产违规行为和事故责任单位和个人，企业应进行相应的处罚和处理。同时，企业应将安全生产考核结果与员工绩效评价和晋升挂钩，激励员工积极参与安全管理工作。

二、认知生产工作环境的安全标志

生产工作环境安全标志可以划分为四大类：

（1）禁止标志：禁止人的不安全行为的图形标志。

（2）警告标志：提醒人们对周围环境进行注意的图形标志。

（3）指令标志：强制人们必须做出某种动作或采用防范措施的图形标志。

（4）提示标志：向人们提供某种信息的标志。

结合上述内容，查阅相关资料，填写表 2-3-1 相关内容。

安全标识的含义

表 2-3-1　安全标志的含义

安全标志	含义	安全标志	含义

三、安全事故预防知识

安全防护，简称为安防。所谓安全，就是没有危险、不受侵害、不出事故；所谓防护，就是防备、戒备，而防备是指作好准备以应对攻击或避免受害，戒备是指防备和保护。因此，安全防护可定义为：做好准备和保护，以应对攻击或者避免受害，从而使被保护对象处于没有危险、不受侵害、不出现事故的安全状态。显而易见，安全是目的，防护是手段，通过防范的手段达到或实现安全的目的。

1. 机械设备安全事故预防措施一般要求

（1）按要求着装。衣服必须扣好、袖口扎紧、长发要塞在帽子内，切记在有转动的机器设备上工作时，不能戴手套。

汽车生产企业为保证员工在工作中的安全与身体健康，加强劳动防护用品的管理工作，使劳保用品的管理规范化、制度化。根据国家《个体防护装备配备规范 第1部分：总则》（GB 39800.1—2020）以及公司的具体情况，编制各项劳保用品的使用制度。

劳动防护用品一般包括：工作服、工作鞋、防毒口罩、防尘口罩、防护镜、防护手套、绝缘鞋、焊工面罩、焊工手套等，如图 2-3-1 所示。

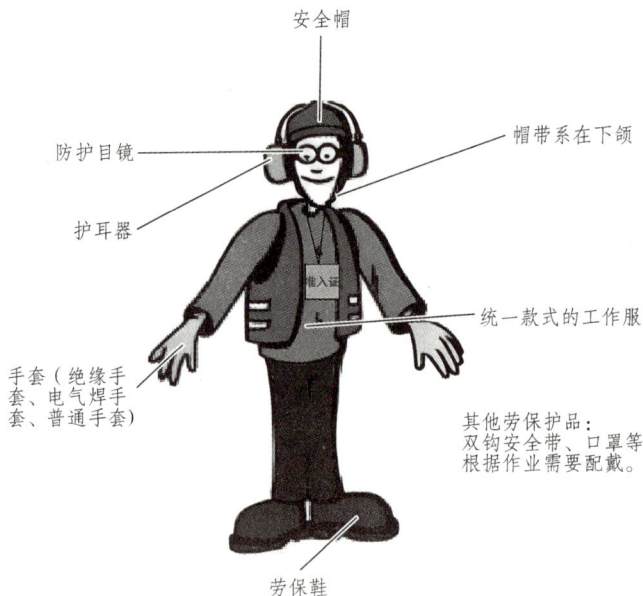

图 2-3-1　个人防护装备

（2）遵守安全操作规程。禁止用手代替工具操作或用手拿工件进行机械加工，应使用夹具。

（3）工件和刀具装夹要牢固。禁止把工具、量具、卡具和工件放在机器或变速箱上，防止落下伤人。

（4）停机进行清扫、加油、检查和维修保养等作业时，须锁定该机器的启动装置，并挂警示标志。

（5）与发动机企业生产相关的设备，在起动前应做到确保完好；试运转正常；无异常声音；无异常气味。

2. 用电安全基本要求

（1）车间内的电气设备不要随便乱动，发生故障不能带病运转，应立即请电工检修。

（2）经常接触使用的配电箱、闸刀开关、按钮开关、插座以及导线等，必须保持完好。

（3）需要移动电气设备时，必须先切断电源，导线不得在地面上拖动以免磨损，导线被压时不要硬拉，防止拉断。

（4）打扫卫生、擦拭电气设备时，严禁用水冲洗或用湿抹布擦拭，以防发生触电事故。

（5）停电检修时，应将带电部分遮拦起来，悬挂安全警示标志牌。除采用严格接地保护装置外，还需要制定严格的安全使用规章制度。

四、总结与思考

1. 在一起生产安全事故中，经检查发现存在以下问题：戴手套作业，长发未戴帽子；运转中清扫杂物，工作服未三紧；新员工未培训；设备缺少安全附件；设备安全组件失灵；地面有油污或杂物。请回答：此次安全事故中，人的因素是哪些？物的因素是哪些？管理的因素是哪些？

2. 通过以上学习，如何理解发动机的安全生产？

任务二　发动机生产设备管理

任务目标

（1）了解 TPM 设备管理体系的定义。
（2）了解 TPM 体系意义。
（3）了解 TPM 体系推行实施办法。
（4）能主动获取有效信息，展示工作成果，进行学习总结与分享。

任务准备

（1）学习资源：微课视频、电子学习资料。
（2）学习设备：个人计算机、手机。
（3）实训设备：实训车间、多媒体教室。

任务过程

设备管理是管理学体系的核心业务之一，是以设备为研究对象，追求设备综合效率，应用一系列理论、方法，通过一系列技术、经济、组织措施，对设备从规划、设计、选型、购置、安装、验收、使用、保养、维修、改造、更新直至报废的全寿命过程进行的科学管理。

在现代企业中，运用先进的设备管理体系使设备寿命周期内的费效比达到最佳的程度，使设备资产综合效益最大化。

$$费效比 = 费用/效益$$

一、TPM 设备管理体系

1. TPM 定义

设备管理体系（Total Productive Maintenance，TPM）是当前提高设备生产能力的最经济的保全方式。T 是指全员，即管理、维修、生产操作的相关人员；P 是指生产，提高设备的效率和质量，降低成本；M 是指维修、延长设备使用寿命。

20 世纪 50 年代，美国的制造加工业对机械装备的依赖性越来越突出，设备故障也随着设备的复杂性而越来越多变，维护成本越来越高。美国为了解决这些问题而形成了一些设备管理的科学方法，包含 BM、PM、CM、MP。

事后维修（Breakdown Maintenance，BM）是最早期的维修方式，即发生故障再修，不坏不修。

预防维护（Preventive Maintenance，PM）是以检查为基础的维修，利用状态监测和故障诊断技术对设备进行预测，有针对性地对故障隐患加以排除，从而避免和减小停机损失，可划分为定期维修和预知维修两种方式。

改善维护（Corrective Maintenance，CM）是不断地利用先进的工艺方法和技术，改正设备的某些缺陷和先天不足，提高设备的先进性、可靠性及维修性，提高设备的利用率。

维护预防（Maintenance Prevention，MP）是可维修性设计，提倡在设计阶段就认真考虑设备的可靠性和维修性问题。从设计、生产上提高设备品质，从根本上防止故障和事故的发生，减少和避免维修。

生产维护（Productive Maintenance，PM）是一种以生产为中心，为生产服务的一种维修体制，它包含了以上四种维修方式的具体内容。对不重要的设备仍然实行事后维修，对重要设备则实行预防维修，同时在修理中对设备进行改善维修，设备选型或自行开发设备时则注重设备的维修性（维修预防）。

2. TMP 体系的作用

TPM 主要是为了解决设备老化损坏严重、设备维修费用居高不下、设备异常停机影响生产计划等问题。推荐 TPM 的意义主要包括以下三方面：

（1）TPM 使企业效率达到最佳。企业投入的是人员、机器和材料，产出则是通过安全、质量、成本、企业发展等指标来衡量，TPM 通过最大化产出和最小化投入来提高生产效率。

（2）企业实现最大化产出。通过保持理想的操作环境和有效使用设备以及消除与设备有关的一切损失来实现最大化产出。

（3）全员意识的彻底变化、上下级内部信息交流通畅、设备效率的提高增强了企业体质、改善力，使员工有成就感与满足感并实现了自我等。

3. TMP 体系推进措施

TPM 的首要目的就是要事先预防并消除设备故障所造成的六大损失，如准备调整、器具调整、加速老化、检查停机、速度下降和生产不良品，做到零故障、零不良、零浪费和零灾害。在保证生产效益最大化的同时，实现费用消耗的合理化。

TPM 的目标可以概括为四个零，即停机为零、废品为零、事故为零、速度损失为零，主要内容包括：

（1）停机为零。

停机为零是指计划外的设备停机时间为零。计划外的停机对生产造成冲击相当大，影响产品生产流程，造成资源闲置等浪费。计划停机时间要有一个合理值，不能为了满足非计划停机为零，而使计划停机时间值偏高。

（2）废品为零。

废品为零是指由设备原因造成的废品为零。"完美的质量需要完善的机器"，机器是保证产品质量的关键，而人是保证机器好坏的关键。

（3）事故为零。

事故为零是指设备运行过程中事故为零。设备事故的危害非常大，影响生产，并且可能会造成人身伤害，严重的可能造成会"机毁人亡"，危及人身安全，蒙受巨大损失。

（4）速度损失为零。

速度损失为零是指设备速度降低造成的产量损失为零。由于设备保养不好，设备精度降低而不能按高速度使用设备，等于降低了设备性能。

4. TMP 管理体系

实施 TPM 管理体系包含两大基础模块，即"5S"管理体系和重复小组管理机制。

首先，彻底地执行 5S 活动，包括：整理、整顿、清扫、清洁和素养。将 5S 管理活动作为推进 TPM 活动的基础，是 TPM 的重要组成部分。将 5S 管理活动作为 TPM 活动的起点，以单个设备的 5S 管理活动为地点，逐步向整个设备管理体系推进。但在实际生产设备管理中，仅仅只推行 5S 而不持续推行 TPM 其他管理活动，生产设备管理水平仍无法获得更大的提高，即无法达到 TPM 的零化目标。

其次，TPM 管理体系的另一大基础模块是岗位重复小组活动。小组活动是指实施改善项目或革新项目的基本单位。企业构建重复性小组活动机制，创造全员改善的氛围，倡导全员工参与到一个或多个改善团队中，全方位参与企业检测、维护、使用与管理。

TPM 管理的实质就是以"5S"活动为前提，通过对每台设备的使用与维修进行全面的、合理的控制，使每台设备的综合效率达到最高。推广 TPM 的目的就是最大限度地降低施工成本。

二、设备管理实施

1. 生产设备清洁

生产设备清洁的目的是通过清洁来了解设备的主要结构及其功能；清洁设备，发掘问题点，保护设备；通过清洁来缩短加油、紧固的时间。

通过清洁发掘设备问题。用手接触设备本体，排除长年积累起来的污垢；接触设备，仔细观察设备的组成结构，移开设备。通过这些方式，将设备的问题和缺陷暴露出来。再通过五感（视觉、听觉、嗅觉、味觉、触觉）感知设备是否有轻度的晃动、松动、磨损、偏离中心、倾斜、异响、发热、漏油、漏气及其他功能不良状况，并使问题显现化。在清洁设备时要特别关注设备关键部位的加工点。

在生产设备的清洁过程中，首先要做好清扫的准备，主要是统一活动的目的，明确各成员之间的职责、形成清洁计划，准备好安全用具等。在设备清洁期间，在保障自身安全的前提下清洁设备，对设备存在的不良问题进行记录、确认，对设备周边及清洁工具进行整理。

清洁时会存在难以清洁的部位和污染源，需要具体了解并深入分析原因。对于难以清洁的部位，需要进行深层次的清扫、点检、润滑、紧固等，如没有踏脚板和扶手的地方安装了很多螺栓、螺母的盖子等；污染源则是从设备本身或者外部原因造成设备污染的源头。要解决上述问题，必须从设备和人员两个方面入手，促进操作人员掌握解决问题的办法，并长期保持设备清洁。

2. 设备润滑阶段

在设备工作不良的原因中，70%以上来自润滑与清扫的不良。设备润滑的独特意义主要包括以下几个方面：

（1）降低摩擦：在摩擦面加入润滑剂，使摩擦系数降低，从而减小了摩擦阻力，降低了能源消耗。

（2）减小磨损：润滑剂在摩擦面间可以减小颗粒磨损、表面疲劳、黏着磨损等所造成的磨损。

（3）冷却作用：润滑剂可以吸热、传热和散热，因而能降低摩擦热造成的温度上升。

（4）防锈作用：摩擦面存在润滑剂，就可以防止因空气，水滴、水蒸气、腐蚀性气体及液体等引起的锈蚀。

（5）密封作用：润滑剂对某些外露零部件形成密封，能防止水分、杂质侵入。

（6）减振作用：在受到冲击负荷时，可以吸收冲击能，如汽车减振器等。

（7）清净作用：通过润滑油的循环可以带走杂质，经过滤清器滤掉。

在设备的润滑保养过程中，润滑点是重要保养部位。在发动机生产设备中，常见的润滑点包括上料减速机、带座轴承、真空泵加油口、排屑机链条、减速机加油、ATC门导轨、带座轴承加油口等，这些部位是发动机生产设备中常见的重要润滑保养点，如图 2-3-2 所示。在润滑标准编制时，要遵循五定管理原则，即定点、定量、定质、定人和定时。

（a）上料减速机润滑点　　（b）链条和减速机加油口润滑点　　（c）带座轴承润滑点 1

（d）带座轴承润滑点 2　　（e）输送导轨和减速机润滑点　　（f）真空泵加油口润滑点

（g）导轨润滑点 1　　　　（h）导轨润滑点 2

图 2-3-2　发动机生产设备润滑点

3. 设备点检阶段

设备日常点检是指以生产部门（车间）为主，在设备运转前或者运转中由操作人员凭五官感觉来进行检查的行为。所谓"点"，是指影响设备运转的关键部位，通过这些"点"能及时地获取设备的状态。

推进 TPM，必须树立清洁就是点检、点检就是发现不良状态、不良状态就是需要修复和改善的部分、修复和改善就得出成果、成果就是达到目标的思考方式，并借此培养发掘问题的眼光。

日常点检的目的是及时发现设备的异常现象，消除隐患，防止设备状态恶化的扩大和延伸，保证设备处于最佳状态工作，避免设备故障停机，提高生产操作人员爱护设备的热情和关心设备的程度。

日常点检分三个步骤，主要包括：

（1）标准优化。

日常点检是针对直接影响产品质量的部位、在运行过程中需要经常调整的部位、易于堵塞部位、污染磨损的部位、易老化变质的部位、经常出现不正常现象的部位等进行点检。

（2）针对性培训。

现在操作人员作为点检作业的主导者，必须了解为什么要做日常点检，要清楚点检的目的和重要性，还要熟练掌握点检作业流程包括点检项目、点检位置、点检方法、点检标准、如何记录点检结果、发现异常问题怎么处理等。

（3）对点检困难部位进行改善。

点检困难部位是指操作人员在执行点检作业时，由于点检项目的位置因素、设备设计缺陷等造成该处点检无法执行或者耗时较长且不便执行的部位。对点检困难部位进行局部改善，可缩短点检时间，提高点检效率，提高操作人员满意度。

在日常设备点检中，常见的异常问题有断裂、破损、缺失、异响、漏油、漏气、松动等。

4. 设备一级/二级保养

TPM 实施的最后一个阶段是设备的一级/二级保养。一级保养是指设备使用部门（即车间）在设备科的指导及支持下，由操作工对设备实施的计划性定期维护，主要以机床内部检查和简单维护为主，一般以月度/季度为周期。

一级保养是以小修理、更换零件为主，彻底清洁、擦拭设备的内外表面和死角部位，检查或更换必要的零部件、滤网滤芯等的清理更换；检查紧固件和安全装置；检查接近开关等电气接触是否良好等。保养后的设备应达到外观清洁、呈现本色、润滑良好、设备磨损减小、设备缺陷排除、事故隐患消灭，设备操作灵活、运转正常。

二级保养是设备科专业保全人员主导完成的计划性检修，一般包括机床关键部位精度检测，主轴、转台检修等需要专业保全技能的维护，一般以季度/半年度/年度为周期。

二级保养包括检查传动系统，修复、更换磨损件；检修润滑系统，润滑最终效果检查，更换新油；调整检查各操作手柄，使其灵活可靠；清洗变速箱或传动箱等内容。

保养标准要根据故障发生情况进行动态更新，从确定年度保养计划开始就分解到月度计划，最后按照计划执行并进行标准更新。

5. 设备生产小组成员和设备维修小组成员岗位职责

在设备维修部门，生产小组成员是普通维修操作人员，而维修小组成员是技术维修人员，生产小组成员按标准化开展工作，维修小组成员按制订的维修计划与维修标准，有计划地对设备进行维护与管理。

设备生产小组成员的主要职责包括：

（1）负责生产设备日常维护与保管。

（2）负责制定设备管理制度，建立设备管理体系。

（3）负责机械设备日常分配与管理。

设备维修小组成员的主要职责包括：

（1）参与编写、修改设备作业指导书、保养内容、点检记录单。

（2）参与设备操作培训、设备 5S 培训等；负责设备管理软件维护；负责配件采购统计、领用、库存管理；负责设备台账管理、资产管理；负责设备点检、验收、维保单据管理；负责培训组织、培训资料管理。

（3）负责所辖设备的日常巡检、设备 5S 检查工作。

（4）负责机修组日常所需维修物料统计工作，参与配件安全库存的建立。

（5）参与设备作业指导书、设备点检卡、5S 清洁标准等资料的编写、建立，参与设备清单、及相关资料的管理工作。

（6）参与设备日常管理、设备调拨。

（7）协助设备经理完成设备团队的日常管理工作，考勤记录、值班加班安排、维保计划实施，以及完成上级交代的其他工作。

三、总结与思考

1. 现场"5S"管理对设备管理的意义是什么？

2. 设备点检的作用有哪些？

3. 尝试制作一份发动机实训室设备点检表，并进行设备点检，填写点检表相关内容。

任务三　发动机生产质量管理

任务目标

（1）了解质量管理的概念与相关术语。

（2）理解企业进行质量管理的必要性和重要意义。

（3）建立现场质量管理意识。

任务准备

（1）学习资源：微课视频、电子学习资料。

（2）学习设备：个人计算机、手机。

（3）实训设备：实训车间、多媒体教室。

任务过程

一、质量管理概述

1. 产品质量的定义

质量是满足一组固有特性的程度。固有特性就是可区分的特征，如物的感官的、行为的等特性，可以从三个方面来理解：一是特性可以是固有的或赋予的，如产品的尺寸；二是赋予特性是不是固有的，完成产品后因不同的要求而对产品所增加的特性；三是产品的固有特性与赋予特性是相对的，某些产品的赋予特性可能是另一些产品的固有特性。

产品质量是指产品满足规定需要和潜在需要的特征和特性的总和，从消费者的角度来讲，质量是产品（或服务）满足顾客期望的能力。产品质量是由各种要素组成的，这些要素亦被称为产品所具有的特征和特性。不同的产品具有不同的特征和特性，其总和便构成了产品质量的内涵。产品质量要求反映了产品的特性和特性满足顾客和其他相关方要求的能力。顾客和其他质量要求往往随时间而变化，与科学技术的不断进步有着密切的关联。这些质量要求可以转化成具有具体指标的特征和特性，通常包括使用性能、安全性、可用性、可靠性、可维修性、经济性和环保等方面。

2. 产品质量产生、形成和实现的过程

硬件产品的质量产生、形成和实现的过程，主要包括市场调研、设计/规范编制和产品开发、原材料采购、工艺策划和开发、生产制造、检验、试验和检查、包装和储存、销售和分发、安装和运行、技术服务和维护、市场营销售后服务等环节。

典型的流程型材料的质量产生、形成和实现的过程，主要包括市场调研、技术研究和开发、设计/规范编制和产品开发、采购、工艺策划和开发、生产过程的测量和调整、生产制造、过程维护、检验试验和检查、包装和储存、销售和分发、顾客使用、

技术服务、用后处置、市场营销等环节。

服务质量产生、形成和实现的过程，是指伴随着供方与顾客之间的接触而产生的无形产品。

典型的软件质量产生、形成和实现的过程，主要包括市场调研、需方要求规范、开发策划/质量策划、设计和实施、采购、实验确认、销售复制和交付、安装和运行、技术服务和维护、用后处置、市场营销等环节。

3. 影响质量的因素

（1）操作者。主要指操作者的素质和工作熟练程度。

（2）设备。主要指设备的精度、工装、夹具、工具量具的精度等。

（3）材料。主要指加工对象使用的原材料、辅助材料以及生产过程中的燃料、动力、外购的零部件质量。

（4）工艺方法：主要指加工产品的工艺规程、试验手段、操作方法、规程和组织管理方法等。

（5）环境：主要指工作现场的环境条件，如温度、湿度、清洁、照明、通信、震动、噪声等。

4. PDCA 循环质量管理

PDCA 循环质量管理包括计划阶段（P）、执行阶段（D）、检查阶段（C）、处理阶段（A）。

（1）计划阶段（P）。确定企业的质量目标、活动计划、管理项目和措施方案的阶段，可以划分如下 4 个步骤：

① 分析现状，找出存在的质量问题。

② 分析产生质量问题的各种因素。

③ 找出影响质量的主要因素。

④ 制定技术组织实施方案，提出措施执行计划和预计效果，具体落实执行人、时间、地点、进度、方法等。

（2）执行阶段（D）。根据预计目标和实施计划，组织计划的执行和实现。

（3）检查阶段（C）。检查计划执行情况，对结果和目标进行分析评估，找出不足。

（4）处理阶段（A）。针对执行结果，进行总结和分析、处理问题。这一阶段包括如下两个步骤：

① 总结成功的经验和失败的教训。对成功的经验进行标准化，以利于今后遵循；对失败的教训，有针对性地提出防范性意见。

② 把没有解决的遗留问题转入下一个循环，作为下一个循环应考虑的目标。

二、质量管理意识

1. 满足客户要求

让顾客满意是企业的质量方针。品牌是企业的气质，气质不是金钱可以堆积的，也不会在朝夕间改变，它需要积累，需要提升，更需要不断修炼。员工的一言一行、企业的经营管理关系到品牌形象。企业员工要时刻注意自己的言行，提升自己的修养。

时刻对品牌负责，就是要以高品质的产品和周到的服务满足顾客需求，不折不扣地兑现对顾客的承诺。要求每一个员工、每一个工序、每一个经营管理环节，时刻为顾客利益着想，使顾客放心、满意、快乐，并成为企业忠诚的用户和朋友。

2. 作业准备

每个工作岗位从业人员必须要具备所从事岗位相关的知识和技能，确保使用的工具满足技术规范要求，工作环境符合要求。认真执行开机点检，做好各项记录；生产线各道工序只接受上道工序的合格半成品，在发现异常和不良时及时反馈汇报。

3. 作业实施

各项作业实施按照既定的标准进行，严格执行作业指导书中的规定动作与步骤，遵守每一道工作流程与作业顺序；确保巡检工作的先进先出原则，生产条件发生变化时做到及时反馈；维持好工作环境与团队激励。

4. 作业检查

现场质量以目视化管理、现场5S管理、三不原则以及三不放过原则为基准，以不深入一线，不关注一线；不重视、降低要求和缺乏预防意识为制止行为。认真完成自检，执行首、中、末检查，并做好检查记录；做好工艺参数监督，并作真实记录，发现不良或可能存在的风险及时上报，制止造成信息沟通不畅、上传虚假质量信息至信息化平台、审核过程中有意掩盖问题等。

5. 问题解决

生产制造过程中，不可避免地会出现各种问题，积极收集各种数据和证据展示问题，查找和分析问题原因，积极采取措施制止不良行为以及可疑问题。以问题点为导向，充分利用各类分析方法以及质量工具来解决问题，进行有效的检验和证明。提出问题后，保持跟踪，有效地确认和反馈问题解决的效果。

6. 学习改善

对生产制造过程中发生的问题进行总结，及时更新质量控制计划，分享经验，不断提升发现问题、解决问题的能力，真正做到质量意识的提升带来产品质量不断提升。

三、"7个质量基础"管理实施

7个质量基础（7 Quality Basis，7QB）是全球领先汽车零部件制造商佛吉亚公司提出的卓越体系与精细化管理中7个生产过程的质量基础，即首件检查、防错、自检、终检、红/黄料箱、返工/返修、快速反应及持续改进，7个质量基础保证了每个产品的生产是可控的、可视的。

1. 首件检查

首件检查的目的是确认生产线是否有能力启动生产，同时保证不合格品不流入下一道工序和不发生批量质量问题等。启动生产前必须对适合安全生产合格件的所有条件进行检查。如果任何一个检查项不合格，生产就不能开始。

首件检查包括启动过程检查和合格首件检查。启动过程检查是指对工位开始操作前或设备开机生产前的准备工作确认的过程，如安全防护、人员资质、红黄料箱、QRCI等；合格首件检查是指对不同启动情况下生产的首件进行产品特性确认的过程。生产线首件检查如图 2-3-3 所示。

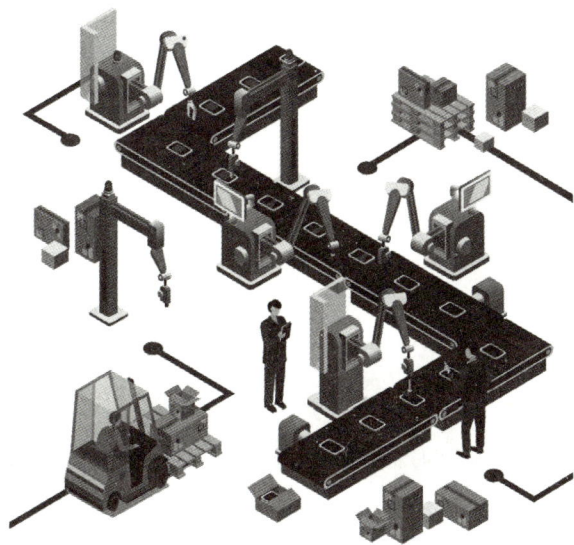

图 2-3-3　生产线首件检查

生产过程中，异常情况（或变化点）时有发生，如机型或毛坯切换、工艺参数调整等，多数情况下对加工尺寸、装配质量会造成影响。故发生正常开班、机型或毛坯切换、工艺参数调整、故障停机维修、换刀、中途人员变动等任一情况都应启动首件检查。首件检查要按照检验指导书、检验记录表、操作指导书的要求实施检测，检查项目应该根据启动情况而定。

2. 防　错

防错是指利用一种传感器或者装置，在不合格品产生前就发现错误或在不合格品产生后则发出报警信号，从而使操作者从错误中解脱出来，集中精力于增值的操作。防错能起到不制造、不流出不合格品的作用。

（1）防错装置要求。每个防错装置都应制定详细的《防错验证作业指导书》，包括防错设备名称及编号；防错标识牌使用及验证作业流程；防错设备失效的备用方案；防错设备需验证的频次。

（2）防错备用方案。该方案是指针对防错设备功能失效后所采取的应急措施，按防错设备的性质及实际的生产情况而定。例如：防错设备对于生产控制必不可少时，防错备用方案必须包含停止生产、待维修后正常生产等措施。

（3）防错标识牌使用要求。开班前应对防错设备、工装等按《防错验证作业指导书》要求进行防错验证，验证合格后粘贴绿色标识牌，才能正常开班生产。验证不合格时粘贴红色标识牌，并按标识牌备用方案内容采取相关措施。

在防错验证的过程中，需要用到样件、工具、工装等辅助装置。有些辅件对尺寸、外观有所要求，故需要对辅助的样件、工具、工装等进行日常维护。

3. 自 检

在自检过程中，操作者要熟悉《缺陷反应规则》，在自检过程中能够识别零部件缺陷，能对缺陷作出反应处理以及信息传递。如针对外观缺陷，使用图片、极限样件或者缺陷样件进行对比识别。

《缺陷反应规则》包含 3 部分内容：《缺陷识别处理规则》《缺陷判定图库》《缺陷样件看板》，其中《缺陷识别处理规则》的内容包含缺陷部位、缺陷名称、缺陷处理办法及缺陷容忍区域（绿色/红色），操作者在自检中发现缺陷时首先对照《缺陷识别处理规则》内容对缺陷进行识别、处理。绿色区域代表处理责任人为车间 GAP 班长，红色区域代表缺陷数到了不可容忍数量时需要停止生产启动 QRCI 解决。

《缺陷判定图库》以缺陷部位图片形式使操作者直观地判断缺陷，同时能识别缺陷如何处理。它的内容包括了缺陷的描述、缺陷的处理方式及缺陷问题的编号，是《缺陷识别处理规则》的有效补充。发动机气缸体质量缺陷如图 2-3-4 所示。

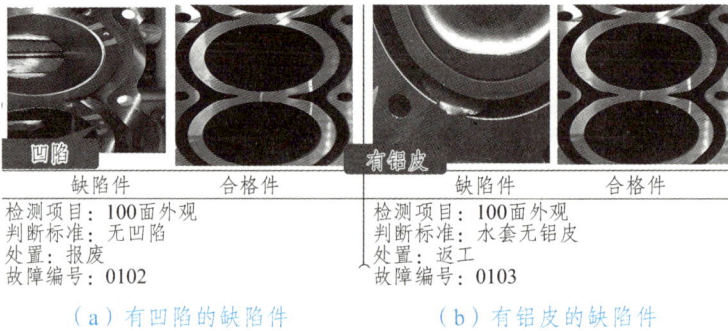

检测项目：100面外观
判断标准：无凹陷
处置：报废
故障编号：0102

检测项目：100面外观
判断标准：水套无铝皮
处置：返工
故障编号：0103

（a）有凹陷的缺陷件   （b）有铝皮的缺陷件

图 2-3-4　发动机气缸体质量缺陷

4. 终 检

检测项与控制计划一致，检测路径明确，操作工必须经过培训且通过 R&R（外观目测的重复性、再现性）测试合格。

5. 红/黄料箱

红/黄料箱只是一个概念性的表述，它可以是一个箱子、货架以及区域，如图 2-3-5 所示。红/黄料箱的作用是在生产过程中分开及隔离不合格品或可疑品，防止与合格品混放，造成非预期的质量问题。

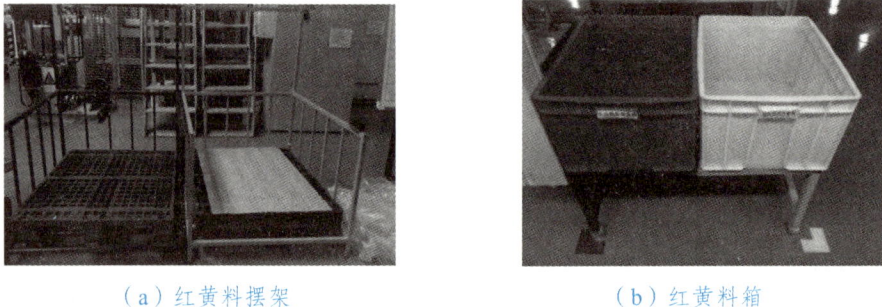

（a）红黄料摆架   （b）红黄料箱

图 2-3-5　红/黄料箱

红料箱放置不合格品，黄料箱放置需返工/返修或待评审的产品，从而为缺陷分析提供了样件，同时也为《缺陷反应规则》中目视图片提供了资源。

红黄料箱的使用要求是其清洁度及防磕碰管控，拒绝二次污染和非预期的质量问题。红黄料箱不能作为垃圾箱；红料箱必须每天班末进行清空，目的在于及时地处理不合格品，避免不合格品重新上线的低级错误，做到不合格品不过夜；黄料箱清空时限原则上为 2 个工作日。

6. 返工/返修

返工/返修是产品制造过程中所执行的一个非计划的、不增值的流程，它是指操作人员按照《返工/返修作业指导书》的要求执行产品质量纠正的过程。

返工/返修的流程如图 2-3-6 所示。

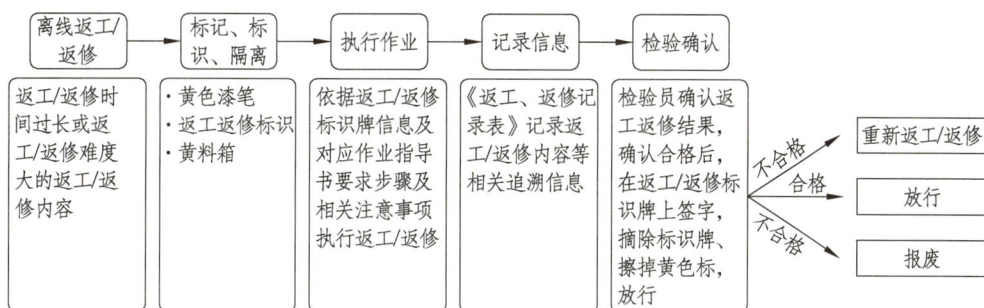

图 2-3-6　返工/返修作业流程

7. 快速反应、持续改进（QRCI）

快速反应、持续改善（Quick Response，Continuous Improvement，QRCI）是指工厂对日常不良业绩的反应活动，旨在解决问题并吸取经验教训。QRCI 是在真实的地点快速有效地解决任何问题的一种管理态度，更是一种工作标准、执行文化和行为习惯。QRCI 的原则和目标：优先考虑保护客户，避免复发。

QRCI 的层级分布为班组级、车间级、厂部级、公司级。由下到上问题升级，由上到下层层指导。QRCI 的层级分布如图 2-3-7 所示。

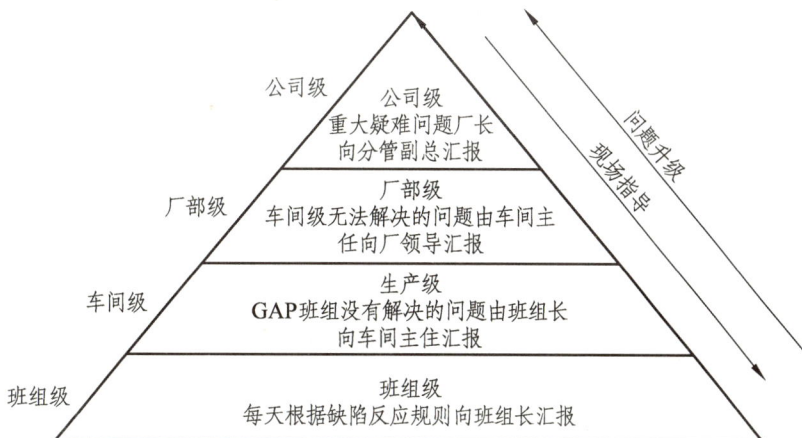

图 2-3-7　QRCI 的层级分布

当缺陷数超过容忍度时，QRCI 开始启动。QRCI 的运行原则主要包括：

（1）现场处置。

事发第一时间进入现场，检查问题。

（2）现实依据。

不依赖报告去凭空想象，根据事实和数据进行判断。

（3）现物处置。

当问题件发生时，将问题件与合格件进行比较，在未完成合格件前不要动手改进。

（4）快速反应。

对缺陷立即做出反应，采取围堵措施，快速保护客户，并向客户汇报最终决策。

（5）顾客关系。

在工厂内部，下一道工序是上一道工序的顾客；自制件流入的车间或班组是流出车间或班组的顾客；生产线是职能科室和职能部门的顾客。

（6）现场指导。

企业领导需要每天到场指导和支持 QRCI 团队，并由绩效跟踪和纪律保证 QRCI 的运行。

四、总结与思考

1. 首件检查的作用有哪些？什么条件下需要进行首件检查？

2. 以发动机活塞装配操作为例，简述发动机装配防错的目的与意义,编写一份可操作的防错方案。

任务四　发动机生产物流管理

任务目标

（1）了解现场管理意识。
（2）培养遵守规章制度意识。
（3）理解物流管理的意义。
（4）掌握生产企业物流管理的内容。
（5）掌握生产企业物流管理的方法。
（6）能够识别物流管理不善的主要原因。
（7）能制订现场工位的物流管理路线。
（8）能描述现场工位管理的内容。

任务准备

（1）学习资源：微课视频、电子学习资料。
（2）学习设备：个人计算机、手机。
（3）实训设备：实训车间、多媒体教室。

任务过程

一家发动机生产企业的发动机仓储如图 2-3-8 所示，他们是如何做到这样整齐的呢？

图 2-3-8　发动机仓储

一、现场管理定义

现场管理是指管理制度、标准和方法对生产现场的各生产要素，包含人、机、料、法、环、测、信等进行合理有效的计划、组织、协调、控制和检测，使其处于良好的结合状态，达到优质、高效、低耗、均衡、安全、文明生产的目的。

人（Man）：操作者对质量的认识、技术熟练程度、身体状况等。

机器（Machine）：机器设备、测量仪器的精度和维护保养状况等。

材料（Material）：材料的成分、物理性能和化学性能等。

方法（Method）：包括生产工艺、设备选择、操作规程等。

测量（Measurement）：主要指测量时采取的方法是否标准、正确。

环境（Environment）：工作地的温度、湿度、照明和清洁条件等。

二、物流现场管理的意义

现场管理水平是企业形象、管理和精神面貌的综合反映。现场管理能带来许多优势，如客户对我们管理工作的认同，对公司产品的信心，也能起到降低成本、提高效率的作用，同时带给员工更好的工作面貌，提升工作的自信心和满足感。

良好的产品质量和服务质量能赢得客户的认同，同样整齐、高效的生产线能给客户和社会留下良好的企业形象，提升客户对企业的认同，提高产品和企业在客户和社会的公信力。

物流现场管理能提高产品生产效率。在生产过程中，充足的物料准备是生产加工的基础，在生产线开线前将所有的物流准备齐备，能有效地降低产品的生产周期。在产品生产过程中，将产出的产品迅速运输离开生产车间，为下一轮的生产做准备。因此物流管理的科学性和高效性是提高产品生产效率的重要因素。

人、机、料、法、环是企业降低生产成本主要构成部分。物流管理是对生产成本进行科学、有机、可持续性的衔接与调整。降低原材料成本和仓储成本，有效减少因为生产进度迟缓问题而引起的物料堆积，科学有效的仓储管理能减少物品堆积和空间能源的浪费。

在客户满意、效率提升、成本控制的基础上，提升企业的管理自信和产品质量保障。

三、物流管理的主要内容

物流管理的主要内容包括 7 个方面，即人员育成、物流设备管理、仓储管理、安全管理、质量管理、标准化管理和精益管理。

1. 人员育成

物流人员主要包括仓管工、叉车工和物流操作工。人才育成还需注意人员配置、岗位分工的控制，还要熟知人员的优缺点。除此之外，还要对物流人员进行培训，建立一岗多能。还要对物流人员的工作日志进行点检，对物流人员进行绩效考核等。

物流管理相关岗位的操作性很强，具有劳动密集型和技术密集型相结合的特点。随着物流对经济全球化的影响和信息技术的迅猛发展，各行各业对物流的需求也越来越高。掌握现代经济贸易、运输与物流的理论和技能，且具有扎实英语能力的国际贸易运输及物流经营型人才备受青睐，一些既有物流技术管理知识又懂物流信息技术开发和维护的人才更加缺乏。物流从业人员往往从事的是物流业中的某一个环节的业务，如仓储、运输、包装、信息管理等。但是，一个物流从业人员应该将其知识延伸到物流的其他领域，逐步建立物流系统的概念，能统筹考虑整个物流运作的全过程。

物流管理岗位是物流线链条上的一个重要环节，每个项目和每个环节的作业，都不是靠一个人的力量完成的。在物流企业中要具备合作的团队精神，对于物流企业的上游供应商、下游客户之间也同样要具备合作精神，使得整个供应链的不同环节之间有着持续不断的信息流、产品流和资金流。

2. 物流设备管理

物流设备管理是指为使物流设备在整个寿命周期的费用达到最经济的程度，对其从选择、使用、保养、修理直到报废为止所开展一系列管理工作的总称。

物流设备管理措施主要包括如下 5 项内容：

（1）物流设备管理流程。

对企业物流管理线上的所有设备需要建立有效的管理流程，包含设备的设计、使用、保养、维修等具体操作的流程，如图 2-3-9 所示。

（2）物流设备的定置定位管理。

物流设备的定置定位管理包括定置管理和定位管理。定置管理是根据安全、品质、效率、效益和物品本身的特殊要求，科学地规定物品置放在特定位置。定位管理是定置管理付诸实践的阶段，也是定置定位管理工作的重点。定量定位管理包括以下三个方面的内容：

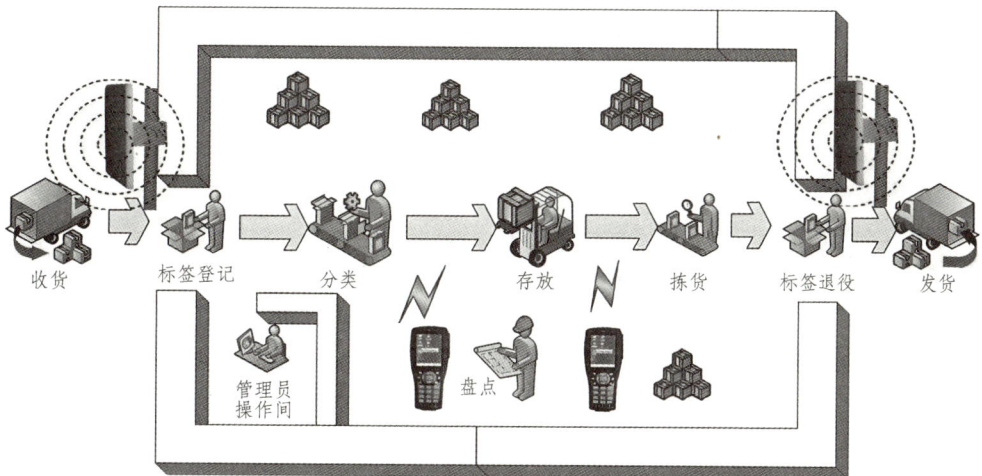

图 2-3-9　企业物流管理流程

①清除与生产无关之物。

规划生产现场中凡与生产无关的物，都要清除干净。清除与生产无关的物品应本着"双增双节"精神，能转变利用便转变利用，不能转变利用时可以变卖转化为资金，腾出空间做出现场规划，绘制定置图。

②按定置图实施定置。

各车间、部门都应按照定置定位图的要求，将生产现场、器具等物品进行分类、搬、转、调整并予定位。定置的物要与图相符，位置要正确，摆放要整齐，贮存要有器具。可移动物如推车、电动车等也要定置到适当位置。

③放置标准信息铭牌。

放置标准信息铭牌要做到牌、物、图相符，设专人管理，不得随意挪动。要以醒目和不妨碍生产操作为原则。定置定位实施必须做到：有图必有物，有物必有区，有区必挂牌，有牌必分类；按图定置，按类存放，账（图）物一致。

（3）物流设备的作业流程的制定及培训。

根据企业产品生产工艺要求，科学合理地制定物流设备的作业流程，以发动机生产中的曲轴加工为例，需要完成曲轴毛坯件上线运送、成品件下线、中途质检等生产流程，物流叉车的转车、运输、卸车流程需要符合曲轴加工生产作业要求。在对物流管理岗位从业人员培训中，根据操作流程的变更情况，实时修改培训计划与总结计划。

（4）物流设备的台账管理。

（5）物流设备日常保养、易损清单、使用寿命。

3. 物流仓储管理

物流仓储管理主要包括以下四个方面的内容：

（1）物资的特性和库存情况，如库存物资的定额消耗、异常消耗等。

（2）物资存储明细清晰，保持账、卡、物、批次的一致性。

（3）物流存储面积的合理利用，估算库存量、货架占地面积，通道宽度等。

（4）物资有效地抽盘及账务核实，这就要求班组定期抽盘，科级、部级领导不定期抽盘等。

4. 物流安全管理

在物流管理的仓储和运输等环节如果出现如货品掉落、货架坍塌、货物倾覆、叉车撞人撞物等安全事故，会造成企业生产成本浪费，危及人身安全。

物流安全管理中规避风险的办法包括：

（1）物流安全管理文件的制定并落实安全责任措施。

（2）物流安全管理的封闭式管理和防火、防盗管理。

（3）物流区域消防器材的定期点检。

（4）物流现场操作人员熟知并严格执行安全管理制度。

（5）物流现场做到人车分离，人与叉车不能同时进入同一作业点区域。

（6）物流现场安全事故无隐瞒，并合理分析事故原因，改进事故防范措施。

5. 物流质量管理

物流质量管理是指保障物流转运物品的安全和转运效率的制度和措施。物流质量管理主要包括以下四个方面内容：

（1）物流对象质量，即物流过程中对物流对象物的保护质量。

（2）物流服务质量，即整个物流的质量目标。

（3）物流工作质量，即物流各环节、各工种、各岗位具体工作质量。

（4）物流工程质量，即支撑物流活动的总体工程系统的质量。其中在物流叉运过程中，对货物保护和叉运效率，以及保管过程、拆包/清洗过程中的质量问题都是主要的质量控制点。

四、物流管理不良造成的影响

物流管理不良造成的各种浪费，如库存浪费、搬运浪费、加工浪费、过加工浪费、库存浪费、管理浪费、等待浪费、品质浪费等。现实工作中物流管理不良的表现主要包括：

（1）物堆放凌乱。

设备、物品堆放杂乱无序，造成物品混乱难以拿取，物流作业效率低，安全隐患明显，安全事故无防错。

（2）工装管理不善。

生产车间设备、工具、工装存放混乱，无专人管理，无管理台账，导致仓库管理不良，物资质量无法保证。

（3）搬运浪费。

如现场区域不明确、无序、不规范，工作人员消极怠工，纪律规范混乱。

（4）库存积压。

库存积压是指呆滞物品堆积造成仓库面积浪费。库存物品需要有计划采购，核算物品使用周期、采购周期，制定详细的采购计划和仓储管理计划，保证企业成本、效益。

五、物流管理的要求

物流管理的 5 大基础是指面积、安全、设备、信息化管理体系、温度环境，主要包括以下几个方面的内容：

（1）仓储面积。

物流进行仓储根据企业产能规划仓储面积，按照原材料、半成品、成品进行分区，以满足企业各项物资管理的存储要求。

（2）仓储安全。

仓库做到封闭、防火、防盗，保证物资、人员安全。

（3）物流设备。

配备相应的运输工具、存储料架和托盘。

（4）信息化管理体系。

仓库面积较大，物品种类繁多，物流管理要建立信息化管理体系以实现快速查找物品、物品进出库管理、清单核对、价格核对、物品盘点、成本统计等功能。

（5）环境温度。

设备、机械零件、电子元件存储必须满足一定的温度要求，因此仓储环境温度一般保持在（23±3）℃，相对湿度保持在 45%～70%，从而保障所有设备与存储物品的质量。

六、物流现场管理方法

物流现场管理方法有三个方面：目视化管理、看板管理、班组管理。

1. 目视化管理

目视化管理是指利用形象直观而又色彩适宜的各种视觉感知信息来组织现场生产活动，达到提高劳动生产率的一种管理手段，是一种以公开化和视觉显示为特征的管理方式。目视化管理主要针对物品管理、作业管理，对设备、人员的管理，对安全、质量的管理，具体内容主要包括：

（1）物品管理。

物品管理可以利用分类标识和颜色来区分物品名称和用途等。采用有颜色的区域线标识加以区分，做好物品的定置定位。良好的物品管理场景如图2-3-10所示。

（2）作业管理。

作业管理中入库、送货计划或实际完成情况，可以核对看板或信息管理系统，以明确作业计划及事前准备的内容；作业区域用油漆、目视化标牌、围栏等加以区分，以达到作业区域规范化的目的；用操作指导书核对作业人员的操作流程。作业管理如图2-3-11所示。

（a）工具管理

（b）物料管理

图2-3-10　物品管理

（a）目视化标牌及围栏管理

（b）油漆管理

图2-3-11　作业管理

（3）设备管理。

设备管理是针对物流设备定期点检记录点，以及使用油漆、目视化标牌、警示围栏等统一规划物流设备的放置区域，如图2-3-12所示。

（a）叉车统一规划

（b）设备统一规划

图2-3-12　设备管理

（4）人员管理。

人员需要佩戴工卡、安全马甲、来宾卡、工装等明确人员身份，以组织架构看板、人员工作区域看板、排班看板的形式明确分工。利用员工绩效、考勤看板、差错看板等展示工作绩效及员工工作表现，如图 2-3-13 所示。

（a）人员规范标准　　　　　　　　　　　　（b）规程看板

图 2-3-13　人员管理

（5）安全管理和质量管理。

安全管理是将工作区域、道路、电器等做好警示标志等，如图 2-3-14 所示。质量管理也是重中之重，一般来说会将质量事故进行看板统计，并进行分析优化，来防止一些环节影响质量。

（a）道路地标线　　　　　　　　　　　　（b）警示标志

图 2-3-14　物流安全管理

2. 看板的应用

目视化看板的设计要显眼、颜色醒目、文字精练，看板的展示主要有人员、设备、业务、文化等重点主题，还要定期更新、不断优化看板内容、不断展示目视看板，如图 2-3-15 所示。

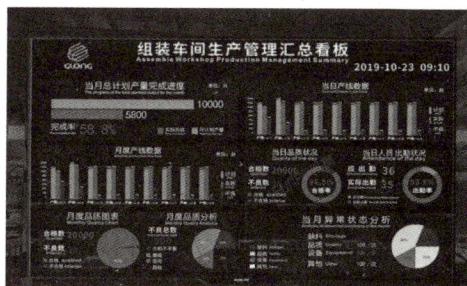

（a）进度看板　　　　　　　　　　　　（b）出入库作业看板

图 2-3-15　看板

3. 班组管理

班组管理由科长管理，主要包括收货班组、保管班组、配送班组和发运班组，管理的主要内容包括：

（1）收货班组。

收货班组承担收货工作，收货主要有两种类型，一种是未采用 LES（企业收发货管理系统）系统收货，一种是采用 LES 系统收货，两者具有不同的收货流程。

（2）保管班组。

保管班组承担的工作主要包括物资的扫描入库，根据系统提示的库位进行移动存储等；按照生产订单进行线边超市补料，定期对物料盘点，对库存物资的存储周期、物资的质量风险进行数据收集。

（3）配送班组。

配送班组主要负责物资搬运、包装回收、物流设备管理，物资的转包及包装清理等各种工作；按照规划路线进行配送/回收物资；保证运输过程中物资的质量；遵守厂内物流设备安全管理规范。

（4）发运班组。

发运班组主要是确认和检查工作。按照生产订单进行准备待发的发动机/变速器，发运前对发动机/变速器成品包装及产品质量确认。核对销售通知单及发运看板信息，对返回的成品包装进行点检、清洗、维修；逐步改善对客户的服务。

结合实训室结合企业现状，模拟企业生产过程中的物流岗位设置、业务流程及考核指标设计等，查阅相关资料，分组完成下列工作：

（1）采购作业组工作任务。

设计发动机总装的采购流程、画出采购流程图。

（2）收货作业组工作任务。

设计企业的收货（验收）流程、画出收货（验收）流程图。

（3）商品上架作业组工作任务。

设计商品上架流程、画出商品上架流程图。

（4）盘点作业组工作任务。

设计商品盘点流程、画出盘点流程图。

（5）返品处理作业组工作任务。

设计返品处理流程、画出返品处理流程图。

（6）考核指标设计工作任务。

对采购作业组、收货作业组、上架作业组、盘点作业组、返修作业组工作制定考核项目与指标。

七、总结与思考

1. 现代生产物流管理的意义是什么?

2. 如果你是某公司生产线物流配货班的班长,请编写一份配送流程图。(可另附加页面)

模块三

汽车发动机运行与检修

项目一 发动机无法起动故障诊断

学习目标

1. 素养目标

（1）培养遵守规章制度意识。

（2）提升团结协作、与人沟通能力。

（3）培养劳动精神。

（4）提升精益求精的职业道德素养。

2. 知识目标

（1）了解发动机故障分析方法。

（2）了解发动机无法起动故障原因。

（3）了解发动机加速不良原因。

3. 能力目标

（1）能识别汽车不起动故障现象。

（2）能使用检测工具排查汽车不能起动故障原因。

（3）能更换、维修汽车不起动故障点。

（4）能主动获取有效信息，展示工作成果，进行学习总结与分享。

项目描述

　　一辆 2020 款大众迈腾轿车，行驶里程 12 万千米，车主反映使用时会出现无法起动的问题，将车辆开至 4S 店维修服务部，经过维修工程师检测，初步确定为起动系统故障，交由维修小组负责机电设备故障排查与维修。

建议学时

　　8 学时。

任务准备

1. 学习资源：微课视频、电子学习资料。
2. 学习设备：个人计算机、手机。
3. 学习条件：实训车间、多媒体教室。

任务过程

一、故障现象描述

1. 汽车故障现象

汽车故障现象是指汽车部分功能异常时所表征出来的问题与现象。汽车故障的类型主要包括车辆异响、车辆工作性能异常、车辆渗漏、车辆排烟异常、车内异味、车辆发动机零部件过热、车辆外观异常等。

2. 发动机故障现象

汽车发动机功能异常，所表现的故障现象主要包括：

（1）汽车异响。

汽车异响是指各种零部件磨损、损坏、松动、老化、接触不良、短路、断路等，导致汽车在工作过程中产生超过规定的噪声和其他异常现象，如发动机敲缸、启动困难、自动熄火、发电机无法发电等。

（2）车辆渗漏。

车辆渗漏是指燃油、机油、冷却水、制动液等的渗漏，这是很明显的断层现象。漏电易引起过热、燃烧、转向或制动失灵等故障，应及时排除。

（3）汽车排烟异常。

汽车排烟异常是指发动机正常工作时的燃烧产物主要包括二氧化碳和水蒸气。如果发动机燃烧异常的废气中混有未燃烧的碳粒、碳氢化合物、碳氧化物或大量水蒸气，就会出现黑烟、白烟和蓝烟。烟色异常是诊断发动机故障的重要依据。

（4）汽车发动机油耗异常。

汽车发动机油耗异常是指如果燃油、机油、冷却水消耗异常，油底壳油位异常升高等。油耗异常是发动机技术状况不佳的重要标志。

（5）汽车零部件过热。

汽车零部件过热现象通常表现在发动机、变速器、驱动桥、制动器等总成方面。正常情况下，无论汽车工作时间长短，这些总成都能保持一定的工作温度。除了发动机，用手接触其他总成，如果有灼痛感，则表明这些总成过热。

3. 以实训车辆或实训发动机台架故障诊断为例，描述实训车辆或实训发动机台架的故障现象主要表现为哪些方面？

二、故障的初步检查

1. 车辆信息登记

车型：

发动机型号：

其他信息：

2. 安全防护设施安装

（1）防护装备：工作服，工作帽，手套，劳保鞋。
（2）实训设备：整车或发动机整机台架。
（3）检测设备：示波器，万用表，解码仪。
（4）手工工具：拆装工具一套。
（5）辅助材料：翼子板布，前格栅布，三件套，抹布，手套，车轮挡块。

3. 油水检查

发动机机油液面高低是否正常？	是（ ）否（ ）
发动机机油质量是否正常？	是（ ）否（ ）
发动机水温：_____℃	
冷却水液位是否正常？	是（ ）否（ ）

4. 电线检查

连接导线是否有松脱？	是（ ）否（ ）
电子元件插头是否有松脱？	是（ ）否（ ）
导线和插头是否有油污？	是（ ）否（ ）
导线是否有裸露？	是（ ）否（ ）

5. 仪表检查

起动按钮灯是否能点亮？	是（ ）否（ ）
仪表灯是否点亮？	是（ ）否（ ）
发动机故障指示灯工作是否正常？	是（ ）否（ ）

若不正常，登记其工作状态：

6. 故障码查验

故障码 1：
故障含义：
故障码 2：
故障含义：

三、故障原因分析

1. 汽车发动机起动着车条件

内燃发动机将气体燃烧产生的能转换为机械能并对外输出，因此发动机需要完成气体燃烧并配合曲柄连杆机构、配气机构运转才能实现能量的产生和转换。目前采用的二冲程发动机和四冲程发动机并不能自行完成机构的运转，需要为机构提供原始的运转外力矩才能完成机构的循环往复运动；发动机提供一定压力和温度的空间（即燃烧室）以保障气体燃烧，气体燃烧需要燃料、助燃剂、原始着火能量三个条件。因此，发动机的起动、着车是复杂的工作过程，需要由发动机的两大机构和五大工作系统共同参与才能保证正常启动、着车。

请思考：当一台发动机不能起动、着车时，导致故障的原因有哪些？

2. 汽车发动机供电与起动系统故障分析

起动系统常见故障包括接通起动开关后起动机不转、空转或运转无力。

1）故障 1：起动机不转。

故障现象：点火开关旋至起动挡时，起动机不转。

故障原因分析：

（1）电源部分故障：蓄电池亏电或内部损坏；蓄电池导线与蓄电池接线柱接触不良；蓄电池火线与起动机接线柱连接松动；蓄电池搭铁线接触不良或连接松动；蓄电池导线断路等。

（2）控制线路部分故障：点火开关或起动继电器（或复合继电器）故障；起动保险丝断路电磁开关"火线接线柱"、点火开关起动继电器、电磁开关"起动接线柱"的导线断路、短路、搭铁不良。

（3）起动机故障：电磁开关触点烧蚀引起接触不良；电磁开关线圈断路、短路、搭铁；电枢轴弯曲或轴承过紧；换向器脏污或烧坏；电刷磨损过短、弹簧过软、电刷在架内卡住与换向器不能接触；电枢绕组或励磁绕组断路、短路、搭铁。

故障诊断与排除：

（1）检查蓄电池剩余电量是否充足或电源线路有无故障。利用电池高率放电计检查蓄电池的蓄能状况；检查电源导线接触情况，采用开大灯或按喇叭等方式查看灯光亮度和声音强度，以此判断电源线路是否有故障。

（2）判断故障是由起动机还是由控制线路引起的。短接电磁开关上的"火线接线柱"与"起动接线柱"，判断故障：

①起动机运转，说明起动机良好，故障应该是由控制线路引起的。可以采用短接方法检查起动开关、继电器和导线是否正常，也可以通过检查导线电压确定故障部位。

②起动机不转，说明起动机发生故障。短接电磁开关的"火线接线柱"与"定子绕组接线柱"，若起动机运转正常，则说明电磁开关发生故障；起动机不转，则说明起动机的直流电动机发生故障。

2）故障2：起动机转动无力。

故障现象：接通起动开关，起动机转动缓慢或不能连续运转。

故障原因分析：

（1）电源部分的故障：蓄电池剩余电量不足；电源导线接头松动、脏污或接触不良。

（2）起动机部分的故障：电磁开关触点、接触盘烧蚀导致的接触不良；电磁开关线圈局部短路；换向器表面烧蚀、脏污；电刷磨损过多、弹簧过软导致的电刷与换向器接触不良；电枢绕组或磁场绕组局部短路导致起动机功率下降；电枢轴弯曲、轴承间隙过大导致转子与定子碰擦；起动机轴承过紧导致转动阻力过大。

故障诊断与排除：

（1）检查蓄电池蓄能是否充足；检查蓄电池极柱、火线和搭铁线接头等是否接触良好。

（2）如果蓄电池和电源导线良好，则说明起动机部分发生故障。拆检起动机，排除故障。

3）故障3：起动机空转。

故障现象：接通点火开关起动挡，起动机只是高速空转，不能带动发动机运转。

故障原因分析：

（1）单向离合器打滑或损坏。

（2）拨叉变形或拨叉连动机构松脱。

（3）起动机驱动齿轮与飞轮齿圈之间的行程调整不当，或驱动齿轮不能自由活动。

（4）电磁开关铁心行程太短。

（5）起动机驱动齿轮或发动机齿圈严重磨损或损坏。

故障诊断与排除：

（1）起动机空转时转速很高，虽然驱动齿轮已与齿圈啮合，但不能带动飞轮旋转，可听到"嗡嗡"的高速旋转声，无碰齿声音，一般为单向离合器打滑或损坏。

（2）起动机空转时如有严重的碰擦轮齿的声音，说明飞轮轮齿或起动机驱动齿轮严重磨损，应拆下起动机进一步检查，根据实际情况更换驱动齿轮或飞轮齿圈。

（3）起动机空转时如有较轻的摩擦声音，说明驱动齿轮没有和飞轮齿圈啮合，电磁开关提前接通说明铁心行程太短，应拆下起动机，调整起动机接通时刻。

（4）若起动时伴有撞击声，应检查拨叉连动机构是否松脱，起动机固定螺栓是否松动。

3. 汽车发动机起动系统故障定位

在初步判断出故障点或故障范围后，可对相关部件进行检查，以判断故障零件。

（1）起动继电器检查。

利用数字万用表的二极管挡检查线圈是否断路。用欧姆挡检测继电器线圈相应端子间的电阻值，以判断其是否短路。检查继电器触点时，可在继电器线圈相应端子间施加一定的电压，同时观察继电器触点的开闭情况，以此判断继电器是否正常。

（2）电磁开关检查。

利用万用表的电阻挡检查电磁开关内的吸拉线圈或保位线圈，将万用表接在电磁开关电源接线柱与起动机电源接线柱之间，如果不导通则说明吸拉线圈断路。将万用表接在电磁开关电源接线柱与开关体之间，如果不导通则说明保位线圈断路。如果线圈没有故障，则只能拆检电磁开关。对于修复好的电磁开关，组装后还应进行牵引性能、保持性能、复位性能的检测。

（3）单向离合器检查。

用手沿正、反两个方向转动驱动齿轮，若都不能转动则说明单向离合器被咬死；若能转动则说明单向离合器失效。经过上述检查未发现故障，可将单向离合器拆下后夹在虎钳上，在花键套筒内插入一根花键轴。将扭力扳手与花键轴用套管相连，并沿逆时针方向转动扭力扳手，单向离合器应能承受规定值 1.2 倍以内的扭矩而不打滑。否则说明单向离合器已经失效。

（4）起动机电动机检查。

可通过短接电磁开关上的蓄电池接线柱和起动电动机电源接线柱，若起动机工作不正常，则可认为是起动电动机内部存在故障。通常电动机在通电瞬间存在转动不均匀现象，其原因主要是电刷与换向器表面接触不良，也可能是电枢绕组存在断路故障。若电动机空转正常却无法带动发动机旋转，其原因可能是电枢绕组短路，也可能是搭铁电刷的搭铁不良。若外电路的接触火花很大，则可能是磁场绕组或电刷架有搭铁故障。

结合上述内容，查阅相关资料，回答下列问题：

（1）试分析燃油供给系统对发动机起动性能的影响。

（2）试分析点火系统对发动机起动性能的影响。

（3）试分析发动机进气控制系统分析对发动机起动性能的影响。

（4）结合实训车辆故障类型，分析故障原因主要有哪些方面。

四、故障排除

1. 根据故障原因分析，填写故障诊断计划，填写表 3-1-1 相关内容。

表 3-1-1　故障诊断计划

检修项目	检修步骤	使用工具

2. 查阅维修手册和电路图，绘制检修部分电路图。

3. 根据故障原因分析，制定故障点排查方案，填写表 3-1-2 相关内容。

表 3-1-2　故障排查方案

检测项目	检测数据	标准数据	是否故障

4. 根据故障排查结果，如何处理故障点？

检查故障现象，验证结果，故障是否排除？　　　　　　　是（　　　）否（　　　）

五、总结与思考

1. 汽车发动机起动系统包括哪些功能模块？

2. 汽车发动机防盗系统的作用是什么？与起动控制系统有什么关联？

项目考核

项目名称	发动机无法起动故障诊断		教师		日期		
评价依据	学生完成任务工作单						
序号	任务内容及要求		配分	评分标准	得分		
					自我评分10%	小组评分30%	教师评分60%
1	任务实施过程中文献查阅	是否查阅信息资料	10分	缺一个要点扣1分			
		正确运用信息资料	10分	酌情赋分			
2	规定时间内的完成度	在规定时间内完成任务	10分	酌情赋分			
	任务完成的正确度	任务完成的正确性	10分	酌情赋分			
3	沟通交流能力	积极参与交流	10分	酌情赋分，但违反课堂纪律，不听从教师和组长安排、违反现场安全管理制度不得分			
	安全意识	工位安全检查、登记	5分				
	劳动教育	工位清扫整理、教室卫生值日	5分				
	标准意识	按照操作规程完成装配	10分				
	质量意识	零件检查、工序检查	10分				
	职业素养	按时出勤，遵守纪律	10分				
	责任意识	认认真真、尽职尽责	5分				
	工匠精神	精益求精、追求极致、专心致志、创新突破	5分				
小计							
总评							

项目二　发动机运转不良故障诊断

学习目标

1. 素养目标

（1）培养遵守规章制度意识。

（2）提升团结协作、与人沟通能力。

（3）培养劳动精神。

（4）提升精益求精的职业道德素养。

2. 知识目标

（1）了解发动机加速不良原因。

（2）了解发动机异常抖动原因。

3. 能力目标

（1）能使用检测工具排查汽车不能起动故障。

（2）能排查汽车发动机加速不良故障。

（3）能排查发动机异常抖动故障。

（4）能主动获取有效信息，展示工作成果，进行学习总结与分享。

项目描述

　　一辆大众桑塔纳 2000 轿车，车主反映行驶时出现了加速不良的问题，同时还伴随着发动机有较大的抖动，将车辆开至维修服务部，经过维修工程师检测，初步确定为供油故障或点火不良方面的问题，交由维修小组负责机电设备故障排查与维修。

建议学时

　　4 学时。

任务准备

　　1. 学习资源：微课视频、电子学习资料。

　　2. 学习设备：个人计算机、手机。

　　3. 学习条件：实训车间、多媒体教室

任务过程

一、发动机正常运转条件

1. 合适的空燃比 i

发动机正常运转的前提是要求电控燃油供给系统以满足适当的空燃比。发动机的空燃比就是进入发动机的空气与燃油之比，常用 A/F 表示。发动机的各项性能与可燃混合气的 A/F 关系密切。当 A/F 过大时说明汽油含量太少，混合气过稀，满足不了发动机的需要。当 A/F 过小时说明汽油含量太多，混合气过浓，发动机严重缺少空气，难以燃烧。电控发动机主要功能是精确地控制混合气的空燃比，以满足发动机不同工况下的动力性和燃料经济性的要求。

结合上述内容，查阅相关资料，回答下列问题：

（1）汽油的空燃比 $A/F = 14.7$ 时为标准混合气体，小于 14.7 时为稀混合气体，大于 14.7 为浓混合气体。请回答：空燃比过大或过小时对发动机的工作有什么影响？

（2）发动机工况主要分为起动工况、暖机工况、怠速工况、小负荷工况、中负荷工况、大负荷工况。请查阅相关资料，说明各种工况对混合气的空燃比有什么要求。

2. 标准的汽缸压力

随着汽车行驶里程数的增加，发动机内部机件的磨损越来越大，气缸压力就会下降。当气缸压力小于规定值的 85% 时，汽车的动力性明显下降，燃料消耗明显增加，发动出现运转不良的现象。因此，气缸压力是否标准是判断发动机运行状况的重要依据。

气缸压力下降的具体原因包括：活塞环密封不良、活塞环装反、活塞环折断、活塞环端口间隙过大、活塞环黏结失去弹性、活塞与气缸配合间隙过大、气缸拉缸、严重偏缸、气门密封不严、气门烧蚀等。

3. 准确的点火时刻

气缸内被压缩的可燃混合气是靠高压电火花点燃的。而高压电火花能量是由点火系统提供的。发动机正常工作时，由于压缩后的混合气温度已接近环境温度，所需要的电火花能量较小。但在启动、怠速、加速、大负荷等工况时，则需要的电火花能量较大。

电控点火系统精确控制点火时刻。如果点火提前角过大，点火过早，由于混合气的燃烧是在压缩过程中进行的，气缸内压力急剧上升，在活塞到达上止点之前即达到较大压力，给正在上升的活塞一个很大的阻力，阻止活塞向上运动，不仅使发动机功率下降，油耗增加，还会引起爆燃，加速机件损坏。如果点火提前角过小，点火过迟，活塞到达上止点时才点火，则活塞下行时混合气还在燃烧，燃烧过程是在气缸容积增大的情况下进行的，不仅导致燃烧压力降低，发动机功率下降，还会引起发动机过热，油耗增加。

电火花点能量不足和点火时刻不准确与点火线圈、火花塞、ECU、电控系统、传感器有关。另外，最佳点火提前角还与所用汽油的抗爆性、混合气的浓度、发动机的压缩比、发动机水温、进气压力及进气温度有关。

二、发动机运转不良故障类型

1. 故障1：怠速不良

故障现象：主要表现为怠速熄火、怠速偏高、怠速不稳。

怠速熄火是指发动机正常负荷工况转换为怠速工况后车辆熄火，或汽车在空挡滑行时发动机熄火。怠速过高是指发动机在怠速工况时，发动机转速超过正常怠速转速。怠速不稳是指发动机怠速运转时发抖，忽高忽低，转速不均匀。

故障原因分析：

造成汽车怠速不稳容易熄火的原因有很多，如进气系统漏气、燃油压力太低、空气滤清器堵塞、喷油器雾化漏油、怠速调整不当、火花塞工作不良、空气流量计、点火正时故障等。

2. 故障2：加速不良

故障现象：当踩下加速踏板时发动机加速迟缓；当踩下加速踏板时发动机转速不但不上升反而下降；在加速过程中发动机转速有轻微的波动，或出现"回火""放炮"现象。

故障原因分析：

发动机加速不良故障的原因主要是空燃比不当，点火性能和密封性能变差；稀混合气，燃油泵油压低，喷油器、燃油滤清器、进气歧管真空泄漏等；节气门位置传感器或空气流量计、进气歧管绝对压力传感器故障；点火提前角不正确，火花塞或高压线不良、高压火花弱；排气再循环系统工作不良等。故障原因可概括为以下几个方面：

（1）发动机加速不良通常是由于混合气过稀或过浓、点火系统故障、发动机机械系统故障等原因引起的。

（2）燃油系统油压过高或过低，喷油器喷油不良，传感器信号错误，点火高压低、能量小，点火正时不正确，气缸压缩压力低，排气管堵塞等。

（3）踩下加速踏板时节气门开度增大，进气量增大，发动机ECU根据进气量和节气门位置传感器信号和信号变化率，修正增大喷油量。如果踩下加速踏板时进气量增加少，修正增加喷油量也少，或喷油器喷油量增加迟缓或量少，加速就迟缓；如果踩下加速踏板时进气量急剧增大，但由于传感器信号出错，喷油器喷油量不增大或增加量小，或点火高压弱，就会使发动机转速下降。

故障诊断与排除：

（1）故障自诊断，检查有无故障码。空气流量计、节气门位置传感器等故障都会影响发动机的加速性能，可以利用专用诊断仪观察动态数据流，按故障码和动态数据查找故障原因。

（2）检查点火正时。怠速时点火正时角通常为 10°～15°，或查询维修手册规定的点火正时角。如果点火正时角出现误差，应调整发动机的初始点火提前角。加速时点火提前角应能自动加大到 20°～30°，如果出现异常，则检查点火控制系统。

（3）测量各缸高压线电阻并拆检各缸火花塞。若高压线电阻大于 25 Ω，或高压线外表面有漏电痕迹，则更换高压线。观察火花塞间隙及其颜色，如果出现异常则调整间隙或更换火花塞。必要时可以利用示波器检查点火系统的信号波形，确认点火系统有无故障。

（4）检查进气系统有无漏气。利用真空表以及进气歧管附近喷射化油器清洗剂检查进气系统是否漏气。

（5）检查燃油压力。怠速时燃油压力为 250 kPa 或符合原厂规定值，加速时燃油压力应上升至约 300 kPa 或符合原厂规定值。如果燃油压力过低，则检查油压调节器、燃油滤清器、燃油泵等。

（6）利用示波器检查空气流量计、节气门位置传感器的输出电压波形，如果这些输出电压波形异常则更换相应的流量计或传感器。

（7）拆卸、清洗喷油器。检查喷油器在加速工况下的喷油量，如果发现异常则更换喷油器。

（8）检查废气再循环系统的工作情况。

（9）检查排气管是否有堵塞现象。

3. 故障 3：异常抖动

故障现象：发动机在使用过程中出现晃动、振动等现象。

故障原因分析：

发动机在起动阶段、怠速阶段出现较大的抖动原因主要包括以下几个方面：

（1）发动机机脚胶老化或松脱。机脚胶就是发动机跟车架之间垫的橡皮胶块主要用于减缓发动机做工时的振动，起到稳固发动机的效果。如果机脚胶老化或松脱，发动机的振动就会异常明显。

（2）发动机缺缸。发动机缺缸主要指发动机有一个或以上的气缸无法正常工作，通常表现为：汽车排出的废气气流有明显的间歇，同时排气管抖动厉害，能够明显感觉到发动机的抖动，有时会伴随着突突的声音。这类故障一般与点火线圈故障有关。

（3）发动机积炭问题。积炭包括气缸积炭、节气门积炭、火花塞积炭、进气积碳炭等，与发动机的输出动力相关。当发动机内部积炭过多时，汽车的点火能量减少，进气效率下降，导致发动机出现抖动、加速无力的现象。

（4）燃油系统故障。使用不适配标号的燃油会导致汽车输出功率下降，动力降低；油箱盖通气孔堵塞，油箱开关、燃油滤清器以及油箱至化油器之间的油管部分堵塞，都会导致发动机得不到充足的燃油，发生混合气过稀、发动机抖动的现象。

（5）进气系统故障。空气滤清器长期使用后未及时清洗产生堵塞，导致空气量不足、可燃混合气过浓，发动机功率下降。对于带涡轮增压器的车辆，增压装置一旦故障也会造成发动机在加速时出现抖动现象。

（6）冷启动。汽车在冷启动时，发动机润滑效果比较差，机油黏稠、流动性差，因为机械磨损导致异响。另外，冷车启动时冷却液温度比较低，混合气比较浓，燃烧不充分会导致发动机抖动，属于正常现象，热车后这种现象一般会消失。

三、故障诊断与排除实践

结合实训车辆，描述发动机可能出现的故障现象，分析发生这些故障的原因及排除方法。

1. 故障现象描述

2. 故障原因分析

3. 制定检查方案

根据故障原因分析结果，确定发动机故障检修项目，填写表 3-2-1 相关内容。

表 3-2-1　发动机故障检修

检修项目	检修步骤	使用工具

4. 根据发动机故障检修方案，完成实训车辆的故障诊断，填写表 3-2-2 相关内容。

表 3-2-2　发动机故障检测记录

检测项目	检测结论	标准数据	是否故障

四、故障维修

根据诊断出的故障点，采用哪种方法进行维修？写出维修意见。

故障验证是否消除？　　　　　　是（　　　）否（　　　）

五、总结与思考

1. 发动机运转时出现异响的故障原因有哪些？

2. 请分析一台使用了 10 年、行驶里程 15 万千米的大众宝来轿车发生油耗偏高的现象，产生此类故障的原因主要包括哪些内容？

项目考核

项目名称	发动机运转不良故障诊断		教师		日期		
评价依据	学生完成任务工作单						
序号	任务内容及要求		配分	评分标准	得分		
					自我评分10%	小组评分30%	教师评分60%
1	任务实施过程中文献查阅	是否查阅信息资料	10分	缺一个要点扣1分			
		正确运用信息资料	10分	酌情赋分			
2	规定时间内的完成度	在规定时间内完成任务	10分	酌情赋分			
	任务完成的正确度	任务完成的正确性	10分	酌情赋分			
3	沟通交流能力	积极参与交流	10分	酌情赋分,但违反课堂纪律,不听从教师和组长安排、违反现场安全管理制度不得分			
	安全意识	工位安全检查、登记	5分				
	劳动教育	工位清扫整理、教室卫生值日	5分				
	标准意识	按照操作规程完成装配	10分				
	质量意识	零件检查、工序检查	10分				
	职业素养	按时出勤,遵守纪律	10分				
	责任意识	认认真真、尽职尽责	5分				
	工匠精神	精益求精、追求极致、专心致志、创新突破	5分				
小 计							
总 评							

附录一　发动机拆装常用工具

一、开口扳手

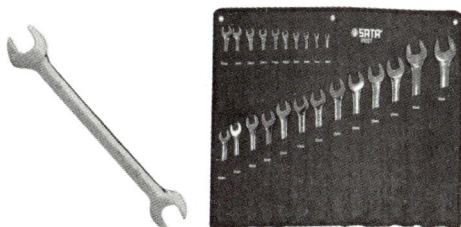

附图 1-1　开口扳手及其套装

开口扳手使用方法

二、梅花扳手

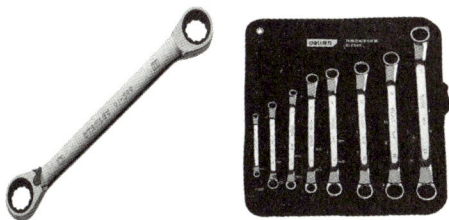

附图 1-2　梅花扳手及其套装

梅花扳手使用方法

三、套筒扳手

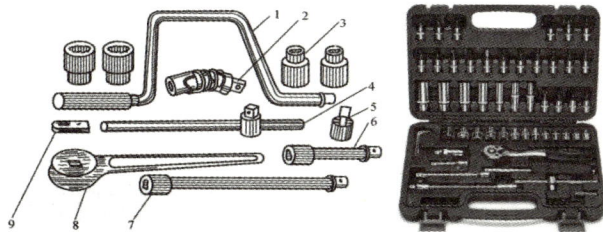

1—快速摇柄；2—万向接头；3—套筒头；4—滑头手柄；5—旋具接头；
6—短接杆；7—长接杆；8—棘轮手柄；9—直接杆。

附图 1-3　套筒扳手

套筒扳手使用方法

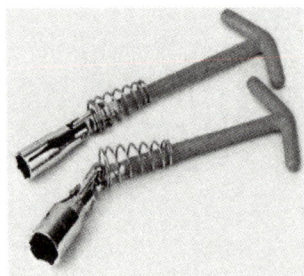

附图 1-4　火花塞套筒扳手

附图 1-5　气门芯套筒扳手

附图 1-6　轮胎螺栓套筒扳手

四、数显式力矩扳手

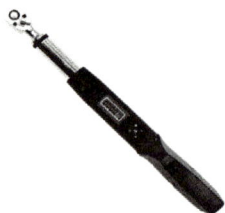

附图 1-7　数显式力矩扳手

数显式力矩扳手使用方法

五、活动扳手

附图 1-8　活动扳手

活动扳手使用方法

六、内六角扳手

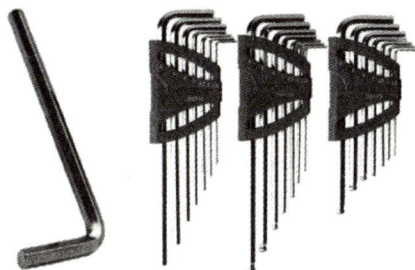

附图1-9 内六角扳手

内六角扳手使用方法

七、螺钉旋具

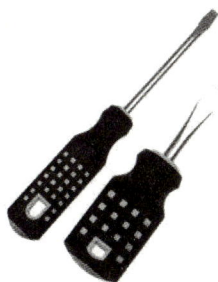

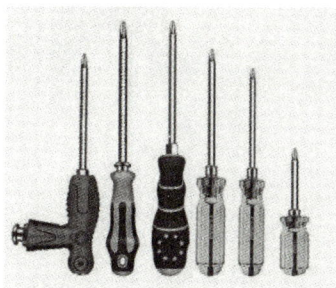

（a）一字起子

（b）十字起子

螺钉旋具使用方法

附图1-10 螺钉旋具

八、钳子

（a）鲤鱼钳

（b）钢丝钳

（c）尖嘴钳

（d）管子钳

钳子使用方法

附图1-11 钳子

九、锤子

（a）铁锤

（b）橡胶锤

锤子使用方法

附图 1-12　锤子

十、拉拔器

（a）实物

拉拔器使用方法

附图 1-13　拉拔器

十一、活塞环拆装钳

附图 1-14　活塞环拆装钳

活塞环拆装钳使用方法

十二、机油滤清器扳手

附图 1-15　机油滤清器扳手

机油滤清器扳手使用方法

十三、气门弹簧钳

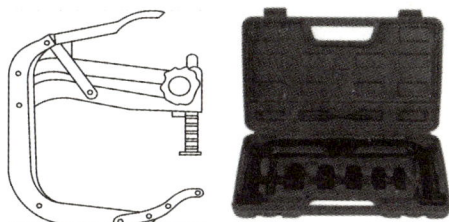

附图 1-16　气门弹簧钳

气门弹簧钳使用方法

十四、滑脂枪（黄油枪）

附图 1-17　滑脂枪（黄油枪）

滑脂枪（黄油枪）使用方法

十五、千斤顶

（a）机械丝杆式千斤顶　　　　　（b）液压卧式千斤顶　　　千斤顶使用方法

附图 1-18　千斤顶

十六、汽车举升器（机）

附图 1-19　双柱式汽车举升器（机）

双柱式汽车举升器（机）使用方法

附件二　汽车维修常用测量工具

一、塞尺

附图 2-1　塞尺

塞尺使用方法

二、游标卡尺

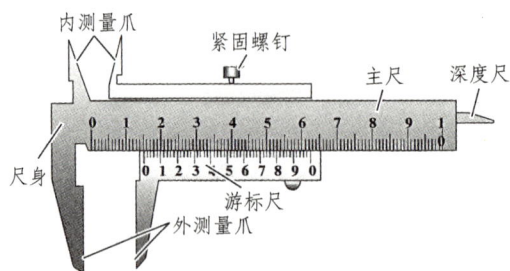

（a）结构

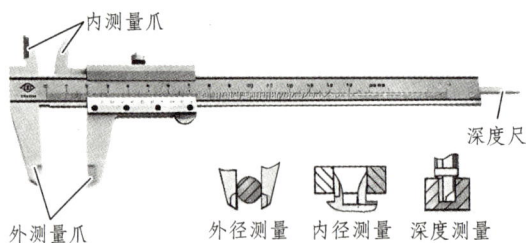

（b）测量

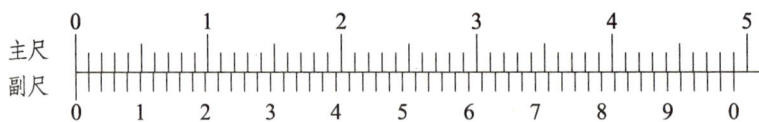

（c）主副尺刻度线

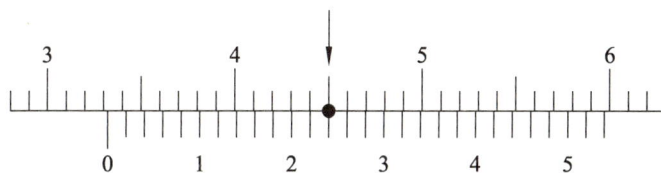

（d）读数示例

附图 2-2　游标卡尺

游标卡尺结构　　　　　游标卡尺使用方法　　　　　游标卡尺读数

三、螺旋测微器

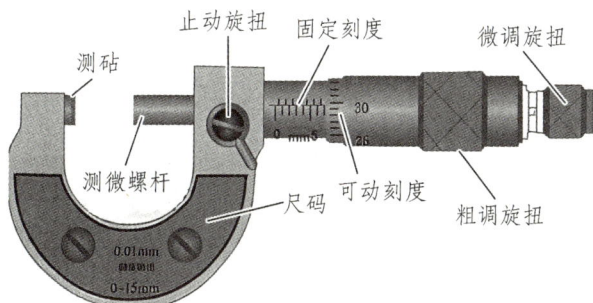

附图 2-3　螺旋测微器结构

螺旋测微器结构与
使用方法

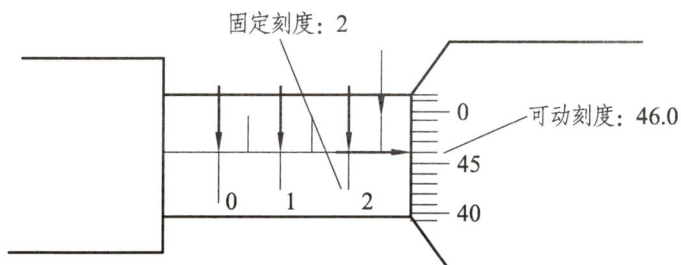

读数 L = 固定刻度 + 半刻度 + 可动刻度
$L = 2 + 0.5 + 0.460 = 2.960 \, \text{mm}$

附图 2-4　螺旋测微器计数

螺旋测微器读数方法

四、百分表

附图 2-5　百分表

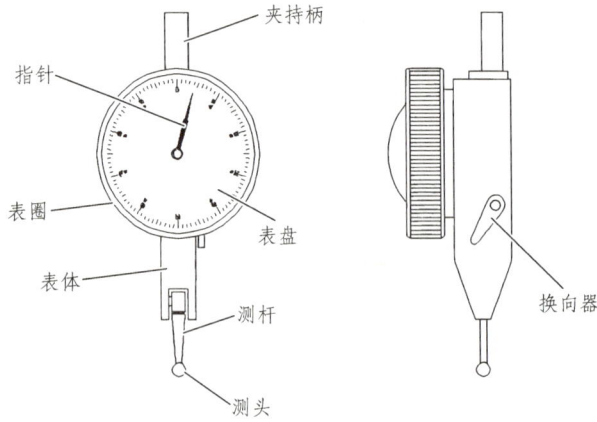

附图 2-6　杠杆百分表结构

百分表结构

百分表使用方法

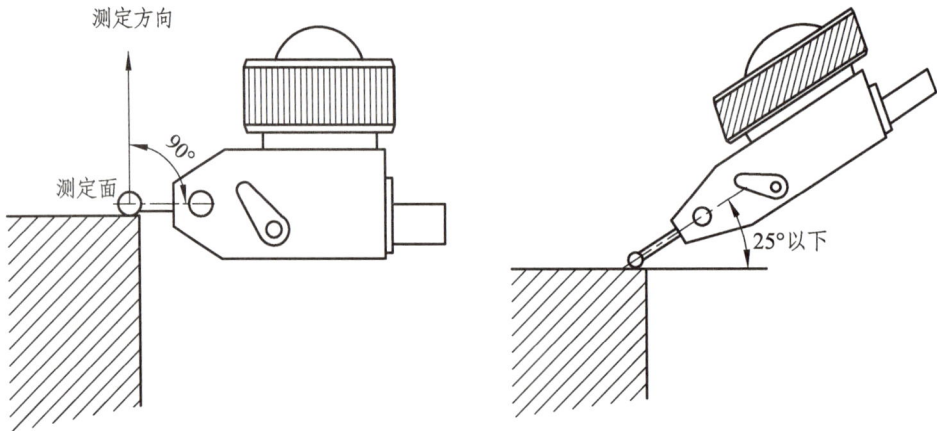

（a）测量方法 1　　　　　（b）测量方法 2

附图 2-7　杠杆百分表测量

五、刀口尺

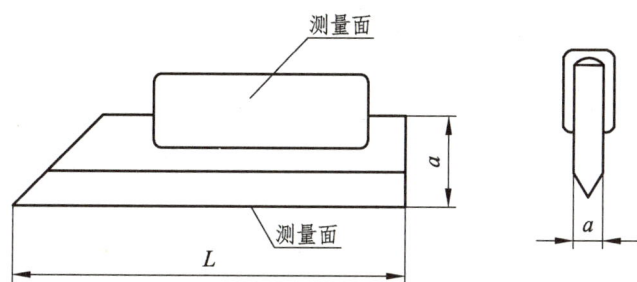

（a）刀口尺

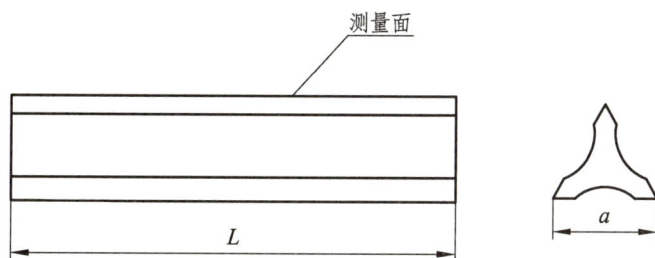

（b）三棱尺

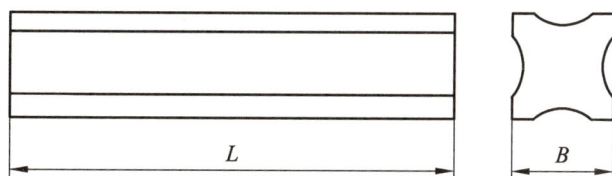

（c）四棱尺

附图 2-8　刀口形直尺

刀口形直尺特点

刀口尺的分类

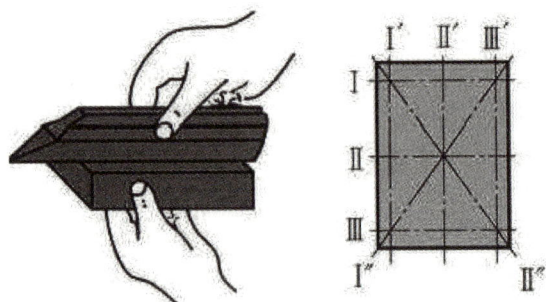

附图 2-9　刀口尺使用方法

参考文献

[1] 陈家瑞. 汽车构造（上册）[M]. 第 3 版. 北京：机械工业出版社，2014.

[2] 王贵槐. 汽车构造[M]. 北京：北京邮电大学出版社，2014 年.

[3] 丁新隆，吴天林，赵金国. 汽车发动机电控系统结构检修[M]. 长春：吉林大学出版社，2015 年.

[4] 人力资源和社会保障部教材办公室组. 汽车发动机维修[M]. 北京：中国劳动社会保障出版社，2013.

[5] 张永波. 汽车故障诊断技术[M]. 北京：北京邮电大学出版社，2013.